Kohlhammer

Der Autor und die Autorin

Dr. Dierk Borstel ist Professor für praxisorientierte Politikwissenschaften an der Fachhochschule Dortmund. Studium der Politikwissenschaft in Bamberg, Marburg und Berlin, Promotion im Fach Politikwissenschaft an der Universität Greifswald. Wissenschaftlicher Mitarbeiter an den Universitäten Greifswald und Bielefeld. Lehrbeauftragter an den Universitäten in Berlin, Greifswald, Rostock, Bielefeld und der Fachhochschule Dortmund. Arbeitsschwerpunkte und Veröffentlichungen: Rechtsextremismus und -populismus, Demokratische Kulturforschung, Gewalt- und Konfliktforschung sowie Fragen der Radikalisierung und Deradikalisierung.

Dr. Ute Fischer ist Professorin für Sozialwissenschaften an der Fachhochschule Dortmund. Studium der Volkswirtschaftslehre und Soziologie an der Universität Dortmund, Promotion und Habilitation im Fach Soziologie. Vertretungsprofessorin an der Ludwig-Maximilians-Universität München, Lehrbeauftragte an der Universität Innsbruck. Arbeitsschwerpunkte und Veröffentlichungen: Gender, Arbeit, Anerkennung und Lebenssinn, demokratische Partizipation, Bedingungsloses Grundeinkommen und Sozialstaat.

Dierk Borstel, Ute Fischer

Politisches Grundwissen
für die Soziale Arbeit

Verlag W. Kohlhammer

Dieses Werk einschließlich aller seiner Teile ist urheberrechtlich geschützt. Jede Verwendung außerhalb der engen Grenzen des Urheberrechts ist ohne Zustimmung des Verlags unzulässig und strafbar. Das gilt insbesondere für Vervielfältigungen, Übersetzungen, Mikroverfilmungen und für die Einspeicherung und Verarbeitung in elektronischen Systemen.

Die Wiedergabe von Warenbezeichnungen, Handelsnamen und sonstigen Kennzeichen in diesem Buch berechtigt nicht zu der Annahme, dass diese von jedermann frei benutzt werden dürfen. Vielmehr kann es sich auch dann um eingetragene Warenzeichen oder sonstige geschützte Kennzeichen handeln, wenn sie nicht eigens als solche gekennzeichnet sind.

Es konnten nicht alle Rechtsinhaber von Abbildungen ermittelt werden. Sollte dem Verlag gegenüber der Nachweis der Rechtsinhaberschaft geführt werden, wird das branchenübliche Honorar nachträglich gezahlt.

Dieses Werk enthält Hinweise/Links zu externen Websites Dritter, auf deren Inhalt der Verlag keinen Einfluss hat und die der Haftung der jeweiligen Seitenanbieter oder -betreiber unterliegen. Zum Zeitpunkt der Verlinkung wurden die externen Websites auf mögliche Rechtsverstöße überprüft und dabei keine Rechtsverletzung festgestellt. Ohne konkrete Hinweise auf eine solche Rechtsverletzung ist eine permanente inhaltliche Kontrolle der verlinkten Seiten nicht zumutbar. Sollten jedoch Rechtsverletzungen bekannt werden, werden die betroffenen externen Links soweit möglich unverzüglich entfernt.

1. Auflage 2018

Alle Rechte vorbehalten
© W. Kohlhammer GmbH, Stuttgart
Gesamtherstellung: W. Kohlhammer GmbH, Stuttgart

Print:
ISBN 978-3-17-030595-3

E-Book-Formate:
pdf: ISBN 978-3-17-030596-0
epub: ISBN 978-3-17-030597-7
mobi: ISBN 978-3-17-030598-4

Vorwort zur Reihe

Mit dem so genannten »Bologna-Prozess« galt es neu auszutarieren, welches Wissen Studierende der Sozialen Arbeit benötigen, um trotz erheblich verkürzter Ausbildungszeiten auch weiterhin »berufliche Handlungsfähigkeit« zu erlangen. Die Ergebnisse dieses nicht ganz schmerzfreien Abstimmungs- und Anpassungsprozesses lassen sich heute allerorten in volumigen Handbüchern nachlesen, in denen die neu entwickelten Module detailliert nach Lernzielen, Lehrinhalten, Lehrmethoden und Prüfungsformen beschrieben sind. Eine diskursive Selbstvergewisserung dieses Ausmaßes und dieser Präzision hat es vor Bologna allenfalls im Ausnahmefall gegeben.

Für Studierende bedeutet die Beschränkung der akademischen Grundausbildung auf sechs Semester, eine annähernd gleich große Stofffülle in deutlich verringerter Lernzeit bewältigen zu müssen. Die Erwartungen an das selbständige Lernen und Vertiefen des Stoffs in den eigenen vier Wänden sind deshalb deutlich gestiegen. Bologna hat das eigene Arbeitszimmer als Lernort gewissermaßen rekultiviert.

Die Idee zu der Reihe, in der das vorliegende Buch erscheint, ist vor dem Hintergrund dieser bildungspolitisch veränderten Rahmenbedingungen entstanden. Die nach und nach erscheinenden Bände sollen in kompakter Form nicht nur unabdingbares Grundwissen für das Studium der Sozialen Arbeit bereitstellen, sondern sich durch ihre Leserfreundlichkeit auch für das Selbststudium Studierender besonders eignen. Die Autor/innen der Reihe verpflichten sich diesem Ziel auf unterschiedliche Weise: durch die lernzielorientierte Begründung der ausgewählten Inhalte, durch die Begrenzung der Stoffmenge auf ein überschaubares Volumen, durch die Verständlichkeit ihrer Sprache, durch Anschaulichkeit und gezielte Theorie-Praxis-Verknüpfungen, nicht zuletzt aber auch durch lese(r)-freundliche Gestaltungselemente, wie Schaubilder, Unterlegungen und andere Elemente.

Prof. Dr. Rudolf Bieker, Köln

Zu diesem Buch

Politisches Grundwissen ist die Basis für politisches Handeln. Erst wenn bekannt ist, wer für welche Idee und Forderung der bzw. die rechte Ansprechpartner*in ist, wenn deutlich wird, wo Gestaltungsräume liegen und über welche Wege man sie beschreiten kann, dann wird Handeln möglich und erfolgversprechend. In diesem Lehrbuch wird solches Grundwissen entlang praktischer Gestaltungsfragen entwickelt und dargestellt. Es greift über eine im engeren Sinn verstandene Sozialpolitik hinaus und öffnet das politische Denken in einem weiteren Verständnis von Politik.

Politische Gestaltung beginnt in der Wahrnehmung von Problemen oder von nicht mehr angemessenen Lösungen bisheriger Verfahrensweisen. Fällt etwa die Finanzierung des Jugendzentrums weg oder werden vermehrt Schmierereien mit ausländerfeindlichem Inhalt an den Häuserwänden des Stadtviertels entdeckt, ist politisches Denken und Handeln gefragt. Dieses Buch wendet sich unmittelbar an die Profession der Sozialen Arbeit. Ihre Praxis wird zunehmend vielfältiger, und neue Herausforderungen sind erkennbar. Einerseits findet Soziale Arbeit konkret vor Ort und somit eingebunden in kommunalpolitische Prozesse und Entscheidungen statt. Andererseits reagiert sie auf Vorgaben von Bund und Ländern und ist konfrontiert mit den Auswirkungen globalisierter politischer Entwicklungen.

Das Buch erläutert direkt adressiert an Sozialarbeiter*innen diejenigen politischen Verfahren, Themen und Zusammenhänge, die sich in der Praxis der Sozialen Arbeit als relevant und wichtig erwiesen haben, wie Kommunalpolitik und -verwaltung, das politische System und seine Entwicklung, Sozialpolitik, demokratische Beteiligung, politische Entwicklungen in Europa und weltweite Einflüsse auf heimische Zustände.

Bedeutung im Studium und für die Berufspraxis

Der Leitgedanke der Argumentation besteht über alle Themengebiete hinweg darin, dass sich Soziale Arbeit in mehrfacher Hinsicht als politische Arbeit verstehen muss, wenn sie den Anforderungen an Professionalität gerecht werden will: Zum einen betrifft das die eigenen Arbeitsbedingungen und politisch gesetzten Rahmenbedingungen durch finanzielle und inhaltlich bestimmte Aufgaben und Ziele. Zum anderen sind auch die Adressant*innen der Sozialen Arbeit in ihren Lebensentwürfen und Möglichkeiten, sie zu realisieren, beeinflusst von gesellschaftlichen und politisch gegebenen Rahmenbedingungen (soziale Mobilität, Ausgleich von Ungleichheitslagen etc.). Gerade diese Klientel verfügt aber häufig nicht über Möglichkeiten, sich Gehör zu verschaffen, oder über eine Diskursmacht. Deutlich seltener beteiligen sie sich an Wahlen oder anderen Formen demokratischer Einflussnahme. Daher besteht die Aufgabe Sozialer Arbeit u. a. in der Rolle von Multiplikation und stellvertretender Willensbildung sowie als Vorbild und Hilfe für politische Beteiligung und Artikulation. Um diesen Rollen gerecht zu werden, braucht es nicht alleine Grundkenntnisse der Sozialpolitik, ihrer Leistungen, Ansätze und Ziele, sondern auch Grundkenntnisse über Möglichkeiten und Grenzen des politischen Handelns vor Ort, auf Bundesebene aber auch darüber hinaus in internationalen Kontexten, z. B. auf europäischer Ebene.

Aufbau und methodische Konzeption

Allgemeine Grundkenntnisse bilden das inhaltlich-fachliche Fundament der einzelnen Kapitel. Die Grundlagen werden so dargelegt, dass sie scheinbar komplizierte Zusammenhänge und Begrifflichkeiten durchschaubar machen. Hier steht der Erwerb von Sachkompetenz im Vordergrund. Die Lesbarkeit und das fachliche Interesse werden zusätzlich erhöht durch Fallbeispiele, die im jeweiligen Themenfeld auf prägnante Weise das spezifische Handlungsproblem in Szene setzen. Da wäre etwa die Problematik der bevorstehenden Schließung eines Jugendzentrums. Diese praxisnahen und für die Soziale Arbeit relevanten Fälle werden häufig durch zwei fiktive Protagonisten – *Sara Tuna* und *Alex Bogdanow* – präsentiert. Die beiden jungen Sozialarbeitenden helfen innerhalb ihres Erfahrungshintergrundes die betreffenden Entscheidungsstrukturen, einschlägige Akteur*innen, demokratische Willensbildungsprozesse, Werte, wie Pluralität, Autonomie etc., zu veranschaulichen und im beispielhaften Durchdenken besser verständlich zu machen. So wird nicht nur das Wissen nachhaltiger verankert, sondern auch die Kompetenzen im Umgang mit konkreten Problemen und Handlungsanforderungen verfestigt. Insofern vermittelt die Auseinandersetzung mit konkreten Fällen zugleich Methoden- und Handlungs- wie auch Urteilskompetenz.

Prof. Dr. Dierk Borstel, Prof. Dr. Ute Fischer, Dortmund

Inhaltsverzeichnis

Vorwort zur Reihe			5
Zu diesem Buch			7
1	**Einführung**		**13**
	1.1	Politik in der Sozialen Arbeit	15
		1.1.1 Politikverständnis und -begriffe	15
		1.1.2 Soziale Arbeit als Adressatin von Politik	18
	1.2	Soziale Arbeit als politische Arbeit	20
		1.2.1 Selbstverständnis der Profession	20
		1.2.2 Wege der Einflussnahme	23
	1.3	Grundkenntnisse für Soziale Arbeit	26
2	**Kommunalpolitik**		**28**
	2.1	Grundlagen der Kommunalpolitik	29
	2.2	Kommunales System	34
	2.3	Weitere kommunale Akteur*innen	40
	2.4	Direkte Demokratie vor Ort	43
	2.5	Zusammenführung für die Soziale Arbeit	44
3	**Das politische System in Deutschland**		**46**
	3.1	Grundgesetz und Staatsverständnis	47
	3.2	Politische Institutionen im Föderalismus (Polity)	54
	3.3	Politische Entscheidungen in Bund und Land (Politics)	64
		3.3.1 Wahlen	64
		3.3.2 Parteien	67
		3.3.3 Parlamente und Regierungen	72
	3.4	Politische Öffentlichkeit im Politikzyklus	82
4	**Sozialpolitik: Ziele – Wege – Folgen**		**90**
	4.1	Der deutsche Sozialstaat: Ziele und Prinzipien	91
		4.1.1 Legitimation	92
		4.1.2 Prinzipien: Freiheit, Gleichheit, Solidarität	95
	4.2	Ausgestaltung der Sozialpolitik	98
		4.2.1 Leistungsspektrum	99
		4.2.2 Sozialpolitik im Wandel	101
	4.3	Praktische Umsetzung	106

		4.3.1 Beispiel »Ausbau der Kleinkindbetreuung«	106
		4.3.2 Folgen der Ökonomisierung	108
	4.4	Alternativen	110
		4.4.1 Verschiedene Wege: Wohlfahrtsstaatstypen im Vergleich	110
		4.4.2 Das Bedingungslose Grundeinkommen (BGE)	113

5 Demokratie und Beteiligung 115

	5.1	Grundlagen und Definitionen	117
		5.1.1 Was ist Demokratie?	117
		5.1.2 Was heißt Demokratieentwicklung?	122
		5.1.3 Was ist eine Bürgergesellschaft?	124
	5.2	Partizipation	126
		5.2.1 Engagement in Parteien	129
		5.2.2 Neue Soziale Bewegungen	131
		5.2.3 Selbstgründungen	134
		5.2.4 Beteiligungsprojekte	135
		5.2.5 Onlinebasierte Verfahren und Kampagnen	136
	5.3	Demokratiediagnosen und aktuelle Problemstellungen	139
		5.3.1 Empirische Studien	139
		5.3.2 Begrenzung demokratischer Handlungsfreiheit.......	141
		5.3.3 Postdemokratie oder Parteienstaat	142
		5.3.4 Die Republik der Alten und die fehlende Beteiligung der Jungen	144
		5.3.5 Wandlungen in der Bürgergesellschaft	146
		5.3.6 Extremismus als Gefahr der Demokratie?	149
	5.4	Zusammenführung für die Soziale Arbeit	150

6 Europapolitik 152

	6.1	Europäische Integration – Theorie und Geschichte	153
		6.1.1 Drei Gründe für eine europäische Integration	153
		6.1.2 Gegner*innen der europäischen Integration	159
		6.1.3 Theorien der europäischen Integration	160
		6.1.4 Geschichte der europäischen Integration	162
	6.2	Institutionen der Europäischen Union	165
	6.3	Europäische Sozialpolitik	170
	6.4	Krisendiagnosen der europäischen Integration	173
	6.5	Zusammenführung für die Soziale Arbeit	179

7 Globale Probleme vor Ort 180

	7.1	Theoretische Grundlagen der internationalen Politik	180
	7.2	Konfliktanalyse 1: Klimapolitik und ihre Folgen	183
	7.3	Konfliktanalyse 2: Flüchtlingspolitik	189
		7.3.1 Flucht – eine erste Annäherung	190
		7.3.2 Theoriebezogenes Basiswissen zur Flucht	191

	7.3.3 Grundideen der deutschen und europäischen Flüchtlingspolitik	195
	7.3.4 Flüchtlingspolitik	196
	7.3.5 Fluchtursachen bekämpfen? – Die Herausforderung..	199
7.4	Zusammenführung für die Soziale Arbeit	200

Literaturverzeichnis 202

Abbildungsverzeichnis 207

Tabellenverzeichnis 208

Stichwortverzeichnis 209

1 Einführung

Sozial wird im Alltagsverständnis häufig mit gerecht übersetzt. Wenn jemand als sozial gilt, dann ist damit auch hilfsbereit gemeint, ausgleichend, auf andere, ihre Interessen und Bedürfnisse bezogen. Soziale Arbeit, so könnte man daraus schließen, ist das Gegenteil von Politik. Denn Politik heißt, eigene Interessen erkennen, formulieren und durchzusetzen versuchen. Politik bedeutet also Konflikt, sie ist Auseinandersetzung, nicht Harmonie. Sie verlangt Durchsetzungskraft und Klarheit, Fingerspitzengefühl und Kreativität, aber nicht Einfühlung im professionellen Sinne der Sozialen Arbeit. Was hat Soziale Arbeit also mit Politik zu tun? Warum ist dieses Themenfeld Teil des Studiums der Sozialen Arbeit, warum ist es für die Professionalität bedeutsam?

Soziale Arbeit ist wie kaum ein anderes Berufsfeld unmittelbar durch Politik beeinflusst, mehr noch: durch sie überhaupt erst entstanden. Als Antwort auf soziale Problemlagen ist sie aus historisch anderen Lösungen – wie etwa die kirchliche Armenfürsorge – als staatliche Aufgabe erst im 19. Jahrhundert wahrgenommen worden. Wahrgenommen im doppelten Wortsinn: erkannt und gestaltet, zunächst im kommunalen Rahmen. Doch Soziale Arbeit ist nicht einfach nur ein Teil der öffentlichen Verwaltung, eine Vollstreckerin staatlicher Vorgaben. Ihre Aufgabengebiete, Arbeitsformen und Ziele sind heutzutage vielfältig. Sie bewegen sich innerhalb des Raums öffentlicher Verwaltungen, wie des Jugend- und Sozialamts, sowie außerhalb der Kommunalverwaltungen, aber in staatlicher Trägerschaft, wie z.B. die Schulsozialarbeit. Zudem gibt es private, wie auch betriebliche Angebote etwa im Gesundheitsbereich oder als Beratungsleistungen. Auch gemeinnützige Einrichtungen, wie die freie Wohlfahrtspflege oder Selbsthilfegruppen, finden sich in der Sozialen Arbeit.

Der Einfluss der Politik auf die Aufgaben und Rahmenbedingungen, etwa die Finanzierung und den rechtlichen Handlungsspielraum der Sozialen Arbeit, ist in den einzelnen Feldern unterschiedlich stark ausgeprägt, aber immer vorhanden. Politik kann so weit gehen, dass sie Klient*innengruppen sieht und benennt, andere aber für nicht existent oder beachtenswert erklärt. Wenn sich etwa eine Stadt als drogenfrei wahrnimmt oder als frei von Rechtsextremismus darstellt, wird es schwer für Soziale Arbeit, Drogenhilfe oder Rechtsextremismusprävention anzubieten. Auch die konkreten Arbeitsbedingungen werden meist durch gesetzliche Vorschriften beeinflusst, z.B. durch gestiegene Vorschriften zur Dokumentation der Arbeit mit Klient*innen. Die Auffassungen von sozialer Gerechtigkeit und die Akzeptanz von Ungleichheiten oder Ausgrenzungen sind politisch bedeutsam, denn sie fließen von den Überzeugungen der Wählerschaft über politische Entscheidungen ihrer Repräsentanten in die

Verordnungen und gesetzlichen Regelungen der Praxis ein. Und schließlich beeinflusst die Politik auch die Lebenslagen und die Lebensbedingungen möglicher Klient*innen sowohl materiell z. B. als Mittelkürzungen als auch normativ in Form von Normalitätsvorstellungen eines anerkannten Lebensentwurfs und einer wertgeschätzten Lebensführung.

Während die Abhängigkeit der Sozialen Arbeit von politischen Entscheidungen offensichtlich ist, wird andersherum über den politischen Gestaltungsauftrag Sozialer Arbeit – ihr politisches Mandat – immer wieder heftig gestritten. Daher führt dieses Kapitel in den Zusammenhang von Politik und Sozialer Arbeit in mehreren Schritten ein.

1. Ausgehend von einer Klärung möglicher Auffassungen von Politik wird die Soziale Arbeit selbst als ›Betroffene‹ von Politik beleuchtet. Welche politischen Entscheidungen sind bedeutsam für die Praxis (▶ Kap. 1.1)?
2. Im zweiten Teil wird der Blickwinkel umgedreht: Wie kann Soziale Arbeit selbst politisch handeln? Warum und entlang welcher Werte und Haltungen kann sie dies tun? Mit welchem Selbstverständnis der Profession geschieht es? Wie denkt Soziale Arbeit politisch? Und welche Mittel stehen zum Handeln zur Verfügung? Was darf eine Sozialarbeiterin oder ein Sozialarbeiter überhaupt und warum (▶ Kap. 1.2)?
3. Aus den Antworten auf diese Fragen werden die nötigen Grundkenntnisse abgeleitet, wenn Sozialarbeitende erfolgreich im politischen Raum bestehen wollen (▶ Kap. 1.3).

Alex Bogdanow und Sara Tuna, die beiden jungen Sozialarbeitenden, die durch dieses Buch führen, haben ihre Lektionen mühsam und manchmal bitter lernen müssen. Sie lassen die Leser*innen an ihren Erfahrungen teilnehmen durch Beispiele aus ihrem Alltag, weil sie ihnen wünschen, dass sie besser vorbereitet in die Berufspraxis starten. Dabei verdeutlichen sie, welche politischen Themen von Belang sind, und nehmen die Perspektive der Betroffenen ein. So zeigen sie, wie sich sozialpolitische Entscheidungen auf ihre eigene Arbeit auswirken, etwa wenn die Kommune die Mittel für die Finanzierung des Jugendzentrums kürzt. Ihre Bedeutung für Klient*innengruppen, wie z. B. für Flüchtlinge, kristallisiert sich dann heraus, wenn zwar Menschen in Not aufgenommen werden, aber ihre Unterkünfte Männer und Frauen auf engstem Raum beherbergen.

1.1 Politik in der Sozialen Arbeit

Bevor geklärt werden kann, inwiefern politische Entscheidungen die Ziele, Aufgaben und Rahmenbedingungen der Sozialen Arbeit beeinflussen und bestimmen, stellt sich zunächst die Frage, was unter Politik zu verstehen ist.

Sara Tuna und Alex Bogdanow dachten anfangs, es sei doch klar: Politik ist, was in Parlamenten diskutiert und dort beschlossen wird. In Form neuer Gesetze und Vorschriften erreicht sie dann die Bürger*innen, die Klient*innen ebenso, wie sie als Sozialarbeitende in der Praxis. Doch Politik lässt sich viel weiter fassen, als dieses enge Verständnis vorgibt.

1.1.1 Politikverständnis und -begriffe

Was Politik sei, darüber sind schon Debatten in der Antike geführt worden. Ursprünglich meint der Begriff die Stadt, abgeleitet vom griechischen Wort Polis. So verstanden wären alle Belange, die die öffentlichen Angelegenheiten betreffen, politisch. Alle Regeln und Entscheidungen außerhalb des Hauses – heute würde es Privatsphäre genannt werden – gehören dazu. Politik bedeutet nicht nur das Regieren und die Ausübung von Macht, sondern auch die Beteiligung an der Willensbildung zur Gestaltung des Gemeinwesens außerhalb der gewählten Parlamente und öffentlichen Verwaltungen.

Eine hilfreiche, wenn auch vereinfachte Vorstellung der Vielschichtigkeit von Politik stellt die englische Sprache bereit. In den Politikwissenschaften werden für das deutsche Wort *Politik* drei Begriffe aus der englischen Sprache genutzt, um mehrere Dimensionen zu benennen: Policy – Polity – Politics.

- Mit *Policy* sind die Inhalte der Politik gemeint. Dazu gehören die Programme der Parteien, die Koalitionsverträge, Regierungserklärungen und die Beschlüsse der parlamentarischen Gremien. Ebenso sind darunter aber auch die Diskussionen um aufgefundene Probleme zu fassen und daraus abgeleitete Lösungsvorschläge. Ein Beispiel wäre etwa, wenn Jugendliche einer Kleinstadt in der Öffentlichkeit darauf hinweisen, dass es kaum Orte für sportliche Betätigung und Geselligkeit außerhalb von Vereinen gibt. Unterbreiten sie ihren Vorschlag, eine Skateranlage zu errichten, fordern sie also eine konkrete Problemlösung, dann bewegen sie sich im Feld der politischen Inhalte, der Policy.
- *Polity* bezeichnet das jeweilige politische System eines Staates. Dazu gehören die Institutionen und Gremien, in denen die Entscheidungen getroffen und umgesetzt werden, also Parlamente, Regierungen, Verwaltungen sowie die darin vorgeschriebenen Regeln und Abläufe. Die Verfassung, in Deutschland Grundgesetz (GG) genannt, bildet dafür die Grundlage. Jede Menge Verfahrensvorschriften bis hin zu Geschäftsordnungen, Wahl- und Abstimmungsverfahren sorgen für einen ordentlichen und das heißt auch transparenten Ablauf der Entscheidungsprozesse. Im Beispiel der Jugendlichen, die ihre

Skateranlage durchsetzen wollen, ist es also wichtig zu wissen, wer in der Gemeinde über solche Themen entscheidet und an welchem Ort ihr Vorschlag auf die Tagesordnung und zur Entscheidung kommen kann.
- Unter *Politics* werden die Prozesse verstanden, die zur Durchsetzung von Interessen und Forderungen durchlaufen werden müssen. Dabei ist zu beachten, wer welche Interessen verfolgt, auf welchem Wege eine Einigung erzielt werden kann oder wie sich verdichtende Konflikte lösen lassen. Wer kann seine Macht auf welche Weise mobilisieren und sich durchsetzen? Hierbei spielt auch die politische Kultur eine wichtige Rolle. Darunter wird verstanden, welche Werte und Überzeugungen, welche Haltungen und Konflikterfahrungen vorliegen. Die Jugendlichen brauchen für die Durchsetzung ihrer Idee der Skateranlage z. B. starke und wortgewaltige Bündnispartner, weil sie nicht selbst im Stadtrat stimmberechtigt sind und die Entscheidungen direkt beeinflussen können. Wenn sie Klarheit darüber haben, wie die Interessenlage im Rat der Stadt, aber auch in der Öffentlichkeit verteilt ist, wer mögliche Unterstützer sind und auf welche früheren gemeinsamen Aktionen, vielleicht auch Erfolge sie aufbauen, können sie ihre Forderung auf einen erfolgversprechenden Weg bringen.

Im praktischen Handeln sind diese Begriffe gar nicht mehr abstrakt. Sie fügen sich in einen typischen Ablaufprozess beim Nachdenken über ein politisches Problem und dessen mögliche Lösung ein. Die folgende Übersicht listet exemplarisch die Aspekte auf (▶ Tab. 1), über die sich politische Akteur*innen Klarheit verschaffen müssen, wenn sie eine politische Idee oder Forderung durchsetzen, also erfolgreich Politik gestalten wollen.

Tab. 1: Politisches Handeln zur Durchsetzung von Forderungen

Inhalt	Fragen
Ausgangslage	Wie ist die Situation? Was fällt ins Gewicht, ist bedeutsam (z. B. Haushaltslage, Versorgung mit Leistungen im Rahmen des sozialstaatlichen Auftrags ...)?
Policy-Dimension (Politikinhalt)	Worin besteht genau das Problem (Inhalt, Dimensionen, Aspekte, Widersprüche ...)? Worin besteht Einigkeit, worin Differenzen?
Interessen und Konflikte	Welche Akteure verfolgen welche Interessen? Welche Vorschläge machen sie? Wer ist sich mit wem einig, wer nicht? Wer hat welchen Einfluss?
Polity-Dimension: Verfassung des Gemeinwesens, Land, Bund	Wer ist zuständig, wie weit reichen Handlungs- und Entscheidungsspielräume?
Politische Kultur (Gemeinde, Land, Bund)	Auf welche Überzeugungen und Handlungsbereitschaft, -formen und -erfahrungen kann man bauen?

Tab. 1: Politisches Handeln zur Durchsetzung von Forderungen – Fortsetzung

Inhalt	Fragen
Politics-Dimension (politischer Prozess und seine Dynamik)	Welcher der Vorschläge ist sachlich die beste Lösung und wie kann sie durchgesetzt werden? Welche Akteure bringen sich als Unterstützer ein, welche sind Gegner, wie kann man sie erreichen? (Aktionsformen, Medien, Faktor Macht und Einfluss, Argumente, Legitimation, Gemeinwohlbezug)
Ergebnis	Mit welchem Vorgehen ist welches Ergebnis zu erzielen? Als wie wahrscheinlich ist der Erfolg einzuschätzen? Wie genau kommt er zustande?

Quelle: eigene Darstellung in Anlehnung an Meyer (2010, S. 133–141)

Sara Tuna und Alex Bogdanow nutzen dieses Raster bei ihrer Besprechung. Die Lage ist ernst. Das Jugendzentrum, in dem sie beide auf einer unbefristeten Stelle arbeiten, ist von Mittelkürzungen durch die Stadt bedroht. Die Haushaltsverhandlungen stehen bevor, und die Absicht des Stadtrates, den Jugendclub als freiwillige Aufgabe nicht mehr zu finanzieren, ist ihnen durch Kontakte zu einer im Stadtrat vertretenen Partei zugetragen worden. Wenn nicht alle geschaffenen Räume, Strukturen und Angebote entfallen sollen, muss entschlossen gehandelt werden.

Sie diskutieren ihre Möglichkeiten entlang der aufgelisteten Dimensionen und haben auf den ersten Blick den Eindruck, dass sie in einer schwachen Verhandlungsposition sind, denn die Kommune ist tatsächlich knapp bei Kasse und kann kaum ihre Pflichtaufgaben, wie die Bereitstellung von Feuerwehr und Schulen, erfüllen. Auf freiwillige Aufgaben, wie die Finanzierung des Jugendzentrums, muss sie verzichten. Die Ausgangslage ist also ungünstig. Doch dann eröffnen sich einige ungeahnte Möglichkeiten. Denn nach einigen Gesprächen mit Mitgliedern verschiedener Parteien stellt sich heraus, dass manche Ratsmitglieder für den Erhalt des Jugendzentrums stimmen würden. Auch andere Gruppen in der Stadt, wie die ansässige Wirtschaft, Elternvereine, der Träger der Ganztagsschulangebote, einige Sportvereine und so manche mehr, sind sich gar nicht so einig darüber, dass auf ein Jugendzentrum verzichtet werden kann. Bei der Suche nach Zuständigkeiten stellen die beiden fest, dass nicht nur der Stadtrat entscheidet, sondern auch das Jugendamt und besonders der Kinder- und Jugendhilfeausschuss hier mitzureden hat. Die politische Kultur der Stadt macht ihnen zudem Mut, eine erste Versammlung einzuberufen. Denn ein bunter Protest mit kreativen Aktionen, die die Öffentlichkeit und die Presse aufmerksam machen, war schon einmal erfolgreich. Genau dieses Jugendzentrum ist vor 20 Jahren aus der gewaltfreien Besetzung einer verlassenen Fabrik entstanden. Damals haben viele Einwohner*innen der Stadt die Besetzer*innen unterstützt und die Idee, das Fabrikgebäude in ein Jugendzentrum zu verwandeln, mitgetragen. Auf diese Handlungsbereitschaft können Alex Bogdanow und Sara Tuna bauen.

Auf einer ersten einberufenen Versammlung geht es darum, Vorschläge für die Rettung des Jugendzentrums einzuholen und die besten auszuarbeiten. Da viele verschiedene Akteur*innen gekommen sind, stehen am Ende eine Reihe von Ideen für das weitere Vorgehen auf der Liste. Im Kapitel 1.2.2 werden sie wieder aufgegriffen.

1.1.2 Soziale Arbeit als Adressatin von Politik

Der politische Bezug der Sozialen Arbeit lässt sich unter drei Aspekten zusammenfassen:

1. Politik setzt Ziele und Arbeitsaufträge der Sozialen Arbeit fest. Sie bestimmt also Arbeitsfelder von öffentlichem Interesse und schafft dafür die (sozial-)rechtlichen Grundlagen. Politikfelder mit direkter Bedeutung für die Ausgestaltung der Sozialen Arbeit sind z. B. die Sozialpolitik oder die Kinder-, Jugend- und Familienpolitik ebenso, wie die Bildungs- und Arbeitsmarktpolitik. So hat sie erheblichen Einfluss auf die Soziale Arbeit z. B. im Jobcenter, wenn als Ziel der Beratung die Rückkehr der sogenannten Langzeitarbeitslosen in den Arbeitsmarkt vorgegeben ist. In der gegenwärtigen Sozialpolitik gilt dieser Erfolgsmaßstab unabhängig davon, welche Qualifikationen, Fähigkeiten und Interessen die zu beratende Person hat. Mit solchen Vorgaben werden auch die Rahmenbedingungen des beruflichen Handelns politisch bestimmt. Aus einer bestimmten Anzahl von Klient*innen müssen die gerade zur Finanzierung ausgeschriebenen Maßnahmen vergeben werden. Maßstäbe des Controllings, der betriebswirtschaftlichen Sicht auf Abläufe, leiten die Entscheidungen damit stärker als fachliche und auf den Fall bezogene Kriterien. Diese aktuelle Ausrichtung wird unter dem Schlagwort der »Ökonomisierung des Sozialen« dahingehend kritisiert, dass die Professionalität des Handelns untergraben werde. Dieser Zusammenhang schlägt sich auch im nächsten Aspekt nieder.
2. Politik entscheidet, für welche öffentlichen Tätigkeiten finanzielle Mittel in welcher Höhe bereitgestellt werden. Damit geht auch die Entscheidung einher, was nicht für finanzierungswürdig gehalten wird, sei es aus der Bewertung als nicht wichtig genug heraus oder als gar nicht existentes Problem. Die Aufgaben müssen – trotz staatlicher Finanzierung – nicht immer auch in staatlicher Regie erbracht werden. Stattdessen hat sich historisch eine Trägervielfalt entwickelt, die neben öffentlichen Einrichtungen auch gemeinnützige, betriebliche und private Anbieter umfasst. Doch weitgehend unabhängig davon, in welchem organisatorischen Rahmen die Arbeit verrichtet wird, hängt sie in den meisten Fällen von staatlicher Finanzierung ab. Das gilt für die Arbeit von Schulsozialarbeitenden beispielsweise genauso, wie für die

aufsuchende Soziale Arbeit mit Wohnungslosen. Wird hier gespart, hat es Konsequenzen für die Arbeitsbedingungen. Steigende Fallzahlen, knappe Personaldecke, hohe Fluktuation aufgrund befristeter Arbeitsverträge und immer häufiger mit Burn-out belastete Kolleg*innen sind nur einige Beispiele für ungünstige Handlungsbedingungen.
3. Politik regelt und reglementiert die Handlungen in der Praxis durch Vorschriften, wie Seithe (2013, S. 26) schreibt: »Begrenzung auf Case Management und fünf Sitzungen oder die Verpflichtung zur ausführlichen Dokumentation und Nutzung der vorgegebenen Software.« Spätestens auf dieser unmittelbaren Handlungsebene stellt sich die Frage, welche Freiheiten und Vorgaben für die Ausübung des Berufs der Sozialarbeiterin oder des Sozialarbeiters notwendig sind, um die Professionalität zu erhalten und zu fördern. Oft widersprechen die Anordnungen den Erkenntnissen der Wissenschaft der Sozialen Arbeit ebenso, wie den Erfahrungen der Praxis, auch wenn die Regelungen zur Qualitätssicherung oder zur Stärkung der Selbsthilfe gedacht waren. Also selbst wenn Ziele und Aufgaben richtig klingen, kann es auf der Handlungsebene zu Widersprüchen kommen.

Wie stark die Arbeit des einzelnen Sozialarbeitenden von politischen Rahmenbedingungen abhängt, zeigt ein prägnanter Vergleich, den Seithe (2013, S. 25) heranzieht. Es wird von einem Dachdecker berichtet, der sich weigert, den Anweisungen der Bauleitung zu folgen und mit den Baumaßnahmen zu beginnen, obwohl das vorgesehene Baugerüst noch nicht aufgebaut, geschweige denn geprüft und abgenommen war. Während sich dieser Dachdecker über seine Rechte und die geltenden Sicherheitsbestimmungen im Klaren ist, ergeht es vielen Sozialarbeitenden in der Praxis anders. Sie beginnen mit den ›Baumaßnahmen‹, ohne über das fehlende Gerüst zu murren. Aus Unwissenheit, aus einem Gefühl der Unterlegenheit oder anderen Gründen überfordern sie sich, statt auf angemessene Rahmenbedingungen zu beharren. Sie versuchen, das Beste für die Klient*innen aus der Situation herauszuholen, auch wenn sie unter steigenden Fallzahlen, fehlendem Personal und dauernden Überstunden leiden.

Dabei wird häufig übersehen, dass ungünstige Arbeitsbedingungen professionelles Handeln unterlaufen. Dies kann auf allen drei Ebenen der Fall sein: Die Ziele und Arbeitsaufträge können an den Bedürfnissen und Lebensvorstellungen der Klient*innen vorbeigehen. Dann stellt sich die Frage, inwiefern Soziale Arbeit einen Anpassungsauftrag hat oder die Individuen mit eigenem Willen und einem laut Grundgesetz gewährleisteten Anspruch auf eine freie Entfaltung ihrer Persönlichkeit (Art. 2 Abs. 1 GG) unterstützen muss. Die Finanzierung kann so knapp sein, dass sowohl die Lebensverhältnisse der Sozialarbeitenden selbst als auch die Ausstattung der Arbeitsstellen und Einrichtungen in Konflikt stehen mit notwendigen Handlungsbedingungen. Und schließlich können die Reglementierungen des Praxishandelns in Widerspruch geraten zu professionellen Anforderungen an den Umgang mit den Klient*innen, z. B. zur notwendigen Länge und Zieloffenheit einer Fallberatung.

Solche Widerspruchskonstellationen umschreiben das Spektrum an Hindernissen für professionelles Handeln. Es ist daher Aufmerksamkeit gefragt bei der

Gestaltung der eigenen Arbeitsbedingungen und bei der Formulierung von Aufgaben und Zielen. Auch wohlklingende Werte und Arbeitsaufträge, wie etwa Empowerment und Partizipation, können noch zur Instrumentalisierung von Sozialarbeiter*innen und Klient*innen führen, nämlich dann, wenn in der Ermächtigung nur an die auf dem Arbeitsmarkt Leistungsfähigen gedacht wird. Oder wenn die Teilhabe nicht zur Demokratisierung von Entscheidungen führt, sondern schlicht staatliche Aufgaben aus Kostengründen ins Ehrenamt verlagert werden sollen. Insofern können sowohl Missstände unter den Arbeitsbedingungen als auch prekäre oder ungleicher werdende Lebensverhältnisse der Klient*innen zum Gegenstand kritischer Einmischung werden.

1.2 Soziale Arbeit als politische Arbeit

Es liegt angesichts der beschriebenen Vorgaben im Hinblick auf die Ziele, Arbeitsaufträge, die Finanzierung und die Reglementierungen auf Handlungsebene nah, dass Sozialarbeitende auf vorhandene Missstände hinweisen und notwendige Verbesserungen auf allen genannten Ebenen vorschlagen. Niemand sonst kann Widersprüche so zügig und klar erkennen, wie die professionalisierten Sozialarbeitenden in der Praxis selbst.

Dennoch ist Vorsicht geboten und analytische Kenntnisse sind gefordert, wenn es um die Klarheit der Kritik in der Sache (Policy) sowie um die Angemessenheit der Einflussnahme im politischen Prozess (Politics) geht. Zur Vorsicht mahnt die Gefahr einer Vereinnahmung der Klient*innen für politische Ziele von Sozialarbeitenden, wenn sie nicht der Analyse sachgerechter Handlungsbedingungen entspringen.

Das Verhältnis der Sozialen Arbeit zur Politik ist daher umstritten, nämlich dann, wenn es um die Frage geht, inwieweit Soziale Arbeit auch politische Arbeit sein darf, soll oder sogar muss (▶ Kap. 1.2.1). Und wenn ja, stellt sich die Frage, auf welche Weise sich denn Sozialarbeitende in politische Entscheidungen einmischen können und dürfen (▶ Kap. 1.2.2).

1.2.1 Selbstverständnis der Profession

Es gehört zu den Anfängen der Sozialen Arbeit, dass sie sich nicht nur mit der unmittelbaren Hilfe von Notleidenden befasst hat, wie Armenspeisungen, sondern immer auch bedacht hat, wie z. B. Armut zu lindern oder zu verhindern sei. Inwieweit dieser sozialreformerische Traditionsstrang auch in der gegenwärtigen Berufsauffassung anzutreffen ist, lässt sich zum einen auf der Ebene des Selbstverständnisses, also der – durchaus widerstreitenden – Berufsauffassungen, und zum anderen auf der Ebene der Praxis untersuchen.

Drei Standpunkte zur Reichweite des politischen Mandats, also des Vertretungsauftrags (als Anspruch) und des Engagements (als faktisches Handeln) der Sozialen Arbeit lassen sich mit Bezug auf Benz und Rieger (2015, S. 36f.) unterscheiden.

1. Mandatsgegner: Der politische Auftrag der Sozialen Arbeit wird hier durchaus gesehen, aber auf Berufspolitik begrenzt. Darunter fällt – analog zu anderen Professionen, wie den Ärzt*innen, Lehrer*innen oder Jurist*innen – das Eintreten für eigene Interessen, wie z. B. eine angemessene Entlohnung.
2. Mandatsskeptiker: Sie nehmen ein fachpolitisches Mandat in Anspruch, zu dem z. B. die Politikberatung gerechnet wird. Auch dies gilt für andere Professionen.
3. Mandatsbefürworter: Sie sehen ein allgemeines politisches Mandat als gerechtfertigt. Begründet wird es mit dem Argument, dass Soziale Arbeit ihre Funktion als Hilfe zur Integration bzw. Inklusion in alle gesellschaftlichen Bereiche und damit auch als Bürger*innen in das politische Gemeinwesen nur erfüllen kann, wenn sie sich »systemgestaltend wie systemerhaltend« (ebd., S. 42) einmischt.

Mandatsgegner*innen und -skeptiker*innen befürchten im politischen Handeln entweder eine Bevormundung und Instrumentalisierung der Klient*innen oder die Enttäuschung falscher Erwartungen an die Politikfähigkeit Sozialer Arbeit. Demgegenüber sehen die Mandatsbefürworter drei Rollen der Profession im politischen Feld. Sie bestehen 1. in einer Anwaltschaft für die Lebensverhältnisse der Klient*innen, 2. in einer politischen Praxis als Inhalt Sozialer Arbeit, z. B. in Form der politischen Bildung, sowie 3. in aktiver politischer Einmischung, die nicht nur historisch schon lange besteht, sondern auch in aktuellen Grundsatzerklärungen der internationalen Vereinigungen Sozialer Arbeit wiederholt bestätigt wird. Dieses weitreichende Verständnis eines politischen Auftrags muss sich plausibel legitimieren und die oben genannten Einwände der Bevormundung und Überforderung entkräften.

Einen solchen Schutz bietet ein umfassendes Verständnis von Professionalität des sozialarbeiterischen Handelns, wie es Fischer (2010) anhand eines Professionalitätsmodells für personenbezogene Dienstleistungen entworfen hat. Es fußt auf der Professionalisierungstheorie von Oevermann (1996) und der Konzeption der Dienstleistungsarbeit von Offe (1984). Da sich Soziale Arbeit ebenso wie ärztliches, therapeutisches oder pflegerisches Handeln mehrheitlich an Personen richtet, deren Autonomie zeitweise oder dauerhaft eingeschränkt ist, muss sie Integrität und Würde der Klient*innen gewährleisten und ihre Arbeit entsprechend gestalten. Von dieser Handlungslogik und der damit verbundenen Verantwortung leitet sich die Professionalisierungsbedürftigkeit Sozialer Arbeit ab. Zum professionellen Handeln im Hinblick auf diese Gestaltungsfähigkeit gehören drei Dimensionen eines Fähigkeitsprofils, wie folgende Abbildung symbolisiert (► Abb. 1).

1 Einführung

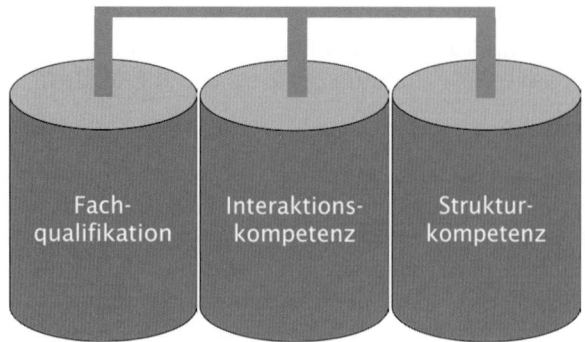

Abb. 1: Professionalitätsmodell, eigene Darstellung

1. *Fachliche Qualifikationen* bilden die Grundlage für ein problem- und situationsbezogen angemessenes Berufshandeln. Die Studieninhalte einschlägiger Bachelor- und Masterstudiengänge bilden hier ein breites Fundament. Sie liefern nicht nur Grundwissen der beteiligten Disziplinen, wie Sozialwissenschaften, Psychologie, Philosophie, Kultur-, Erziehungs- und Rechtswissenschaften, sondern vermittelt werden auch analytische, methodische und Handlungskompetenzen.
2. *Interaktionskompetenzen* sichern eine personen- bzw. fallspezifische Problemlösung. Nicht nur Kommunikationsfähigkeit gehört zu diesem Kompetenzbereich, sondern eine Professionalität im Sinne des deutenden Fallverstehens: Die fachlichen Qualifikationen aus dem ersten Kompetenzfeld müssen hier dem jeweiligen Klienten oder der jeweiligen Klientin entsprechend für eine personen- und fallspezifische Problemlösung eingesetzt, das heißt praktisch übersetzt werden.
3. *Strukturkompetenzen* sind Fähigkeiten, die notwendig sind, um widersprüchliche Anforderungen zu bewältigen. Hier geht es um ein Bewusstsein der Sozialarbeitenden für konkrete Rahmenbedingungen, die dem erfolgreichen, professionellen Gestalten ihres Handelns im Wege stehen. Das betrifft etwa zu geringe Spielräume, um Klient*innen angemessen beraten zu können, oder auch allgemeiner das Spannungsverhältnis zwischen dienender Leistung und ihrer Einbettung in die ökonomische Logik effizienter Leistungserstellung. Kurz gesagt: zwischen notwendiger Hilfe und Abrechnungslogik. Solche Diskrepanzen zu bemerken, ist die Voraussetzung für eine aktive Veränderung der Handlungsbedingungen in den Einrichtungen.

Wie leicht zu erkennen ist, stecken politisches Wissen und politikbezogene Kompetenzen in allen drei Säulen: Als Fachkompetenz wird politisches Denken im Studium thematisiert. Als Interaktionskompetenz wird politisches Handeln ebenfalls im Studium erprobt und in der Praxis vertieft. Als Strukturkompetenz zeigt sich die ausgebildete Fähigkeit, unpassende Rahmenbedingungen des eigenen Berufshandelns wahrzunehmen, zu thematisieren und einen entsprechenden politischen Prozess anzustoßen, der zu notwendigen Veränderungen führt.

Sensibilität gegenüber drohender oder in Gang gesetzter Vereinnahmung der Berufsangehörigen für fremde, z. B. ökonomische Zwecke gehören ebenso dazu, wie die Beobachtung und Gestaltung der gesellschafts- und strukturbedingten Einschränkungen eines selbstbestimmten Lebens der Klient*innen. Eine Beteiligung an gesellschaftlichen Diskursen über die Ausdeutung der rahmensetzenden Werte, wie soziale Gerechtigkeit, Gleichheit, Freiheit und Solidarität, sowie die auf sie Bezug nehmenden konkreten Diskussionen, z. B. über die Frage, wer in Deutschland unter welchen Voraussetzungen und mit welchen Rechten versehen zuwandern kann oder auch wer unter welchen Bedingungen eine Existenzsicherung erhält, sind damit inbegriffen. Politisches Mandat heißt in diesem Verständnis auch, den emanzipatorischen Eigensinn der Sozialen Arbeit fortzuentwickeln und den jeweiligen Gegebenheiten entgegenzustellen. »Emanzipatorisches Interesse« (Stender 2013, S. 96) findet sich sowohl bei verschiedenen Theoretiker*innen der Sozialen Arbeit, wie Thiersch, Kunstreich oder Staub-Bernasconi, als auch in den Leitbildern der Wohlfahrts- und Berufsverbände.

> **Politische Einflussnahme durch Soziale Arbeit**
>
> Dieses Selbstverständnis einer kritischen Haltung zu den gegebenen gesellschaftlichen Verhältnissen und Lebensbedingungen findet sich auch in der Organisation »einmischen – Unabhängiges Forum kritischer Sozialer Arbeit«, zu erreichen unter dem Link: http://einmischen.com/.
>
> Verbandspolitische Stellungnahmen zu dieser Frage finden sich z. B. in den Leitbildern
>
> - der Wohlfahrtsverbände (Caritas, AWO, Diakonisches Werk …),
> - des Deutschen Berufsverbandes für Soziale Arbeit (DBSH),
> - der International Federation of Social Workers (ifsw).

1.2.2 Wege der Einflussnahme

Wer diesem Verständnis einer Sozialen Arbeit als politischer Arbeit folgt, fragt sich, wie denn Einmischung funktioniert. Dafür bieten manche Begriffe und Konzepte der Politikwissenschaften einen hilfreichen Überblick über Vorgänge und Abläufe im politischen Geschehen und geben damit auch praktische Hinweise. Ein solches Hilfsmittel ist der »Politikzyklus« (Jann/Wegrich 2003). Er stellt schematisch den Weg dar, den ein wahrgenommenes Problem über die Formulierung einer Problemlösung (politische Forderung, Vorschlag einer Änderung bestehender Regeln) bis zum beschlossenen Gesetz, seiner Umsetzung und Bewertung gehen kann. Das Schema vereinfacht die realen Abläufe stark, die manchmal in anderer Reihenfolge ablaufen oder Phasen auslassen (▶ Abb. 2).

1 Einführung

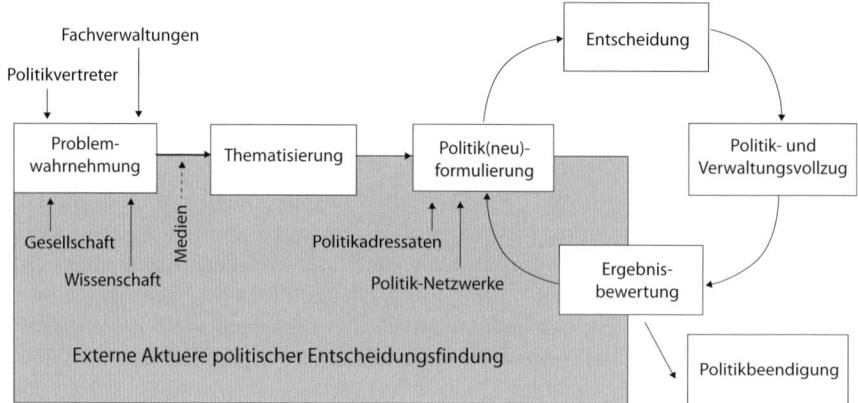

Abb. 2: Politikzyklus, Quelle: Volkens (2003, S. 1, http://userpage.fu-berlin.de/, 23.02.2018)

Das Nachdenken über Politik beginnt typischerweise mit einem vorhandenen Problem. Diese öffentliche Diskussion über einen problematischen Sachverhalt (Sparmaßnahmen im Sozialbereich) oder Zustand (fehlender Wohnraum im Niedrigpreissegment oder zunehmende Ghettobildung in Stadtteilen mit hoher Dichte von Arbeitslosigkeit und Armut) wird häufig von gesellschaftlichen Gruppen angestoßen, die nicht unbedingt als Parteien in Parlamenten vertreten sind. Dies können aufmerksame Bürger*innen sein, Vereine, wie z. B. das Arbeitslosenforum oder Gewerkschaften. Auch die Wissenschaft weist häufig auf Missstände hin, wenn in Studien problematische Entwicklungen zutage treten, wie etwa steigende Armut, der Niedergang strukturschwacher Regionen mit seinen sozialen Folgeproblemen oder Radikalisierungstendenzen bei Jugendlichen. Doch auch Politiker*innen und Verwaltungen selbst bringen Themen zur Sprache.

> Mit einem Problem fing es auch im Beispiel von *Alex Bogdanow und Sara Tuna* an. Zur Erinnerung: Um die geplante Schließung des Jugendzentrums zu verhindern, hatten die beiden eine Versammlung von interessierten Bürger*innen, Vereinen und anderen Aktivist*innen einberufen. Die Überlegungen, was zu tun sei, führten zu einer langen Liste möglicher Aktivitäten. Einig waren sich alle Beteiligten darüber, dass die drohende Schließung zunächst an die Öffentlichkeit dringen muss. Bei dieser Thematisierung spielen Medien, wie die lokalen Zeitungen und Radiosender, eine wichtige Rolle. Doch auch andere Aktivitäten sollen die Bewohner*innen der Stadt auf das Problem aufmerksam machen. So planen die Eltern der Jugendlichen, die das Jugendzentrum regelmäßig nutzen, ein Straßencafé, bei dem Informationen verteilt werden sollen. Eine Gruppe der Jugendlichen selbst will für das Café durch Breakdance-Einlagen und Parcours-Läufe Aufmerksamkeit erzeugen, eine andere plant einen Internet-Auftritt mit entsprechenden

Aufrufen zur Solidarität. Ein befreundeter Künstler unterstützt die Jugendlichen mit einem Workshop zum professionellen Gestalten von Graffitis, dessen Resultate am Tag der Offenen Tür vorgestellt werden und vieles mehr. Mit möglichst vielen Interessierten soll ein Konzept ausgearbeitet werden, das einem Ratsbeschluss als Grundlage dienen kann, um die Bedeutung des Jugendzentrums für die Attraktivität der Stadt als positivem Standortfaktor zu veranschaulichen. Ebenso kann das Konzeptpapier im Kinder- und Jugendhilfeausschuss Verwendung finden. Die im Stadtrat vertretenen Parteien sollen noch einmal in Einzelgesprächen von der Notwendigkeit des Zentrums überzeugt werden. Alternative Ko-Finanzierungen sollen die Stadträt*innen günstig stimmen, so haben bereits einige Sponsoren aus der Privatwirtschaft ihre Bereitschaft signalisiert. Alles Weitere muss dann im Stadtrat selbst seinen Gang gehen. Die dortige Entscheidung wird mit Spannung abgewartet, um falls nötig, weitere Gegenwehr zu planen.

Wie im gegebenen Beispiel vollziehen sich politische Prozesse auch in anderen Themengebieten (Policy), sei es wie hier auf kommunaler Ebene, sei es im Land oder auf Bundesebene. Wie diese Prozesse ablaufen, wenn sie den Einflussbereich externer Akteur*innen verlassen haben und in den institutionellen Entscheidungsprozess innerhalb der Parlamente (Stadtrat, Landtag, Bundestag) und deren Regierungen weiterlaufen, wird in den folgenden Kapiteln jeweils genau erläutert.

Wie der Politikzyklus oben andeutet, gibt es grundsätzlich die Unterscheidung zwischen außerparlamentarischen und innerparlamentarischen Orten der Meinungs- und Willensbildung. Außerhalb der Parlamente dienen die Aktivitäten dazu, auf Probleme oder innovative Vorschläge hinzuweisen und diese in die Öffentlichkeit zu bringen. Dabei sind neben dem Engagement einzelner Bürger*innen oder Verbände, Initiativen oder Verwaltungen meist auch die Parteien involviert.

Sozialarbeitende haben genau diese Rollen zur Verfügung, um für ihre eigenen oder die Interessen ihres Faches oder ihrer Klient*innen einzutreten. Sie können sich in Verbänden, in Initiativen, in Ausschüssen oder mit anderen Betroffenen als Bürger*innen einsetzen. Wenn die Thematik in den Parlamenten auf die Tagesordnung kommt, vollzieht sich der weitere Prozess der Entscheidung im Rahmen der vorgesehenen Abläufe, an denen dann gewählte Abgeordnete und somit meist Parteimitglieder beteiligt sind. Wird eine vorgeschlagene Problemlösung beschlossen, muss sie auch umgesetzt werden, finanzielle Mittel und eventuell Personal müssen dafür bereitgestellt werden. Nach einiger Zeit wird die umgesetzte Maßnahme bewertet und eventuell sind Änderungen nötig. Zuweilen beginnt der Prozess dann wieder von vorne.

Wenn es so einfach ist, wie es klingt, dann fragt sich mancher, warum nicht weitaus mehr Sozialarbeitende in der (politischen) Öffentlichkeit zu finden sind. Seithe (2013, S. 27) vermutet, dass es eine geringe Lobby – also Fürsprecher*innen und Organisationen mit Einfluss – für Sozialarbeitende und ihre Klient*innen gibt. Die Berufsangehörigen hätten ein gering ausgeprägtes politisches Selbstbewusstsein und seien häufig in der Praxis mit der Situation überfordert. Die erwähnten Arbeitsbedingungen steigenden Arbeitsdrucks, manchmal auch Sorge um den eigenen Arbeitsplatz verhinderten politisches Engagement und den nötigen Weitblick, der oben mit Strukturkompetenz bezeichnet wurde. Sofern es an praktischem Wissen und Kompetenzen zur politischen Einmischung liegen sollte, will dieses Buch genau hier eine Hilfestellung geben. Welche Themen dabei auf welche Weise und zu welchem Zweck behandelt werden, beschreibt der nächste Abschnitt.

1.3   Grundkenntnisse für Soziale Arbeit

Will Soziale Arbeit eine aktive mitgestaltende Kraft sein, dann sind inhaltliche Kenntnisse über die wichtigsten Politikfelder, wie Sozial- oder Arbeitsmarktpolitik, grundlegend. Einige Kapitel dieses Buches thematisieren daher speziell diese *Policy*-Themen, wie z. B. zur Sozialpolitik (▶ Kap. 4) und zur globalen Politik (▶ Kap. 7).

Neben den politischen Inhalten sind ebenso die Kenntnisse über die formalen Entscheidungswege wichtig (*Polity*), um Zuständigkeiten für die Bearbeitung eines Themas zielgenau zu kennen und die eigenen Anliegen und Forderungen treffsicher zu platzieren. Auf dieses Wissen zielen z. B. die Kapitel Kommunalpolitik (▶ Kap. 2), das Kapitel zum politischen System (▶ Kap. 3) sowie zu Europa (▶ Kap. 6).

Die Abläufe und Formen der Einmischung, erfolgversprechende Aktivitäten und Aktionen (*Politics*) werden sowohl bei den politischen Akteur*innen, wie Parteien und Verbänden, aufgegriffen (▶ Kap. 3), als auch im Kapitel zur Demokratiepolitik (▶ Kap. 5).

Mit diesen Grundlagen sollte es möglich sein, zu einem Urteilsvermögen darüber zu gelangen, ob die Ziele und Arbeitsaufträge der Politik an die Soziale Arbeit, ihr Finanzierungsspielraum und die konkreteren Vorschriften und Reglementierungen für professionelles Handeln zuträglich sind oder Hindernisse darstellen. Sie sollen die nötigen Fähigkeiten vermitteln, um Widersprüche wahrzunehmen, sie als Problem auf die politische Agenda zu setzen und Veränderungsprozesse anzustoßen. Auch das eigene politische Selbstverständnis und die eigene Auffassung über die Reichweite eines politischen Mandats Sozialer Arbeit sollten mit diesem Grundwissen zu entscheiden sein.

Das Selbstbewusstsein der Profession Sozialer Arbeit lässt sich auf diesem Weg ebenfalls beeinflussen. Gegen die manchmal in einem Gefühl von Ohnmacht wahrgenommenen Lebens- und Arbeitsverhältnisse helfen Strategien solidarischen Handelns. Auch Vernetzungen mit anderen Berufsangehörigen und Erfahrungsaustausch helfen, um sich besser selbst behaupten zu können und auch größere Gegner oder umfassendere Themen, wie z. B. einen blockierenden Ökonomisierungsdruck, anzugehen. Dieses Buch möchte in die Lage versetzen,

Kritik an gesellschaftlichen Zuständen üben zu können und Rahmenbedingungen zu erkennen, die professionelles Handeln untergraben, um sie so verändern zu können.

2 Kommunalpolitik

Kommunalpolitik ist die Politik, die sich um das unmittelbare Umfeld in den Wohnorten kümmert. Sie spielt auf der Ebene der Kreise, Städte, Bezirke, Gemeinden und Dörfer, wird formal jedoch zur Landespolitik gezählt. Es ist somit keine selbständige Ebene im deutschen Föderalismus, sondern die Kommunen gehören zu den Ländern – was sich in der Praxis u. a. in der Kontrolle durch die jeweiligen Landesverwaltungen zeigt.

Generell sollen sich Kommunen vor allem um jene Fragen kümmern, die vor Ort bedeutend sind und keiner zentralen Steuerung durch den Bund oder das Land bedürfen. Dazu gehören auch viele Bereiche der Sozialpolitik – vor allem die Organisation der konkreten Umsetzung. Für die Soziale Arbeit ist die Kommune oft erste Ansprechpartnerin auf der politischen Ebene. Zumeist gibt es auch finanzielle oder organisatorische Abhängigkeiten von politischen Entscheidungen auf kommunaler Ebene. Dabei tritt ein Problem auf, was sich aus den Aufgaben der Kommunen ergibt: Viele Arbeitsfelder der Sozialen Arbeit sind nicht verpflichtend, sondern stehen unter Finanzierungsvorbehalt.

Sara Tuna und Alex Bogdanow sitzen im Rahmen einer Fortbildung im Kreis ihrer Kolleg*innen aus anderen Städten und berichten von ihrer Sorge über die geplante Schließung ihres Jugendclubs. Kopfschüttelnd ernten sie Solidarität. Eine erfahrene Kollegin merkt an, dass ihr das auch schon passiert sei und sie sich geschworen habe, lieber präventiv aufzupassen als einer Entscheidung hinterherzurennen. Dazu widme sie jetzt viel Zeit der kommunalen Vernetzung. Gespannt verfolgen die Kolleg*innen, was und vor allem wer alles dazugehört. Dazu braucht es jedoch einige Vorkenntnisse, die im Folgenden geliefert werden: Von den allgemeinen Aufgaben über den Aufbau kommunaler Entscheidungsstrukturen bis hin zu wichtigen Akteur*innen in der Kommune.

2.1 Grundlagen der Kommunalpolitik

Kommunen haben ein Recht auf Selbstverwaltung und besitzen damit auch eigene Gestaltungsspielräume, um ihren Aufgaben gerecht zu werden (vgl. Gisevius 1997, S. 27). Dazu zählen

- Personalhoheit: das Recht, Personal auszuwählen, anzustellen, zu befördern und zu entlassen;
- Organisationshoheit: das Recht, die eigene Verwaltungsorganisation zu gestalten;
- Planungshoheit: das Recht, das eigene Gemeindegebiet zu gestalten, z. B. durch Flächennutzungspläne und Bebauungspläne;
- Rechtssetzungshoheit: das Recht, kommunale Satzungen zu erlassen;
- Finanzhoheit: das Recht zu eigenwirtschaftlicher Einnahmen- und Ausgabenwirtschaft;
- Steuerhoheit: das Recht, im Rahmen der Gesetze Steuern zu erheben.

Generell lassen sich in den meisten deutschen Kommunen drei größere Aufgabenbereiche unterscheiden.

- Pflichtaufgaben für Bund und Land: Oft übernimmt die Kommune Aufgaben des Bundes oder der Länder, wenn diese vor Ort konkretisiert werden müssen. Innere Sicherheit ist beispielsweise Landesaufgabe. Sie wird u. a. durch Polizeidienststellen sichergestellt.
- Pflichtaufgaben per Gesetz: Zu manchen Aufgaben werden Kommunen schlicht verpflichtet. Die Einführung von Arbeitslosengeld II ist z. B. eine Bundesentscheidung gewesen – unabhängig davon, ob das vor Ort politisch gewollt ist oder nicht. Die Kommune darf sich damit verbundener Aufgaben nicht verweigern und muss sich an exakte Vorgaben halten. Zu anderen Aufgaben ist sie ebenfalls gesetzlich verpflichtet, hat jedoch Spielräume in der konkreten Ausführung. Beispielsweise ist Bildungspolitik Landessache. Die Architektur bestehender Schulgebäude ist eine kommunale Aufgabe. Auch diese darf sie nicht verweigern, kann aber für sich gestalten, wie die Schulen aussehen sollen, welche Schule wann wie renoviert wird oder eben auch nicht. Ähnlich verhält es sich mit dem Schulentwicklungsplan.
- Freiwillige Aufgaben: Ihre letzten Aufgaben sind freiwillig. Dazu gehören große Bereiche der Sozialen Arbeit – vereinfacht gesagt vor allem jene Projekte, die besonders Spaß machen und relativ frei von staatlichen Vorgaben sind. Dazu gehören z. B. niedrigschwellige Jugendeinrichtungen jenseits der Jugendhilfe oder Altentreffs. Freiwillige Ausgaben stehen unter striktem Finanzierungsvorbehalt. Kommunen können sie sich ›gönnen‹, wenn sie das Geld dafür haben. Fehlt das Geld oder der politische Wille, können diese Leistungen nicht unmittelbar eingeklagt werden.

Für viele Bereiche der Sozialen Arbeit hat das entscheidende Folgen: Ihre Finanzierung ist selten nachhaltig gesichert – trotz aller Beteuerungen. Darüber hinaus stehen große Bereiche vor Ort in Konkurrenz zu anderen Akteur*innen und Angeboten, die auch alle finanziert werden sollen und inhaltlich sinnvoll sind. So gehören zu den konkreten Aufgaben folgende Bereiche:

- Straßenbau, Verkehrswesen,
- Erziehung: Schulen, Kindertagesstätten,
- Öffentliche Sicherheit: Feuerschutz, Gewerbeaufsicht, Baupolizei,
- Sozialhilfe: soziale Fürsorge, Altersheime, Obdachlosenwohnheime,
- Bildung/Kultur: VHS, Bücherei, Theater, Museen, Orchester,
- Versorgung/Wohnungswesen: Wasser, Strom, Gas, Wohnungsbau, Stadtplanung,
- Wirtschaftsförderung,
- Gesundheits- und Jugendpflege,
- Abfallentsorgung, Kanalisation,
- Grünanlagen, Naherholung, Friedhöfe,
- Krankenhäuser,
- Spielplätze, Sportstätten,
- staatliche Aufgaben: Standesamt, Lebensmittelkontrolle, Einwohnermeldeamt.

Aufgrund dieser Konkurrenz um Gelder ist es für Projekte und Träger der Sozialen Arbeit enorm wichtig, sich vor Ort dauerhaft – und eben nicht nur, wenn das Geld gestrichen wurde – gut aufzustellen und intensiv vernetzt zu sein. Dabei gilt es drei Bereiche zu unterscheiden:

1. (Ober-)Bürgermeister*in bzw. Landrat/Landrätin und kommunale Verwaltung,
2. Gemeinde-, Stadt-, Kreistag,
3. weitere kommunale Akteur*innen von Bedeutung.

Die Bezeichnungen der Akteur*innen variieren je nach Größe der Kommune und z.T. auch nach Bundesland. Der Einfachheit halber wird deshalb hier von Bürgermeister*innen, dem Rat und der Verwaltung gesprochen und die Kreisebene ausgeblendet.

Grundsätzliche Systematik der kommunalen Ebene

Die kommunale Selbstverwaltung basiert auf Art. 28 GG. Die Landesausführungen finden sich in den jeweiligen Landesverfassungen und -gesetzen, die konkrete Umsetzung in den Gemeindeordnungen und Kommunalverfassungen. Hinzu kommen zahlreiche Gesetze und Rechtsverordnungen, die zusätzlich zu beachten sind. Die folgende Liste (▶ Tab. 2) gibt einen Eindruck der wichtigsten Rechtsgrundlagen für einzelne kommunale Ämter.

Tab. 2: Übersicht wichtiger Rechtsgrundlagen des Handelns kommunaler Ämter

Amt	Rechtsgrundlage
Personalamt	Beamtengesetz, Stellenplanverordnung
Statistisches Amt	Gesetze über die Erhebung von Statistiken
Rechnungsprüfungsamt	Gemeindeordnung des Landes
Kämmerei	Haushaltsrecht, Finanzausgleichsgesetz, Gemeindefinanzierungsgesetz
Steueramt	Grundsteuergesetz, weitere Steuergesetze
Liegenschaftsamt	Bürgerliches Gesetzbuch, Gemeindeordnung
Einwohner- & Meldeamt	Melderecht
Feuerwehr	Feuerschutzgesetz
Zivilschutz	Zivilschutzgesetz
Schulverwaltungsamt	Landesschulgesetz
Bibliothek	Bibliotheksgesetz
Jugendamt	Kinder- und Jugendhilfegesetz
Gesundheitsamt	Bundesseuchengesetz
Stadtplanungsamt	Baugesetzbuch
Bauordnungsamt	Landesbauordnung
Wohnungsförderungsamt	Wohngeldgesetz, Wohnungsbaugesetz
Hochbauamt	Verdingungsordnung für das Bauwesen
Grünflächenamt	Naturschutzrecht

Quelle: orientiert an Schmidt-Eichstaedt 1998, S. 326–327

Die Idee der kommunalen Politik folgt der Vorstellung, Politik, soweit es geht, dezentral zu ermöglichen. Dies hat folgende Vorteile:

- Entscheidungen für das tägliche Leben können so konkret, auf den jeweiligen Ort und Gegenstand bezogen gefällt werden. Auf der kommunalen Ebene geht es nicht nur darum, ob z. B. eine Straße gebaut wird, sondern auch darum, welcher Belag dafür besonders geeignet ist, ob eine Ampel nötig ist, Parkplätze möglich sind oder eine Unterwanderung für Kröten mitgeplant werden muss.
- Bewohner*innen können unmittelbarer in konkrete Planungen vor Ort eingebunden werden. Ihr Sachverstand wird so mit einbezogen. Oft betrifft das auch ganz kleine Dinge, z. B. ob eine Parkbank in der Sonne steht oder im Schatten.

- Die Bevölkerung hat dadurch für konkrete Fragen ortsnahe Ansprechpartner*innen, die auch mal auf der Straße getroffen und gefragt werden können. Das entlastet das Gesamtsystem, schafft Vertrauen und reduziert oft schon Protest.
- Kommunalpolitik wird oft auch als »Schule der Demokratie« bezeichnet. Der oder die politisch Interessierte lernt hier sein und ihr Handwerkszeug kennen, kann sich erproben und lernen, politische Verantwortung zu übernehmen.

Die Erwartungen an kommunale Politik sind somit hoch. In der Praxis vieler Bundesländer gibt es derzeitig jedoch einen Trend zur Zusammenlegung kleinerer Verwaltungseinheiten z. B. zu neuen Großkreisen im Rahmen von Gebietsreformen. In Mecklenburg-Vorpommern beispielsweise führte dies zur Schaffung von Kreisen in der Größenordnung von Bundesländern wie dem Saarland. Dies ist legitim, wird zumeist mit finanziellen Notwendigkeiten und Effizienzvorstellungen begründet, reduziert jedoch viele der oben genannten Vorteile. Ein Beispiel: Von dem Städtchen Penkum in Vorpommern zum Kreissitz Greifswald sind es ca. 150 Kilometer. Eine Bahnverbindung gibt es nicht, mit dem Bus braucht es durchschnittlich drei Stunden und abends gibt es keine Verbindung – weder hin noch zurück. Wie sollte eine Nachwuchshoffnung aus Penkum sich ernsthaft in Kommunalpolitik erproben können, wenn schon der Weg unzumutbar ist und es auch keine finanziellen Entlastungen gibt? Ähnliche Pläne gibt es derzeitig auch in anderen strukturschwachen Flächenländern. Die Kommunalpolitik verliert dadurch viele ihrer Vorteile und die repräsentative Demokratie damit vor Ort an Substanz und Basis.

Kommunen finanzieren sich in Deutschland durch eine Mischung aus verschiedenen Einnahmequellen, wie die folgende Abbildung (▶ Tab. 3) zeigt.

Tab. 3: Einnahmequellen einer Gemeinde, eigene Darstellung nach Pötzsch (2009, S. 121)

Aufgaben = Ausgaben			
Allgemeine Verwaltung, soziale Sicherung, Sicherheit und Ordnung, Schulen, Wissenschaft, Kultur, Sport, Gesundheit, Bau, Verkehr, Wohnungsbau, Wirtschaftsförderung, öffentliche Einrichtungen			
Steuern	Beiträge	Gebühren	Zuschüsse von Bund und Ländern
Gewerbe, Grund, Vergnügung, Anteil an Umsatz-, Lohn- und Einkommenssteuer	Straßenbau, Beleuchtung, Bürgersteige, Kabelanschluss	Marktstände, Kanalisation, Friedhöfe, Müllabfuhr, Straßenreinigung	z. B. für Sportanlagen, Verkehrsprojekte, kulturelle Gebäude

Einnahmequellen sind somit:

- eigene Steuereinnahmen: Dazu zählen sogenannte »kleine Gemeindesteuern«, wie Verbrauchssteuern für Getränke und Speiseeis, Vergnügungssteuer für

Spielautomaten oder sexuelle Dienstleistungen und Schankerlaubnissteuern für Restaurants, Bars und Kneipen. Bedeutender sind die Grundsteuer für Bodenbesitz sowie Gewerbesteuern für Unternehmen. Hier kann die Kommune weitgehend über ihre eigenen Sätze entscheiden.
- der Gemeindeanteil an der Einkommens- und Umsatzsteuer: Bund und Länder vereinbaren eine bundesweite Verteilung von Steuereinnahmen auf Bund, Länder und Kommunen.
- Entgelte (Beiträge und Gebühren): Beispielsweise erheben Kommunen Gebühren für Dienstleistungen, wie die Bereitstellung von Ausweispapieren oder die Bereitstellung von Medien in Bibliotheken, und erheben Beiträge für den Straßenbau bei der Anwohnerschaft.
- Finanzzuweisungen von Land, Bund und Europäischer Union (EU): Diese sind zumeist zweckgebunden und sollen der Kommune ermöglichen, ihre gesetzlichen Aufgaben auch zu erfüllen. Hinzu kommen Gelder zum Abbau regionaler Strukturnachteile oder zur Förderung bestimmter Ziele, wie z. B. der sozialen Integration ausgewählter Zielgruppen. Oft müssen solche Fördergelder gesondert beantragt werden.

Eine zentrale Arbeitsweise von Kommunen besteht – auch wenn es paradox klingt – in der Planung. Ziel kommunalen Handelns ist die vorausschauende Planung zukünftiger Bedürfnisse. Zwei Beispiele mögen dies verdeutlichen: Ist abzusehen, dass eine Stadt wächst, weil z. B. junge Familien hinzuziehen, um in der benachbarten Großstadt zu arbeiten, steigt der Bedarf vor Ort an Bauland, Plätzen in Kindertagesstätten und perspektivisch auch in der Schule. Hinzu kommt ein Bedarf an Infrastruktur in neuen Wohnvierteln, wie Straßen, Abwasserplanung, Stromversorgung, DSL-Anschlüsse, Spielplätze, Müllentsorgung usw. Für all diese Fragen ist die Kommune verantwortlich und erstellt deshalb in der Regel Baulandpläne oder Jugendhilfeplanungen. Eine ›gute Praxis‹ besteht somit in einer vorausschauenden Planung, die heute die voraussichtlichen Bedürfnisse der Zukunft ermittelt, um Zeit genug zu haben, die Bedürfnisse adäquat erfüllen zu können. Für die Soziale Arbeit bedeutet dies, sich Planungsgesprächen und -arbeitsgruppen, so möglich, nicht zu verweigern, sondern diese als Chance zu sehen, die kommunale Sozialpolitik nachhaltig mitzugestalten. Ein Beispiel aus Berlin verdeutlicht das.

Fallbeispiel

In einem Wohngebiet an einer Durchgangsstraße bieten immer mehr junge Prostituierte zumeist aus osteuropäischen Ländern sexuelle Dienstleistungen an. Geschäftsleute beklagen sich daher bei der Kommune und fürchten finanzielle Verluste, weil ihre Kund*innen die Gegend immer mehr meiden würden. Anwohner*innen klagen über Lärm in der Nacht. Auf einem nahen Spielplatz finden Eltern regelmäßig gebrauchte Kondome sowie Drogenbesteck. Der Bezirk lädt deshalb zu einem Runden Tisch ein, um dort die Situation und mögliche Handlungsstränge zu beraten. Die Sozialarbeiter*innen einer nahen Schule, einer Kita sowie einer Drogenberatungsstelle nehmen neben Vertreter*innen der Anwohnerschaft, der lokalen Wirtschaft, der kommunalen Politik und Verwaltung sowie der Polizei an dem Treffen teil. Es fehlen jedoch Prostituierte, Freier und Freunde bzw. Zuhälter der Sexarbeiterinnen. Gemeinsam wird vereinbart, eine Arbeitsgruppe ins Leben zu rufen, die zunächst ein Monitoring (Überwachung) der Situation erarbeitet, um darauf aufbauend Handlungsstrategien zu entwickeln. Für die anwesenden Sozialarbeiter*innen ist eine solche Arbeitsgruppe zunächst zusätzliche Arbeit. Die Teilnahme ermöglicht es aber auch, die Sichtweisen Sozialer Arbeit vor allem als Menschenrechtsprofession in solche Planungen zu integrieren. An dieser Stelle wäre z. B. dringend ein aufsuchendes Angebot für die jungen Frauen nötig. Dafür bräuchte es Geld, Fachkräfte und politischen Willen. Will Soziale Arbeit die Chance erhöhen, dass diese Sicht sich in der Planung der Kommune wiederfindet, wird sie den Aufwand der Teilnahme betreiben müssen.

Eine wesentliche Planungsgröße jeder Kommune ist dabei der Haushaltsplan. Dies ist die Vorgabe für die Einnahmen und Ausgaben der Kommune, an die die Verwaltung sich zu halten hat. Die Verwaltung legt dazu in der Praxis einen Vorschlag vor. Die Planungen dafür beginnen oft schon im frühen Sommer für das jeweils kommende Jahr. Frühzeitige Mitwirkung ist somit dringend geboten. Viele Posten im Plan sind gesetzlich festgeschrieben und nicht verhandelbar. Gerade aber um die freiwilligen Ausgaben wird oft intensiv gerungen. In der Praxis heißt das: Ohne Haushaltstitel im Haushaltsplan gibt es jenseits der gesetzlichen Verpflichtungen einer Kommune, wie die Auszahlung von Sozialleistungen, keine Soziale Arbeit. Im Falle von Sara Tuna und Alex Bogdanow heißt das: Die Kommune ist nicht verpflichtet, das Clubangebot zu erhalten. Einen wie auch immer gearteten Rechtsanspruch gibt es nicht. Das macht die Auseinandersetzung natürlich schwieriger und Mitwirkung umso nötiger. Dazu müssen sie sich im System der Entscheidungen und bei den zentralen Akteur*innen auskennen.

2.2 Kommunales System

Grundsätzlich bestehen Kommunen aus Bürgermeister*innen, Vertretungen der Bürgerschaft (Räte) und der Verwaltung. Alle drei sind gemeinsam Teil der kommunalen Selbstverwaltung und somit zur Zusammenarbeit verpflichtet. Eine klassische Teilung zwischen einer Exekutive und Legislative, wie auf Landes- oder Bundesebene, ist auf kommunaler Ebene nicht vorgesehen, tritt aber in der Praxis vor allem größerer Städte doch zumindest ansatzweise auf. Wer hat nun welche für die Soziale Arbeit wichtige Rolle und Aufgabe?

Bürgermeister*innen

Bürgermeister*innen werden mittlerweile flächendeckend in einer eigenen Wahl direkt vom Volk gewählt. Das verleiht ihnen eine besondere Legitimation als Vertreter*in der Bürger*innen der ›eigenen‹ Kommune. Nur in kleineren Dörfern gibt es ehrenamtliche Bürgermeister*innen. In Städten und größeren Gemeinden und Gemeindezusammenschlüssen sind die Bürgermeister*innen Profis und werden für ihre Arbeit entlohnt.

Zu den formalen Aufgaben gehört:

- Er/Sie ist Repräsentant*in der Gemeinde nach innen und außen.
- Er/Sie ist Chef*in und Dienstvorgesetzte*r in der kommunalen Verwaltung
- Er/Sie ist für die Ausführung von Beschlüssen verantwortlich.
- Er/Sie ist gesetzliche*r Vertreter*in der Kommune. Er/Sie vertritt somit die Kommune, wenn es Klagen gegen ihr Handeln geben sollte. Dies ähnelt der Rechtsfigur eines Vorstandes von eingetragenen Vereinen. Klagt jemand gegen das Handeln des Vereins, ist der Vorstand dafür verantwortlich, sich dieser Klage zu erwehren.

In zahlreichen Bundesländern ist die Person zusätzlich auch Vorsitzende bzw. Vorsitzender des Gemeinderates.

Der/Die Bürgermeister*in kann über ihre formalen Aufgaben jedoch auch für die Soziale Arbeit wichtige Akzente setzen. Ein Beispiel dazu aus Dortmund.

Fallbeispiel

Der Oberbürgermeister von Dortmund will die Auseinandersetzung mit dem örtlichen Rechtsextremismus in der westfälischen Metropole stärken. Dazu lädt er in regelmäßigem Abstand zu einem Runden Tisch gegen Rechtsextremismus in seinem Namen und Beisein ein. Daran beteiligen sich vor allem Vertreter der kommunalen Wirtschaft, der Religionsvertretungen, der kommunalen Verwaltung, der Parteien, aber auch die Teile der Sozialen Arbeit, die sich professionell mit dem Thema beschäftigen. In dieser Runde geht es einerseits um Abstimmungen einer ›gemeinsamen‹ politischen Linie zum Thema. Vor allem aber stärkt es die Träger der Sozialen Arbeit. Sie erhalten hier politische Unterstützung, es lassen sich in solchen Runden jedoch auch Sponsoren gezielt ansprechen. Der Oberbürgermeister schafft hier ein Forum mit seiner Legitimation, die die Soziale Arbeit für sich nutzen kann. Die Soziale Arbeit kann damit werben, dass die Kommune wirklich ›hinter‹ ihr steht. Auch im Alltag schafft das Vorteile, wie den leichteren Zugang zu repräsentativen Räumen, finanziellen Hilfen für Projekte oder auch in gezielten Kooperationen mit anderen kommunalen Gruppen.

Das Beispiel zeigt, dass eine enge Abstimmung mit dem/der Bürgermeister*in und die Bereitschaft zur Mitwirkung in Foren unter ihrer Leitung unbedingt anzuraten ist – insofern sie möglich ist. Nicht selten steht Soziale Arbeit jedoch auch in Kontrast zu den kommunalen (Marketing-)Zielen, weil sie sich z. B. an Adressat*innengruppen wendet, die vor Ort ungerne gesehen sind, wie etwa Drogenabhängige, Prostituierte, gewalttätige Jugendliche oder Obdachlose. Auch in diesem Fall sollte Soziale Arbeit jedoch versuchen, in konstruktiver Kommunikation mit dem/der Bürgermeister*in zu bleiben.

Ratsvertretung

Die Ratsvertretungen werden in den jeweiligen Kommunalwahlen gewählt. Die Wahlsysteme sind von Bundesland zu Bundesland unterschiedlich. Die Mitarbeit im Rat ist grundsätzlich ehrenamtlich. Ihre Mitglieder bekommen nur eine kleine Aufwandsentschädigung, die zumeist nicht einmal die unmittelbaren Kosten, wie z. B. Fahr- oder Telefonkosten ernsthaft abdeckt.

Zwei Modelle haben sich in der Praxis entwickelt (vgl. Bogumil/Holtkamp 2013, S. 148ff.).

- Konkurrenzmodell: Nordrhein-Westfalen ist ein typisches Beispiel für ein Bundesland, in dem zumindest in größeren Gemeinden vor allem Parteien gewählt werden. Sie stellen Kandidat*innen zur Verfügung. In den Räten organisieren sich meist parteibezogene Fraktionen, die sich aus den jeweiligen Parteivertreter*innen zusammensetzen. Die Mehrheiten in den Abstimmungen sind dadurch leichter vorherzusagen und stabiler.
- Konkordanzmodell: Vor allem in kleineren Gemeinden gibt es auch ein ungeschriebenes Gesetz, dass auf ein weitgehend konsensuales Handeln zielt. Parteipolitik spielt hier zumeist keine ernsthafte Rolle. Die Entscheidungen sind konkret, finanzierungsabhängig und vom Bedarf bestimmt. Braucht es einen neuen Straßenbelag oder ein Fußballtor oder braucht es das nicht? Darüber gibt es oft wenig Streit, sondern nur eine gemeinsame Suche nach Lösungen über alle Parteigrenzen hinweg.

In Bundesländern, wie Baden-Württemberg oder Brandenburg, gibt es zudem eine Tradition der politischen Kultur in vielen Kommunen, dass nicht nur Parteien zur Kommunalwahlen antreten, sondern vor allem auch Bürgerlisten oder Einzelkandidat*innen. Gewählt wird hier oft nach sozialem Ansehen und weniger nach Parteizugehörigkeit. Die Diskussionen im Rat sind hier oft freier, parteienunabhängiger und damit auch weniger berechenbar. Mehrheiten müssen hier immer wieder neu organisiert werden, feste Fraktionsabsprachen sind weniger beherrschend als im Konkurrenzmodell.

Für eine gute Vernetzung der Sozialen Arbeit vor Ort ist es notwendig, das jeweilige Modell zu erkennen, um zu sehen, wer wirklich wichtig ist und wer eher nicht.

Die kommunalen Räte haben zentrale Aufgaben für die Kommune:

- Sie bestimmen den Haushaltsplan der Kommune. Ohne Beschluss des Rates gibt es somit kein Geld für Soziale Arbeit jenseits der gesetzlichen Pflichtaufgaben.
- Sie geben der Verwaltung und dem/der Bürgermeister*in Aufgaben und kontrollieren deren Durchführung.

Kommunale Räte gliedern sich in Ausschüsse und ein Plenum. Im Plenum finden letztendlich die öffentlichen Debatten und Abstimmungen statt. In den Ausschüssen werden die Vorlagen für das Plenum vorbereitet. Dort finden somit oft schon wichtige Vorentscheidungen statt, und Kompromisslösungen werden im kleineren Kreis ausgehandelt. Die jeweiligen Räte entscheiden mit Ausnahme der verpflichtenden Jugendhilfe- und Hauptausschüsse selbst über thematische Zuordnungen. Mehrere Ausschüsse sind dabei für die Soziale Arbeit von besonderer Bedeutung.

- Jugendhilfeausschuss: Dieser setzt sich aus Vertreter*innen der Verwaltung, des Rates und ausgewählten Bürger*innen, die zumeist in der örtlichen Jugendarbeit besonders aktiv sind, zusammen. Der Jugendhilfeausschuss bestimmt die Leitlinien der örtlichen Jugendarbeit, gibt Empfehlungen für den Stadtrat für zu fördernde Ansätze und Methoden der Jugendarbeit, benennt besondere Adressat*innengruppen und hat zumeist auch schon konkrete Träger und Akteur*innen im Blick. Sollte eine Teilnahme – oder besser – Mitgliedschaft möglich sein, sollte sie unbedingt übernommen werden, wenn der eigene Träger in der Jugendarbeit oder -hilfe Angebote unterbreitet.
- Hauptausschuss: Der Hauptausschuss wird in vielen Kommunen mit dem Finanzausschuss kombiniert. Der Hauptausschuss bereitet die Plenumssitzungen vor und wählt die zu beratenden Themen und Abstimmungen aus. Oft werden diese Sitzungen ebenfalls genutzt, um noch vor der ›Hauptsitzung‹ strittige Themen zu entschärfen, Konsenslösungen oder Kompromisse zu finden. Der Hauptausschuss kann oft auch ›unangenehme‹ Themen ohne Dringlichkeit verschieben. Der Finanzausschuss bereitet die Diskussion zum kommunalen Haushalt vor. Hier geht es somit um konkrete Haushaltstitel für Ein- und Ausgaben.
- Sozial- und Gesundheitsausschuss: Beide Themen werden oft in einem Ausschuss zusammen behandelt. Ihm obliegt dann z. B. die Gewährung von Zuschüssen an Vereine und Initiativen. Oft koordiniert er auch die örtliche Seniorenarbeit und erarbeitet Pläne zu Themen, wie Pflege oder Gesundheitsprävention.

Bei den Räten ist immer zu bedenken, dass hier zumeist keine professionellen Politiker*innen arbeiten, sondern Amateure, die sich ehrenamtlich für ›ihre‹ Kommune engagieren. Oft finden deren Termine auch abends und an den Wochenenden statt. Dies verdient Respekt auch dann, wenn nicht jede Sitzungsführung professionellen Standards entspricht, nicht jeder Redebeitrag eine geschliffene Rhetorik verrät und manche Sitzung auch schon einmal mit dem Hinweis auf ein ›wichtiges‹ Fußballspiel im Fernsehen verkürzt wird.

Kommunale Verwaltung

Wer schon einmal an einer Ratssitzung teilgenommen hat, wird schnell gemerkt haben, dass die kommunale Verwaltung von besonderer Bedeutung für die kommunale Politik ist (vgl. Bieker 2016). Amateure im Rat treffen hier auf Profis, sind auf deren Wissen und Zuarbeiten angewiesen und sollen diese dennoch beauftragen und kontrollieren. Das ist ein mühsamer Prozess zweier ungleicher Partner, die zur Zusammenarbeit verpflichtet sind.

Kommunale Verwaltungen sind hierarchisch organisiert und arbeiten in der Regel fachbezogen. Jedoch gibt es auch Querschnittsreferate, in denen mehrere Fachbereiche zusammengefasst wurden. Die folgende Abbildung (▶ Abb. 3) zeigt ein typisches Beispiel für eine Verwaltungsspitze in einer Großstadt.

Abb. 3: Übersicht über die Organisationsstruktur einer Verwaltung, eigene Darstellung

Zusammen mit dem/der Oberbürgermeister*in bilden die jeweiligen Dezernatsleitungen die Verwaltungsspitze. Jedem Dezernat sind – wiederum hierarchisch – verschiedene, thematisch spezialisierte Ämter mit jeweils eigener Amtsleitung und Untergliederung unterstellt. Dies könnte beispielhaft im Dezernat »Schule und Jugend« ein Schulamt sein, dass sich wiederum untergliedert in Bereiche für Schulanmeldungen, Qualitätsentwicklung, Inklusion oder Ganztagsbetreuung. Die Bauplanung an einer Schule wiederum könnte sowohl im Schul- wie auch im Bauamt angesiedelt sein. Möglich wäre hier auch eine themenbezogene Arbeitsgruppe. In der Regel bieten Kommunen in ihren Internetauftritten Schaubilder des hierarchischen Aufbaus an, so dass sich daran oft der jeweils passende Bereich für ein konkretes Anliegen finden lässt.

Was heißt das nun für die Soziale Arbeit? Die Kooperation mit unterschiedlichen Ebenen einer Verwaltung ist für kommunal finanzierte Projekte der Sozialen Arbeit elementar und von besonderer Bedeutung. Wichtig ist dabei, dass die unterschiedlichen Ebenen und Zuständigkeiten erkannt werden. Ein Beispiel möge das verdeutlichen.

Fallbeispiel

Ein Träger Sozialer Arbeit ist alarmiert über eine Zunahme des Drogenkonsums von Jugendlichen im öffentlichen Raum und regt die Einrichtung einer Stelle zur aufsuchenden Drogenarbeit an. Wer ist nun alles im Verlauf relevant und mit dem Projekt jenseits des Trägers vertraut? Zunächst wird es im *Jugendhilfeausschuss* besprochen und zur Bewilligung empfohlen. Ob der Antrag in der nächsten Ratssitzung behandelt wird, diskutiert der *Hauptausschuss* zumeist vor. Der Finanzierungsplan mit Auftrag an die Verwaltung braucht die Mehrheit der Stimmen im *Rat*. Im Falle der Zustimmung entscheidet die *Runde der Dezernatsleiter*innen mit dem/der Bürgermeister*in* über die Zuständigkeit. Hier würde sich das *Dezernat »Jugend und Schule«* anbieten. Die Dezernatsleitung delegiert es in der Regel an die *Jugendamtsleitung*, die es wieder einer *Fachstelle* – hier vermutlich *»offene Jugendarbeit«* – zuweist. Deren Mitarbeiter*innen sind nun federführend für die formale Umsetzung des Projektes verantwortlich. Dazu gehört z. B. die Prüfung, ob eine Ausschreibung nötig oder eine Auftragsvergabe möglich ist. Deshalb wird sie die Hilfe der *Rechtsabteilung* benötigen. Wird das Projekt bewilligt, durchgeführt und abschließend abgerechnet, braucht es hier oft auch die Unterstützung von Kolleg*innen des *Stadtkämmerers*.

In der Praxis Sozialer Arbeit zahlt sich ein ›guter Draht‹ zur Verwaltung oft mindestens so aus, wie zur ›klassischen‹ kommunalen Politik. Nach der grundsätzlichen Bewilligung von Geldern durch den Rat für ein Thema der Sozialen Arbeit verbleibt die konkrete Ausgestaltung der Mittelverwendung zumeist bei der kommunalen Verwaltung. Das heißt, sie entscheidet oft

- über die konkrete Gruppe der Adressat*innen des Projektes jenseits der allgemeinen Bewilligung des Rates, z. B. durch eine Eingrenzung auf Stadtteile, Altersgruppen oder Orte,
- über konkrete Ausgestaltungen und geförderte Methoden der Sozialen Arbeit,
- über die konkrete Ausschreibung und die dafür nötigen Voraussetzungen des Trägers,
- über das Verfahren der inhaltlichen und finanziellen Berichterstattung und Abwicklung.

Die kommunale Verwaltung kann somit entscheidenden Einfluss auf die konkrete Ausgestaltung der geförderten Projekte und Maßnahmen nehmen.

2.3 Weitere kommunale Akteur*innen

Kommunale Politik ist vor allem in kleineren Gemeinden stark personenabhängig. Nicht immer haben kommunale Eliten auch entsprechende Funktionen inne. Manchmal hat der Chef der freiwilligen Feuerwehr ein höheres Ansehen und mehr Einfluss als ein Ratsvertreter, den keiner kennt. Für die Verortung der Sozialen Arbeit in der Kommune ist es deshalb wichtig, auch informelle Netzwerke und Einflüsse soweit wie möglich zu eruieren. Zu beachten sind folgende Personengruppen:

- Entscheidungsträger*innen aufgrund kommunaler Strukturen,
- Personen mit hohem gesellschaftlichen Einfluss, aber ohne entsprechende Funktion im politischen System, wie z. B. Vereinsvorsitzende oder andere angesehene Bürger*innen.

Hinzu kommen lokale Medien und auch Vertreter*innen der Wirtschaft. Bei Letzteren haben Studierende der Sozialen Arbeit jedoch oft zu hoffnungsvolle Vorstellungen von deren finanziellen Möglichkeiten. Eine ›gute‹ Personalstelle der Sozialen Arbeit kostet inklusive aller Nebenkosten mindestens 50.000 Euro pro Jahr. Über Solidaritätskonzerte, ein Vorsprechen bei der Sparkasse, übliches Sponsoring oder Veranstaltungen lassen sich solche Summen kaum dauerhaft organisieren. Realistischer sind jedoch zusätzliche Sponsoringaktionen für konkrete und begrenzte Projekte. Das können dann z. B. Zuschüsse zu einer Veranstaltung in Form eines Caterings sein oder die Bereitstellung eines Busses. Das sind dann auch bestens geeignete Mittel für jene Projektteile, die sich kommunal kaum abrechnen lassen.

Presse

Eine professionelle Öffentlichkeitsarbeit gehört heute zu den üblichen Anforderungen an Projekte der Sozialen Arbeit. Die Notwendigkeit der Vermarktung Sozialer Arbeit im Kontext der Ökonomisierung des Sozialen ist zu kritisieren – in der Praxis hilft die Kritik aber noch nicht weiter. Wenn eine Gesellschaft sich zunehmend über Markt- und Nutzenkriterien definiert, geht das auch an der Sozialen Arbeit nicht vorbei. Sie steht dann vor dem Balanceakt aus nötiger Kritik, der Entwicklung von humanen Alternativen und dem Anpassen zum Überleben.

Generell kann eine professionelle Öffentlichkeitsarbeit für Projekte der Sozialen Arbeit sehr wichtig und sinnvoll sein, wenn sie eine Sensibilität für ihre Adressatinnen und Adressaten behält. Über Medien lassen sich Themen und Positionen dazu transportieren. Sie können den Blick auf jene lenken, die sonst im Schatten der Gesellschaft ihr Dasein fristen. Öffentlichkeit kann auch umstrittene Projekte schützen, da deren Kürzung dann nicht still und heimlich, sondern nur im Rahmen einer umfassenderen, öffentlichen Debatte vollzogen werden kann.

2.3 Weitere kommunale Akteur*innen

Noch vor etwa zwanzig Jahren dominierten zwei Quellen die lokale Öffentlichkeit: das Gespräch der Bürger*innen untereinander sowie – wo vorhanden – die lokale oder regionale Presse. Mit dem Siegeszug des Internets haben sich die Quellen der öffentlichen Meinung ausdifferenziert. Vielerorts gibt es lokale Blogs. Vor allem aber gerieren sich Meinungen in den sozialen Netzwerken, wie Twitter und Facebook. Für die Soziale Arbeit ist das Fluch und Segen zugleich. Segen, weil es die Chancen erhöht, eigene Positionen und Berichte über Aktionen und Tätigkeiten ungefiltert über eigene Auftritte zu präsentieren. Fluch, weil sich damit der Aufwand enorm erhöht hat und oft viel Arbeitskraft nötig ist, um die eigene Öffentlichkeitsarbeit angemessen und professionell zu pflegen.

Trotz der Ausdifferenzierung ist die Lokalzeitung zumindest in größeren Orten nach wie vor von besonderer Bedeutung. Im Gegensatz zu den Internetformaten aus privater Hand ist die Lokalpresse dem Pressekodex und damit einer grundlegenden journalistischen Ethik, z. B. in der Recherche und dem Quellenschutz, verpflichtet. Verstöße gibt es natürlich; sie können aber beklagt und z. B. beim Deutschen Presserat auch angezeigt werden. Da viele Sozialarbeiter*innen sich in der Öffentlichkeitsarbeit schwertun, auch Angst davor haben, gibt der folgende Exkurs einige Hinweise zum gelungenen Umgang mit Journalist*innen zum Schutz der eigenen Persönlichkeit, wenn doch einmal etwas schiefgehen sollte.

Welche Möglichkeiten hat die Soziale Arbeit im Umgang mit Medien?

Grundsätzlich muss erstens niemand in der Sozialen Arbeit mit Medienvertreter*innen sprechen, auch dann nicht, wenn diesbezüglich gedrängt wird, z. B. mit dem Hinweis auf öffentliche Förderungen. Zweitens sollte sich jeder angehende Sozialarbeiter und jede angehende Sozialarbeiterin vorher überlegen, ob er oder sie daran interessiert ist, medial genannt zu werden und im Zweifelsfall zumindest vor Ort zu einer öffentlichen Person zu werden. Öffentliche Personen verlieren ihre Anonymität, wahren zwar ein Recht auf Privatheit, dürfen aber dennoch öffentlich viel stärker als andere auch kritisiert werden. Diese Entscheidung sollte gut überlegt sein, vor allem seit das Internet nichts mehr vergisst.

Journalist*innen können an Projekte der Sozialen Arbeit herantreten. Umgekehrt gilt das jedoch auch. Ob Journalist*innen über die Soziale Arbeit dann auch berichten oder nicht, entscheiden diese alleine. Ein Recht auf Veröffentlichung gibt es nicht. Wollen Projekte den Kontakt suchen, sind die typischen Mittel die Pressemitteilung und der Anruf.

Pressemitteilungen enthalten in kurzer Form Informationen über das Projekt. Gut sind auch ausgewählte Zitate der Mitarbeiter*innen. Die Journalist*innen sind frei darin, diese zu verwenden oder auch nicht.

Am einfachsten ist der Anruf in der jeweiligen Redaktion und das persönliche Gespräch. Dies reduziert Arbeit auf beiden Seiten. Zu bedenken ist, dass sehr kurzzeitig angekündigte Termine nur selten bedient werden können.

Oft kommt es im Rahmen der Zusammenarbeit zum Interview. Üblich sind in diesen Gesprächen die folgenden Sprachregelungen, die jedoch zu Beginn und nicht hinterher festgelegt werden müssen.

- Offenes Gespräch bedeutet: Alles kann namentlich verwendet werden. Oft bieten zumindest Zeitungen und Zeitschriften an, noch einmal die Zitate vor der Veröffentlichung absegnen zu lassen. Dies kann mündlich oder schriftlich erfolgen, muss aber vorher abgesprochen sein und kann nicht juristisch eingeklagt werden.
- Hintergrundgespräch bedeutet: Es dürfen weder Zitate noch Inhalte mit Hinweis auf die Quelle veröffentlicht werden. Dieses muss unbedingt vor dem Interview im gegenseitigen Einverständnis abgesprochen sein und wird in der Regel dann auch eingehalten.

Anders sind Ton- oder Bildaufnahmen für Radio- oder Fernsehsender. Diese können von der jeweiligen Redaktion frei verwendet werden, insofern Aussagen nicht in grundsätzlich falschen Kontexten veröffentlicht werden.

Was passiert im Falle einer falschen Wiedergabe?

Zunächst gilt es einen Kommentar von einem Bericht bzw. einer Sachinformation zu unterscheiden. Gegen einen auch schneidenden, aber nicht persönlich diffamierenden Kommentar kann man sich nicht wehren. Im Gegenteil: Journalismus lebt von der Kritik und wer öffentlich auftritt, darf kritisiert werden und muss das aushalten können.

Anders ist es mit falschen Sachinformationen oder auch verbreiteten Lügen. Hier besteht ein Anspruch auf Korrektur, u. a. in Form einer Gegendarstellung. Dazu empfiehlt es sich, juristischen Sachverstand einzuschalten. Bei kleineren Fehlern ist jedoch ein Anruf in der jeweiligen Redaktion der in der Praxis übliche Weg. Oft werden Fehler so ohne viel Aufhebens korrigiert. Üblich sind auch Angebote, wie z. B. zusätzliche Interviews, in denen dann der ›richtige‹ Standpunkt dargestellt werden kann. Einen Rechtsanspruch auf diese Praxis gibt es jedoch nicht.

Zur kommunalen Praxis gehört auch die fachbezogene Kooperation der Träger Sozialer Arbeit untereinander. Oft organisiert sich diese fachspezifisch z. B. in Form von Netzwerkkonferenzen oder Runden Tischen, um einen gemeinsamen Austausch über örtliche Herausforderungen und manchmal auch Qualitätsstandards zu gewährleisten.

2.4 Direkte Demokratie vor Ort

Seit Beginn der 1990er Jahre im Zuge der neuen Verfassungen der ostdeutschen Bundesländer wurden die Möglichkeiten der direkten Demokratie auf kommunaler Ebene in vielen Bundesländern erweitert. Das grundsätzliche Verfahren ist dabei ähnlich – die formalen Hürden jedoch höchst unterschiedlich. Hinzu kommen Bundesländer mit einer erprobten Praxis dieser Verfahren, wie z. B. Bayern, während sie in anderen Bundesländern kaum angewandt wurden.

Die Idee lässt sich wie folgt beschreiben: Bürger*innen sollen auch unmittelbar politische Entscheidungen von kommunaler Reichweite treffen können. Sie haben damit einerseits die Möglichkeit, politische Entscheidungen des jeweiligen Rates zu korrigieren oder den Rat aufzufordern, Beschlüsse zu fällen bzw. falls, dieser mehrheitlich ablehnt, auch am Rat vorbei Beschlüsse mit juristischer Bindekraft zu treffen.

Konkret müssen die Bürger*innen im Falle eines Bürgerbegehrens folgende Leistungen erbringen:

- Formulierung eines konkreten Vorhabens von kommunaler Reichweite,
  - welches inhaltlich zu begründen ist,
  - das mit dem Grundgesetz und den Bundes- und Landesgesetzen kompatibel ist,
  - dem ein Finanzierungsvorschlag beigefügt ist.
- Sammlung von Unterschriften eines bestimmten Quorums von Wahlberechtigten der Kommune, die eine Abstimmung über das Vorhaben begrüßen.

Wird das Quorum in einer in der Gemeindeordnung festgelegten Zeit erreicht, muss der jeweilige Rat das Vorhaben als Antrag behandeln und darüber abstimmen. Findet das Vorhaben eine Mehrheit im Rat, war das Bürgerbegehren erfolgreich. Findet das Vorhaben aber keine Mehrheit, findet innerhalb einer bestimmten Frist ein Bürgerentscheid statt. Bei diesem sind alle Wahlberechtigten aufgefordert, über die Zustimmung oder Ablehnung des Vorhabens zu entscheiden. Dazu muss eine Frage mit ›ja‹ oder ›nein‹ beantwortet werden können. Erfolgreich ist der Bürgerentscheid dann, wenn einerseits eine Mehrheit dem Antrag zustimmt und andererseits eine in der Gemeindeordnung definierte Mindestzahl von Wähler*innen sich an der Abstimmung beteiligt haben. Das Vorhaben muss dann auch ohne Zustimmung des Rates in der beschlossenen Form durchgeführt werden.

Typische Fragen für die kommunale Praxis

*Sollte ich als Sozialarbeiter*in Mitglied einer Partei sein?*
Die repräsentative Demokratie ist auf lebendige Parteien unbedingt angewiesen. Deshalb sind Mitgliedschaften grundsätzlich zu befürworten. Trotzdem

bleibt dies eine rein private Entscheidung, die jeder und jede für sich unabhängig vom Beruf treffen muss.

Tatsächlich gibt es Regionen, in denen eingeübte Parteiseilschaften Förderpraktiken vor Ort bestimmen. Dies gilt es aber zu kritisieren und nicht zu befördern. Üblicherweise entscheidet in Kommunen auch eher die gute und dauerhafte Kommunikation und nicht eine oder gar die bestimmte Farbe des Parteibuches über den Stand des Trägers der Sozialen Arbeit vor Ort.

Darf ich Aufträge der Verwaltung ablehnen, oder bin ich dann für immer raus aus dem Rennen um Fördergelder?
Manchmal neigen Verwaltungen zum Nachdruck bei Aufträgen, vor allem wenn es um dringende Bereiche mit öffentlichem Interesse geht. Tatsächlich ist es wie auch in der Wirtschaft nicht immer einfach, seinen möglicherweise Hauptauftraggeber zu enttäuschen. Trotzdem gilt auch hier, dass Soziale Arbeit auf ihre eigene Professionalität achten sollte. Sie ist keine Erfüllungsgehilfin einer Verwaltung. Unsinn bleibt Unsinn, auch wenn er bezahlt oder gewünscht wird. Problematisch sind vor allem jedoch die finanziellen Vorstellungen bei der Auftragsvergabe. So sind schlecht bezahlte, kurz befristete Teilzeitstellen oft gängige Praxis, die jedoch auch von vielen Trägern der Sozialen Arbeit kritiklos mitgetragen werden. Hier sollten Träger der Sozialen Arbeit Mindeststandards formulieren, unter denen keine qualitativ ansprechende Arbeit geleistet werden kann. Besteht eine Kommune auf einem solchen Projekt, sollte es mit dem Hinweis auf Unzumutbarkeit auch einmal abgelehnt werden. Hilfreich ist dabei eine Vernetzung verschiedener Träger der Sozialen Arbeit vor Ort, die zwar oft in Konkurrenz z. B. bei Ausschreibungen zueinanderstehen, in diesem Fall aber ein gemeinsames Ziel zum Wohl ihrer Mitarbeiter*innen wie auch der Qualität der Arbeit haben sollten.

2.5 Zusammenführung für die Soziale Arbeit

In vielen Kommunen ist Soziale Arbeit eng mit kommunaler Politik und Verwaltung verwoben und von deren Entscheidungen existentiell abhängig. Eine gute Vernetzungsstrategie ist vielschichtig und aufwändig zu pflegen. Sie umfasst idealerweise einen ›guten Draht‹ zu folgenden Akteur*innen:

- (Ober-)Bürgermeister*in
    - Teilnahme an Runden Tischen (so vorhanden)
- Im lokalen Rat

- Teilnahme am Jugendhilfeausschuss
- Mitglieder des Jugendhilfeausschusses
- Mitglieder des Hauptausschusses
- Ausgesuchte Mitglieder verschiedener, bedeutender Parteien oder Wählerinitiativen im Rat
• In der kommunalen Verwaltung
    - Entsprechende Dezernatsleitung
    - Entsprechende Amtsleitung
    - Entsprechende Sachbearbeiter*innen
    - Fachspezifisch
    - Für Abrechnungen der Projekte
• Ausgesuchte Vertreter*innen
    - Lokaler Medien
    - Lokaler Wirtschaft
    - Partnerorganisationen der Sozialen Arbeit

Weiterführende Literatur

Bieker, Rudolf (2016). Verwaltungswissen für die Soziale Arbeit. Stuttgart: Kohlhammer.
Bogumil, Jörg & Holtkamp, Lars (2013). Kommunalpolitik und Kommunalverwaltung. Eine praxisorientierte Einführung. Bonn: bpb.

3   Das politische System in Deutschland

In Kommunen – so hat das vorherige Kapitel gezeigt – ist Soziale Arbeit in die Politik eingebunden und kann sie beeinflussen. Eine Kommune ist ihrerseits Teil des politischen Systems Deutschlands. Will sich Soziale Arbeit hier betätigen, braucht sie Grundkenntnisse über die Entscheidungswege und Prinzipien. Das gilt für alle Fälle, unabhängig davon, ob man sich berufspolitisch für die eigenen Interessen engagieren will, ob fachpolitisch auch als Beratung von Politik, ob als Fürsprecher für bessere Lebensverhältnisse bestimmter Klient*innengruppen, ob in der politischen Bildung oder auch im Einsatz für mehr Gerechtigkeit, Freiheit und Gleichheit.

Sara Tuna und Alex Bogdanow z. B. standen vor dieser Herausforderung, als sich der Stadtrat gegen die Finanzierung des Jugendzentrums, in dem sie als Sozialarbeitende beschäftigt waren, ausgesprochen hat. Zwar hatten sich einige Sponsoren gefunden, die eine gewisse Grundfinanzierung sicherten, doch fehlten weitere finanzielle Mittel zur Aufrechterhaltung der Angebote. Da erfuhren die beiden von einem Programm auf Bundesebene, das Gelder für Einrichtungen bereitstellt, die sich der Förderung von Demokratie widmen. Das Bundesprogramm »Demokratie leben – aktiv gegen Rechtsextremismus, Gewalt und Menschenfeindlichkeit« wird vom Bundesministerium für Familie, Senioren, Frauen und Jugend angeboten und hält z. B. im Jahr 2017 über 100 Millionen Euro bereit, läuft bis Ende 2019 und unterstützt Projekte u. a. zur »Demokratieförderung im Bildungsbereich«. Sofort fallen Alex Bogdanow und Sara Tuna ein, wie sie Demokratie im Jugendzentrum umsetzen und in dem Rahmen auch politische Bildung gestalten könnten. Dazu müssen sie sich aber selbst im politischen System gut auskennen und über Demokratieauffassungen Bescheid wissen. Diese Grundkenntnisse finden sich im folgenden Kapitel.

Deutschland ist ein demokratischer Staat, so viel scheint klar zu sein. Aber welche Art von Demokratie charakterisiert das deutsche politische System? Oder ist es eher ein Anspruch? Beides soll im Folgenden erläutert werden. Die deutsche Demokratie verfügt über geschaffene Institutionen und baut auf historisch bedingten Vorstellungen auf von einem geeigneten, das heißt funktionsfähigen, politischen System. Das deutsche System unterscheidet sich von Systemen anderer Länder und ist nicht in Stein gemeißelt, sondern entwickelt sich immer weiter fort. Die Beobachtung, ob diese Entwicklung sinnvoll, also demokratieförderlich ist, beschreibt eine typische Aufgabe mündiger Bürger*innen und wird in diesem Kapitel ebenfalls diskutiert.

1. So wird zunächst das Grundgesetz als Grundlage der Institutionen und der Entscheidungsprozesse darin beschrieben und ein Demokratieverständnis herausgearbeitet (▶ Kap. 3.1).
2. Zuständigkeiten sind in einem Mehrebenensystem, wie dem deutschen, nicht einfach zu durchschauen. Daher wird die Gewaltenteilung in horizontaler und vertikaler Ebene vorgestellt (Polity; ▶ Kap. 3.2).
3. Das führt automatisch zur Frage, auf welchem Weg Entscheidungen getroffen werden (Politics; ▶ Kap. 3.3).
4. Diese finden jedoch nicht im stillen Kämmerlein der Parlamente statt, sondern werden von einer politischen Öffentlichkeit außerhalb beeinflusst (Politikzyklus; ▶ Kap. 3.4).

3.1 Grundgesetz und Staatsverständnis

Staaten brauchen eine Geschäftsgrundlage, eine Verfassung mit den Grundregeln der demokratischen Abläufe und vor allem mit dem eigenen Selbstverständnis. Beim Blick auf die Verfassungen verschiedener Länder werden Differenzen deutlich. So ist in der Präambel der heute noch gültigen »Constitution of the USA« aus dem Jahr 1787 zu erkennen, dass großes Gewicht gelegt wird auf die Einheit im Innern, und der feste Wille betont wird, Gerechtigkeit, Frieden und Freiheit gegen Feinde von außen zu verteidigen. Interessant ist auch, dass im Namen des Volkes gesprochen wird, welches sich selbst diese Grundsätze gibt. Es liegt damit ein Dokument von hohem Selbstbewusstsein vor. Staatliche Organe in einer Gewaltenteilung, die in den dann folgenden Artikeln genau erläutert wird, sollen dem übergeordneten Zweck dienen.

> »Wir, das Volk der Vereinigten Staaten, von der Absicht geleitet, unseren Bund zu vervollkommnen, die Gerechtigkeit zu verwirklichen, die Ruhe im Innern zu sichern, für die Landesverteidigung zu sorgen, das allgemeine Wohl zu fördern und das Geschenk der Freiheit uns selbst und unseren Nachkommen zu bewahren, geben den Vereinigten Staaten von Amerika diese Verfassung.« (https://usa.usembassy.de/etexts/gov/gov-constitutiond.pdf, 19.07.2017)

Dagegen argumentiert Frankreichs »Erklärung der Menschen- und Bürgerrechte« von 1789, auf die die heutige Verfassung noch Bezug nimmt, konsequent als Nationalversammlung, also bereits im Grundtext aus einer institutionellen Perspektive. Die ersten Artikel beschreiben sodann die Bedeutung gleicher

Rechte für alle Menschen. Als wichtigste werden genannt: »Freiheit, Eigentum, Sicherheit und Widerstand gegen Unterdrückung.«

> »Da die Vertreter des französischen Volkes, als Nationalversammlung eingesetzt, erwogen haben, dass die Unkenntnis, das Vergessen oder die Verachtung der Menschenrechte die einzigen Ursachen des öffentlichen Unglücks und der Verderbtheit der Regierungen sind, haben sie beschlossen, die natürlichen, unveräußerlichen und heiligen Rechte der Menschen in einer feierlichen Erklärung darzulegen, damit diese Erklärung allen Mitgliedern der Gesellschaft beständig vor Augen ist und sie unablässig an ihre Rechte und Pflichten erinnert; (...) damit die Ansprüche der Bürger, fortan auf einfache und unbestreitbare Grundsätze begründet, sich immer auf die Erhaltung der Verfassung und das Allgemeinwohl richten mögen.« (http://www.verfassungen.eu/f/ferklaerung89.htm, 19.07.2017)

In Deutschland wird die Verfassung Grundgesetz genannt und war nach dem Zweiten Weltkrieg bei der Gründung der Bundesrepublik Deutschland 1949 zunächst provisorisch verstanden worden. Man ging damals davon aus, dass das Grundgesetz nur Bestand haben sollte, bis die Teilung Deutschlands in die westorientierte Bundesrepublik Deutschland (BRD) und in die sowjetorientierte Deutsche Demokratische Republik (DDR) aufgehoben und sich das zukünftig wieder vereinte Deutschland eine neue Verfassung geben würde. Als sich dann 1990 beide deutschen Staaten tatsächlich vereinigten, kam es nicht nur verfassungsrechtlich, sondern auch von den Strukturen in Politik, Verwaltung und Wirtschaft her zu einem Anschluss der DDR an die BRD. Die Hoffnungen von Bürgerrechtlern und verschiedenen parlamentarischen Fraktionen, mit der 1992 eingesetzten Gemeinsamen Verfassungskommission würde eine grundsätzlich offene Gestaltungsdiskussion ermöglicht, blieben unerfüllt. So wurde das Grundgesetz mit einigen Änderungen beibehalten.

In seiner Präambel klingt sofort der historische Hintergrund der Kriegsschuld hervor, indem von Verantwortung gesprochen wird und als oberstes Ziel der Friede steht, dem zu dienen sei.

> »Im Bewußtsein seiner Verantwortung vor Gott und den Menschen, von dem Willen beseelt, als gleichberechtigtes Glied in einem vereinten Europa dem Frieden der Welt zu dienen, hat sich das Deutsche Volk kraft seiner verfassungsgebenden Gewalt dieses Grundgesetz gegeben.« (www.bundestag.de/parlament/aufgaben/rechtsgrundlagen/grundgesetz/gg_00/245200, 19.07.2017)

Das Selbstbewusstsein klingt hier im Vergleich zur US-amerikanischen Verfassung eingehegt durch den prägenden Bezug darauf, eines der europäischen Glieder zu sein, wenn auch ein gleichberechtigtes. Weiter werden in der Präambel als Geltungsbereich die vereinigten west- und ostdeutschen Bundesländer aufgeführt. Damit wird die Vollendung der Einheit Deutschlands als Ergebnis »freier Selbstbestimmung« betont. Es folgt der bekannte Art. 1 Abs. 1 GG: »Die Würde des Menschen ist unantastbar. Sie zu achten und zu schützen ist Verpflichtung aller staatlichen Gewalt.« Auch die weiteren einführenden Artikel des Grundgesetzes beschreiben als nicht aufhebbare unabänderliche Verfassungsprinzipien die Menschen- und Grundrechte, die Demokratie sowie das Selbstverständnis eines Rechts-, Bundes- und Sozialstaats (Rudzio 2015, S. 45).

An den exemplarischen Beispielen zeigen sich neben den Unterschieden auch Gemeinsamkeiten in Inhalt und Funktion der Texte. Gegründet wurden diese Staaten bereits in einem Verständnis als »souveräner Territorialstaat« (Bernauer u. a. 2015, S. 28). Ein solches, modernes Staatensystem löst in vielen Fällen kleinere Organisationseinheiten des Mittelalters ab, wie die Städtebünde oder Stadtstaaten. Es schafft Einheit nach innen und klare Grenzen der Einmischung nach außen. Dass dieses Grundverständnis nicht auch Leitschnur des praktischen politischen Handelns wurde, zeigt sich empirisch an der Vielzahl der kriegerischen Auseinandersetzungen um die Ausdehnung des territorialen Herrschaftsbereichs im 19. und 20. Jahrhundert.

Speziell die Ausrichtung des deutschen Grundgesetzes lässt sich nur verstehen angesichts der Kriegsschuld Deutschlands und der Besatzung durch die Siegermächte USA, Sowjetunion, Großbritannien und Frankreich nach der Kapitulation 1945. Nachdem zunächst der Viermächte-Kontrollrat die staatliche Lenkung und Kontrolle über das nach dem Krieg verkleinerte Deutschland übernommen hatte, trennten sich die westlichen Besatzer und die Sowjetunion aufgrund unlösbarer Konflikte. Streitpunkte waren die gegenseitigen Reparationslieferungen, Demontageabsprachen und nicht zuletzt die Auffassung über die zu entwickelnde Demokratie auf deutschem Boden. Während die Sowjets ein nach ihrem eigenen staatlichen Vorbild zu gestaltendes sozialistisches Deutschland auf der ideologischen Grundlage des Marxismus-Leninismus vorsahen, beharrten die Westmächte auf dem Aufbau einer parlamentarischen Demokratie mit kapitalistischen Wirtschafts- und Gesellschaftsstrukturen. Auch militärische Einschätzungen einer Pufferzone zwischen Ost und West leiteten die Alliierten. Diese Konflikte führten schließlich zur Trennung eines größeren westdeutschen Teils (BRD) vom ostdeutschen, der zur DDR wurde, und manifestierte sich in der jeweiligen Staatengründung 1949.

Im Folgenden wird im Wesentlichen auf das westdeutsche Staatsverständnis eingegangen, weil es auch für die angegliederten ostdeutschen Bundesländer das bis heute gültige ist. Es lässt sich leicht nachvollziehen, dass nach dem Sieg über die deutschen Kriegstreiber die Besatzungsmächte ein Hauptziel vor Augen hatten: Das neu zu schaffende demokratische politische System musste so gestaltet sein, dass vom deutschen Boden nie wieder Krieg ausgehen könne. Deshalb wurden nicht nur die politischen Systemelemente der Nazi-Diktatur beseitigt, sondern auch solche Elemente vermieden, die in der vorherigen Phase deutscher Demokratie – der Weimarer Republik zwischen 1919 und 1933 – den Aufstieg des Diktators Adolf Hitler und die Abschaffung der Demokratie ermöglicht hatten. Es ging also um eine »wehrhafte Demokratie«, die vor ihrer eigenen Beseitigung geschützt ist.

War darunter zunächst vor allem die Möglichkeit von Parteiverboten und die Einschränkung von Grundrechten verstanden worden, so entwickelte sich in den Folgejahren ein umfassenderes Verständnis des schützenswerten Gutes: die »freiheitlich demokratischen Grundordnung«.

> **Freiheitlich-demokratische Grundordnung**
>
> »Die Achtung vor den im Grundgesetz konkretisierten Menschenrechten, vor allem vor dem Recht der Persönlichkeit auf Leben und freie Entfaltung, die Volkssouveränität, die Gewaltenteilung, die Verantwortlichkeit der Regierung, die Gesetzmäßigkeit der Verwaltung, die Unabhängigkeit der Gerichte, das Mehrparteienprinzip und die Chancengleichheit für alle politischen Parteien mit dem Recht auf verfassungsmäßige Bildung und Ausübung einer Opposition.« (Bundesverfassungsgericht 1952, zit. n. Rudzio 2015, S. 345)

Das hier enthaltene Demokratieverständnis wendet sich somit gegen autoritäre und totalitäre Herrschaftsformen, es setzt auf einen Pluralismus der Anschauungen, der von verschiedenen Parteien getragen wird, und auf gegenseitige Kontrolle der Entscheidungsorgane. Zwar wird die Form der Demokratie als parlamentarisch und dezentral im Grundgesetz verankert, die konkrete Wirtschaftsordnung jedoch nicht. In Westdeutschland setzte sich nach einer anfänglichen Offenheit die kapitalistische Produktionsweise durch. Plakativ erhob der damalige Wirtschaftsminister Ludwig Erhard in den 1950er Jahren das Leitbild der »sozialen Marktwirtschaft« zum Kern der Wirtschaftsordnung der BRD (▶ Kap. 4.2).

Wehrhaft nennt sich die deutsche Demokratie deshalb, weil zum Schutz der Verfassung jenen als Feinden der Grundordnung ausgemachten Personen oder Gruppen ihre Grundrechte entzogen werden können, bevor das System Schaden nimmt oder demontiert wird. Diese Paradoxie verlangt sorgfältige Begründungen, denn Grundrechte für einige einzuschränken, damit sie für alle erhalten bleiben, stellt einen Eingriff in die Freiheitsrechte der betreffenden Personen dar.

Mögliche Maßnahmen dazu listet Rudzio (2015, S. 46) auf: Es können Grundrechte, wie die Meinungs-, Versammlungs- und Pressefreiheit, eingeschränkt werden, falls diese gegen die Grundordnung verstoßen. Besteht akute Gefahr, darf bewaffnete Polizei und auch die Bundeswehr im Innern eingreifen. Verfassungswidrige Parteien dürfen verboten werden. Es können Berufsverbote erteilt werden für Personen im öffentlichen Dienst bzw. für Beamte. Gegen Personen, die die verfassungsmäßige Ordnung gefährden, darf sogar offen Widerstand geleistet werden, wenn keine anderen Maßnahmen helfen. Widerstand ist also als Notwehr ermöglicht. Die Bemühungen um einen starken Schutz des demokratischen Systems zeigen sich auch in der sogenannten »Ewigkeitsklausel« (Art. 79 Abs. 3 GG). Nach ihr dürfen weder die Rechte der Länder zur Mitwirkung an Gesetzen, also die föderale Struktur, noch der Bezug auf die Menschenwürde oder die Grundprinzipien des deutschen Systems (s. u.) abgeschafft werden.

Es lässt sich schnell erkennen, dass hier die Auslegung von feindlichem Handeln gegen die Grundordnung nicht eindeutig ist und ebenfalls selbst antidemokratisch sein kann, wenn man nicht aufpasst. Welche Forderungen eines Demonstrationszuges gelten als verfassungswidrig? Gegen wen darf die Polizei Wasserwerfer, Tränengas und Schlagstöcke einsetzen, ab wann darf sie schießen? Was dürfen Lehrer außerhalb der Schule denken, wofür dürfen sie Flugblätter verteilen? Wann ist offener Widerstand geboten und gegen wen? Solche Fragen sind sensibel und nur mit viel Sachverstand und vor allem Kenntnissen des jeweiligen Falles zu beantworten. Besonders zur Praxis der Parteiverbote gibt es seit den neusten Vorstößen gegen rechtsextreme Parteien, wie die NPD, eine kontroverse Diskussion.

Neben der Wehrhaftigkeit existieren weitere Grundprinzipien der Verfassung, die im Folgenden grafisch veranschaulicht und erläutert werden (▶ Tab. 4).

Tab. 4: Verfassungsprinzipien, eigene Darstellung nach Bellermann (1997, S. 49)

Demokratieprinzip	Bundesstaatsprinzip	Rechtsstaatsprinzip	Sozialstaatsprinzip
Volkssouveränität Freie Parteiengründung Gewaltenteilung Verantwortlichkeit der Regierung	Bundesländer Mitwirkung an der Gesetzgebung des Bundes	Bindung der vollziehenden Gewalt und Rechtsprechung an Gesetz Unabhängigkeit der Justiz Rechtsweggarantie	Allgemeine Sozialstaatsklausel

- **Parlamentarische Demokratie:** Im deutschen System gibt es keine direkte Machtausübung des Volkes auf Bundesebene, z. B. keine institutionalisierten Volksabstimmungen, sondern die Macht wird durch Wahlen auf Repräsentant*innen übertragen. Als Abgeordnete beraten und entscheiden sie im Parlament über die politischen Belange. Die Parlamente haben das Legitimationsmonopol auch für die Regierungsbildung. Aus ihrer Mitte wird nach Mehrheitsprinzip die Regierung gebildet, indem der Bundestag die/der Bundeskanzler*in wählt. Ein Verordnungsrecht hat der/die Kanzler*in nicht, immer sind parlamentarische Mehrheiten nötig, um Vorschläge und Gesetze durchzusetzen. Im Zentrum dieses parlamentarischen Verständnisses der Demokratie stehen die Parteien als tragende und verfassungsrechtlich geschützte Säulen der Parlamente. Diese politische Architektur schließt wesentliche Lücken, die in der Weimarer Republik die Möglichkeit zur legalen Machtübernahme durch Hitler eröffneten (mehr zum Aufbau der Institutionen im nächsten Kap. 3.2).
- **Bundesstaat:** Zur Machtstreuung dienen zwei Ebenen der Gewaltenteilung. Horizontal unterscheiden wir die Legislative (gesetzgebende Gewalt der Parlamente), die Exekutive (vollziehende Staatsgewalt in Form der Regierung sowie der öffentlichen Verwaltung) und die Judikative (Recht sprechende

Gewalt der Gerichte). Die Teilung dient der gegenseitigen Kontrolle. Daneben gibt es auf der vertikalen Achse die Unterscheidung zwischen Bund, Land und Kommune. Sie dient neben der Machtverteilung auch einer größeren Bürgernähe und dem Prinzip der Subsidiarität, also dem Vorrang der kleineren politischen Einheiten gegenüber den größeren (▶ Tab. 5).

Tab. 5: Gewaltenteilung in Deutschland, eigene Darstellung

	Legislative	Exekutive	Judikative
Bund	Bundestag, Bundesrat	Bundesregierung, bundeseigene Verwaltung	Bundesgerichte (Bundesverfassungsgericht, oberste Gerichtshöfe)
Land	Landtag	Landesregierung, landeseigene Verwaltung	Landesgerichte (Oberlandesgericht, Landesarbeitsgericht, Landessozialgericht etc.)
(Kommune)	(Stadtrat, Kreistag)	(Stadt-, Kreisverwaltung)	Amtsgericht

Die Verteilung von Zuständigkeiten und Regelungsbefugnissen auf diese drei Ebenen ist verfassungsrechtlich geschützt und wird als Föderalismus bezeichnet. Die Bundesländer haben ein eigenes Parlament mit einer eigenen Rechtsprechung, eine eigene Regierung sowie ein gewisses Maß an finanzieller Souveränität. Staatliche Aufgaben werden zwischen Bund und Land aufgeteilt. In den Kommunen werden zwar keine Gesetze erlassen, aber Bundes- und Landesrecht ausgeführt. Das Grundgesetz gibt klare Regeln der Zuständigkeit vor (siehe nächstes Kap. 3.2).

- **Rechtsstaat:** Mit der starken Betonung der Grundrechte am Anfang des Grundgesetzes versteht sich der deutsche Staat als einer, der keine vom Menschen losgelösten Zwecke kennt. Es wird also kein als Gemeinwohl ausgegebener übergeordneter und etwa von einem Herrscher vorgegebener Zweck akzeptiert, wie z. B. unter Hitler ein »Großdeutsches Reich« unter Vernichtung der jüdischen Bevölkerung. Die Grundrechte können selbst mit einer Zwei-Drittel-Mehrheit nicht in ihrem Inhalt geändert werden und sind einklagbar für den Einzelnen. Es besteht eine Rechtsgarantie, keine Notverordnung kann sie außer Kraft setzen. Auch diese Auffassung vom Rechtsstaat bildet einen entscheidenden Unterschied zur Weimarer Verfassung.

Eine interessante Differenzierung der Grundrechte im Grundgesetz bietet eine Einteilung nach Freiheits- und Gleichheitsrechten. Letztere haben den doppelten Wortsinn der für alle gleich gültigen Gesetze einerseits und den Inhalten eines Verbots von Diskriminierung aufgrund von Herkunft, Geschlechtszugehörigkeit, Sprache, Anschauungen etc. andererseits. Unter Freiheitsrechte zählen solche zum Schutz der Freiheit der Person (z. B. freie Persönlichkeitsentfaltung, Freiheit des Gewissens, Recht zur Eheschließung,

Recht zur Erziehung der Kinder, Recht auf Asyl), wirtschaftliche Freiheitsrechte (Recht auf Beitritt zu Gewerkschaften und Arbeitgeberverbänden, freie Berufswahl) und die politisch-gesellschaftlichen Mitwirkungsrechte (Meinungs-, Presse- und Versammlungsfreiheit, Wahlrecht).
- **Sozialstaat**: Nur sehr allgemein im Grundgesetz verankert, aber gerade für die Soziale Arbeit relevant ist das Sozialstaatsprinzip. Es findet sich in Art. 20 Abs. 1 GG »Die Bundesrepublik Deutschland ist ein demokratischer und sozialer Bundesstaat.« So wie auch Art. 28 Abs. 1 GG die Bundesländer auf Verfassungen verpflichtet, die den Grundsätzen des »sozialen Rechtsstaates entsprechen«. Daraus kann man den verfassungsrechtlichen Auftrag einer Existenzsicherung und des sozialen Ausgleichs ableiten, braucht aber weitere Argumente. Eines liefert der Art. 1 Abs. 1 GG, der zur Achtung und dem Schutz der Menschenwürde aufruft. Auch das Recht auf freie Persönlichkeitsentfaltung des Art. 2 Abs. 1 GG kann argumentativ in diesen Zusammenhang gebracht werden. Denn wie anders als auf der Basis eines gesicherten Auskommens sollen diese Rechte realisierbar sein? Ob ein Auskommen zwangsweise an ein Einkommen aus Erwerbsarbeit zu knüpfen und staatliche Hilfen nur als Ersatzeinkommen zu gelten haben, ist eine Gestaltungsfrage und wird kontrovers diskutiert. Diese und weitere Aspekte des Sozialstaatsprinzips werden in Kapitel 4 ausführlicher behandelt.

Von Sozialer Arbeit scheinen diese grundsätzlichen Überlegungen weit entfernt. Doch schon bei der Frage, ob die Aufnahme Geflüchteter rechtens oder nur politisch wünschenswert oder ethisch geboten, z. B. aus dem Gebot der Nächstenliebe, oder doch ein Muss ist, zeigt es sich, dass die Kenntnisse des Grundgesetzes hilfreich sind zur Meinungsbildung. Die eigene Argumentation wird umso stärker, je grundsätzlicher die Rechtsebene ist, auf die sie sich bezieht. Selbst die Frage, wie hoch die finanzielle Hilfe für Asylsuchende sein sollte, kann mit Blick auf die im Grundgesetz genannten Menschenrechte beantwortet werden.

Die praktischen Fragen nach der Zuständigkeit für bestimmte Entscheidungen, nach den Einflussmöglichkeiten und Wegen der Einmischung über die im vorangegangenen Kommunalpolitik-Kapitel hinaus, sind nicht nur wichtig für Alex Bogdanows und Sara Tunas Konzept zur politischen Bildung in ihrem Jugendzentrum. Sie sind ganz konkret bedeutsam, wenn jemand Probleme erkennt, die Lösungen auf Bundes- oder Landesebene erfordern. Das könnte z. B. Entscheidungen betreffen über die Entwicklung eines Schulsystems, das die Persönlichkeit und den Ausgleich von schlechteren Startchancen fördert (Landespolitik). Geht es um die Rolle der Schulsozialarbeit darin, ist sogar Bundespolitik gefragt. Der folgende Abschnitt bietet eine Orientierung im Geflecht der bundes- und landespolitischen Strukturen und Staatsorgane.

3.2 Politische Institutionen im Föderalismus (Polity)

Das Grundgesetz selber schreibt durch die Gewaltenteilung bereits verschiedene Organe für die gesetzgebende, gesetzvollziehende und rechtsprechende Gewalt vor. Um diesen Auftrag zu verwirklichen, finden sich genaue Angaben ebenfalls im Grundgesetz, wie nun das Bundesparlament, die Bundesregierung usw. aufgebaut sind und wie die Arbeit dort verläuft.

Grafisch lässt sich das Zusammenspiel der wichtigsten Institutionen wie in folgender Abbildung (▶ Abb. 4) illustrieren und wie nachfolgend erläutern.

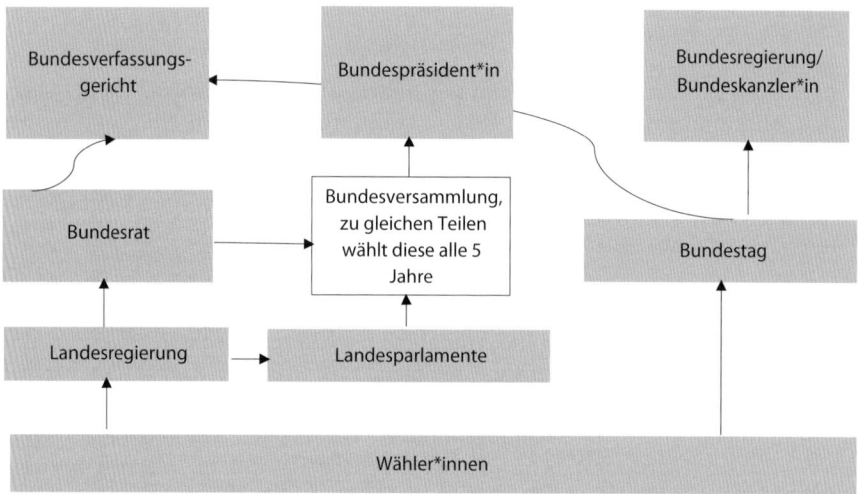

Abb. 4: Staatsorgane im deutschen politischen System, eigene Darstellung

Bundesparlament (und Länderparlamente)

Der demokratische Einfluss der Bürger*innen bezieht sich in seiner engsten Auslegung und in seiner direktesten Form auf die Wahl von Abgeordneten für die Parlamente. Auf Landes- und Bundesebene ist dieser Mechanismus gleich: Alle vier bzw. in manchen Bundesländern auch fünf Jahre werden die Wähler*innen zur Stimmabgabe für Parteien (Zweitstimme) und die Personen, die für diese Parteien antreten (Erststimme), aufgerufen. Das Wahlergebnis bestimmt über die Zusammensetzung der Parlamente (zum Wahlsystem siehe auch das nächste Kap. 3.3). Dabei gilt als weiterer Schutzmechanismus der Funktionsfähigkeit die sogenannte Sperrklausel. Sie besagt, dass Parteien mindestens fünf Prozent aller Stimmer erhalten oder mindestens drei Direktmandate erringen müssen, um in den Bundes- oder Landtag einzuziehen. Es ist gängige Praxis, dass diejenige Partei, die die Mehrheit der Stimmen erhält, mit Gesprächen zur Regierungsbildung beginnt. Doch auch die übrigen in das Parlament gewählten Parteien können Sondierungsgespräche führen. Meist benötigt selbst die stärkste Partei einen kleineren Partner, um auf die nötige absolute Mehrheit der Stimmen im Parlament zu kommen. So hat es in der Geschichte der Bundesrepublik bis auf eine kleine Periode in den 1950er Jahren keine Wahlperiode gegeben, in der nur eine einzige Partei regiert hat, sondern immer mussten Koalitionen gebildet werden, wie die folgende Grafik veranschaulicht (▶ Tab. 6).

Tab. 6: Wahlen zum Deutschen Bundestag

Wahljahr	CDU/CSU	SPD	FDP	Bündnis 90/ Die Grünen	Die Linke	AfD
1949	31,0	29,2	11,9			
1953	45,2	28,8	9,5			
1957	50,2	31,8	7,7			
1961	45,3	36,2	12,8			
1965	47,6	39,3	9,5			
1969	46,1	42,7	5,8			
1972	45,8	44,9	8,4			
1976	48,6	42,6	7,9			
1980	44,5	42,9	10,6	1,5		
1983	48,8	38,2	7,0	5,6		
1987	44,3	37,0	9,1	8,3		
1990	43,8	33,5	11,0	5,1	2,4	
1994	41,4	36,4	7,3	6,9	4,4	
1998	40,9	35,1	6,7	6,2	5,1	
2002	38,5	38,5	8,6	7,4	4,0	
2005	35,2	34,2	9,8	8,7	8,1	
2009	33,8	23,0	14,6	10,7	11,9	
2013	41,5	25,7	8,6	8,4	8,6	4,7
2017	26,8	20,5	10,7	8,9	9,2	12,6

Stimmanteile in Prozent (Zweitstimmen); Grau unterlegt: Partei stellt Bundeskanzler*in; Koalitionsparteien unterstrichen,
Quelle: Jun (2015, S. 51) und Bundeswahlleiter https://www.bundeswahlleiter.de/bundestagswahlen/2017/ergebnisse.html, 11.04.2019

Die Mehrheit in den Parlamenten ist deshalb so entscheidend, weil aus ihrer Mitte die Regierungsspitze gewählt wird: Bundeskanzlerin oder Bundeskanzler ebenso wie die Ministerpräsidenten in den Bundesländern. Die so parlamentarisch gewählte Spitze der Regierung schlägt die Minister*innen für die verschiedenen inhaltlichen Themengebiete vor. Auf Bundesebene werden sie formell vom Bundespräsidenten ernannt (s. u.).

Regierung

Die *Regierung* setzt sich aus Bundeskanzler*in und Minister*innen zusammen. Die Zusammenarbeit erfolgt im Kabinett, so nennt man diesen Kreis aus Regierungsmitgliedern plus weiteren hohen Staatsbeamt*innen. Hier werden die zentralen politischen Entscheidungen vorbereitet. In den meist wöchentlichen Sitzungen werden die Richtlinien, aktuelle Probleme und Gesetzesvorschläge diskutiert (zur Arbeitsweise siehe auch unten unter 3.3).

Bundesrat

Als zweites wichtiges Gremium zur Entscheidungsfindung auf Bundesebene ist neben dem Bundestag der *Bundesrat* zu nennen. Er ist in seinem Charakter ein Kernstück der Gewaltenteilung, denn hier sitzen Vertreter*innen der Landesregierungen. Sie beraten die wichtigsten Gesetze und wirken bei Rechtsverordnungen und Verwaltungsvorschriften mit. Alle sechzehn Bundesländer Deutschlands entsenden je nach Einwohnerzahl zwischen drei (z. B. das Saarland, Hamburg und Mecklenburg-Vorpommern) und sechs Mitglieder (z. B. Nordrhein-Westfalen und Bayern) in den Bundesrat. Dazu gehören alle Ministerpräsidenten und die wichtigsten Minister. Sie stimmen jedoch nicht nach ihrer parteilichen Meinung ab, sondern als Landesregierung einheitlich.

Zu den wichtigsten Aufgaben gehört neben der Mitwirkung an Gesetzen und Vorschriften die Kontrolle der Bundesregierung. Darunter fällt die Diskussion und Bewertung der Gesetzesvorlagen danach, inwiefern hier Landesinteressen berücksichtigt werden. Die Bundesländer haben je nach Lage und sozialer wie Wirtschaftsstruktur durchaus unterschiedliche Ziele und Bedarfe. Ein strukturschwaches Bundesland mit hoher Arbeitslosigkeit, wie etwa der Stadtstaat Bremen, wird eher darauf drängen, dass Steuermittel für Konjunkturprogramme genutzt werden als ein wirtschaftsstarkes Bundesland, wie Bayern.

Aber häufig haben die Länder auch gemeinsame Interessen gegenüber dem Bund, etwa wenn es darum geht, Kompetenzen aus den Ländern zugunsten des Bundes zu beschneiden oder Lasten vom Bund an die Länder abzugeben. Der berühmte Satz von Kanzlerin Angela Merkel angesichts vermehrter Flüchtlingszuwanderung im Jahr 2015 »Wir schaffen das«, ist ein Beispiel für einen solchen Konflikt zwischen Bund und Ländern. Während der Bund beschließt, die Grenzkontrollen zu lockern und Geflüchtete in Deutschland aufzunehmen, haben die Länder die konkrete Umsetzung zu meistern. Sie müssen für die Registrierung, Unterkünfte und Verpflegung sorgen sowie die Angekommenen auf geeignete Regionen und Kommunen verteilen. Diese wiederum hatten auch mit Vorurteilen, Anfeindungen und aufgeheizten Stimmungen der Anwohner umzugehen. Neben zeitlichen Ressourcen von Haupt- und Ehrenamtlichen mussten die Städte auch finanzielle Ressourcen für diese Aufgaben einsetzen.

Die Länder haben auf dringende Unterstützung ihrer Kommunen im Bundesrat gedrängt.

Wie kommt eine solche Einigung zustande? Regelungen vollziehen sich auf dem Weg der Gesetzgebung und ziehen daraufhin noch Verwaltungsvorschriften nach sich, wie in Kapitel 3.3 genauer beschrieben wird. An dieser Stelle aber soll die föderale Arbeitsteilung der Gesetzgebung erläutert werden. Denn auch auf Länderebene gibt es eine eigenständige Gesetzgebungskompetenz, die sich jedoch auf bestimmte Themengebiete beschränkt. Wer in verschiedenen Bundesländern gewohnt hat, kennt die Auswirkungen dieser Gestaltungsmacht aus eigenem Erleben. Am deutlichsten werden die Unterschiede im Bildungsbereich. Welche Schulformen und -abschlüsse angeboten werden, wie die Finanzierung der Hochschulen gestaltet ist (z. B. Studiengebühren oder nicht), ist Ländersache. Wer ist für was zuständig? Wichtig ist diese Frage besonders dann, wenn man in eigenem Interesse Forderungen erheben will. Dann kommt man nicht umhin zu wissen, an wen diese sich richten, an Bund oder Land.

Grundsätzlich lassen sich drei Arten von Zuständigkeiten unterscheiden, wie Abbildung 7 zeigt: Bereiche, a) die ausschließlich der Bund regelt, b) die ausschließlich auf Länderebene zu regeln sind und c) in denen Bund und Länder konkurrieren (▶ Abb. 5).

Abb. 5: Föderale Struktur der Gesetzgebung, eigene Darstellung

In der »ausschließlichen Gesetzgebung des Bundes« geht es um Angelegenheiten, die durch Bundesgesetze fest geregelt sind. Sie betreffen das Auftreten der Bundesrepublik nach außen etwa in wirtschaftlicher oder währungs- und finanzpolitischer Hinsicht sowie die Beziehung zu anderen Staaten, wie es Münch (2008, S. 25) beschreibt. In diese Kategorie fallen auch solche Gebiete, die im ganzen Land einheitlich gehandhabt werden sollen. Wer nach Deutschland einwandern darf, wird hier ebenso geregelt wie die Zukunft der Kernenergie, wer welche Art von Waffen nutzen darf, wie die Bevölkerung vor Terrorangriffen oder Verbrechen aus dem Ausland geschützt werden kann und vieles mehr (siehe Art. 73 GG).

Daneben existiert eine »ausschließliche Gesetzgebung der Länder«, zu denen die Bereiche Bildung und Kultur gehören, das Polizeiwesen, Gesundheits- und Kommunalwesen. Auch der Strafvollzug ist Ländersache sowie Lärmschutz, die Entlohnung von Landesbeamten oder auch Regelungen des öffentlichen Wirtschaftsrechts, wie Ladenschlusszeiten oder Nichtraucherschutz.

Als dritten und wichtigsten Bereich gibt es die »konkurrierende Gesetzgebung«, in der der Bund Vorrecht hat, aber die Länder Gesetze erlassen können, wenn der Bund davon keinen Gebrauch macht. In diesen Bereich fallen z. B. das Straf- und das bürgerliche Recht, das Arbeits- und Wirtschaftsrecht, aber auch die Hochschulzulassung und der Hochschulabschluss. Weitere Bereiche werden unter dem Vorbehalt aufgeführt, dass hier der Bund zuständig ist, wenn sie für die Herstellung »gleichwertiger Lebensverhältnisse« notwendig sind (siehe Art. 72 und 74 GG). Insbesondere betrifft dies die öffentliche Fürsorge, Ausbildungs- und Forschungsförderung, Krankenhauswirtschaft oder den Straßenverkehr.

Doch diese Abgrenzungen sind nicht einfach und darüber hinaus Veränderungen unterworfen. Immer wieder kommt es zum Streit um Zuständigkeiten zwischen Bund und Ländern, die auch zu Reformen führen, wie etwa der Föderalismusreform 2006. Darin wurde den Ländern ihre Gesetzgebungskompetenz beschnitten in einigen Bereichen, dafür handelten die Kontrahenten auch zwischen den Parteien neue Befugnisse aus.

> **Beispiel**
>
> Das Thema Bildung und Schule ist eine klassische Länderangelegenheit. Aber auch hier gibt es eine Verflechtung mit der Bundespolitik. Sie ist z. B. über die Finanzierung von Modellprojekten (etwa die Digitalisierung des Unterrichts) oder über Bund-Länder-Kommissionen (kurz BLK, z. B. die BLK für Bildungsplanung und Forschungsförderung) inhaltlich, organisatorisch und finanziell ausgerichtet. Ein wichtiger Streitpunkt ist dabei immer, wie sinnvoll eine Konkurrenz der Länder um die pädagogisch erfolgreichsten Lösungen ist im Vergleich zu Maßnahmen, die vom Bund gelenkt werden. Denn vom Bund aus kann eine gleichberechtigte Förderung der Schulen und Hochschulen aller Bundesländer, unabhängig von deren Finanzstärke, in den Blick genommen werden. Es gilt also die Vor- und Nachteile dezentraler Gestaltungsmöglichkeiten gegenüber staatlich einheitlicher Lenkung abzuwägen. Meinungsverschiedenheiten zwischen den Parteien führen zu einem immer wieder aufkeimenden Streit zwischen diesen beiden Polen.

Die Gesetzgebungskompetenzen der Bundesländer sind insgesamt eher gering. Ihre Bedeutung innerhalb des politischen Systems schlägt sich viel mehr in ihrer Funktion nieder, Bundesrecht auszuführen. Den deutschen Föderalismus nennt Rudzio (2015, S. 51) daher »Exekutivföderalismus« oder Verwaltungsföderalismus (ebd., S. 339). So gibt es relativ wenige Bundesbehörden, wie etwa das

Auswärtige Amt, die Bundeswehr oder auch das Bundesamt für Migration und Flüchtlinge (BAMF). Die Mehrheit der Bundesgesetze wird von Landesbehörden ausgeführt und in den Gemeinden umgesetzt. Ein *Beispiel* – noch einmal aus dem Bereich Bildung – kann die abstrakten Begriffe und Abläufe illustrieren.

Beispiel

Obwohl Bildung im föderalistischen System Aufgabe der Länder ist, kann der Bund sie unterstützen. Ein Beispiel ist das im Jahr 2017 gestartete Schulsanierungsprogramm der Bundesregierung. Hier stellt der Bund 3,5 Milliarden Euro für die Sanierung von Schulgebäuden zur Verfügung. Das Geld wird über einen Verteilungsschlüssel an die Bundesländer verteilt. Die wiederum geben es weiter an Kommunen mit besonderem Bedarf. Konkret heißt das, die Kommunen prüfen ihren Bedarf, melden diesen an die Länder und bewerben sich so um Förderungen. Der Bund gibt somit das Geld, die Länder koordinieren die Umsetzung und die Kommunen prüfen, welche Schule besonderen Bedarf hat.

Die Art und Weise, wie Bundes- und Landespolitik, Rechtsprechung und Verwaltungsaufgaben aufgeteilt sind und erfüllt werden, folgen der Idee der Kooperation und weniger einer Konkurrenz auch zwischen den Bundesländern. Daher wird diese Form auch »kooperativer Föderalismus« genannt. Ein Ausdruck der kooperativen Auffassung ist in der gegenseitigen Finanzierungshilfe zu sehen, dem sogenannten Länderfinanzausgleich. Bei diesem Verfahren erhalten die finanzschwachen Bundesländer, wie Berlin und Sachsen, Ausgleichszahlungen von finanzstarken Ländern, wie Bayern und Baden-Württemberg.

Bundespräsident*in

Der *Bundespräsident/die Bundespräsidentin* (Art. 54–61 GG) wird in einem Gremium gewählt, das ausschließlich für diese Wahl zusammengesetzt wird: die *Bundesversammlung*. Sie besteht aus den Mitgliedern des Bundestages und einer gleichen Anzahl von Delegierten aus den Bundesländern. Sie werden von den Landesparlamenten entsprechend der Stärke der gewählten Parteien entsandt. Neben Landtagsabgeordneten können auch Kommunalpolitiker*innen oder Persönlichkeiten des öffentlichen Lebens ausgewählt werden.

Alex Bogdanow schaut *Sara Tuna* irritiert an: »Sag mal, ist ja ganz nett, diese Begriffe zu kennen, aber haben wir irgendetwas mit dem Bundespräsidenten zu tun?« Sara nickt und erzählt ihm eine Geschichte. Ihre Tante unterstützt als Lehrerin seit Jahren eine Schülergruppe dabei, mit Projekten für Toleranz und gegen Rassismus in der Schule für ein Klima des Miteinanders einzutreten und auch in die Stadt hinein zu wirken. Ihre jährliche Konzertveranstaltung für Zivilcourage im Kulturhaus ist legendär, für Aktionen gegen Gewalt haben sie ein Notrufsystem entwickelt und sind bei Bedarf schnell zur Stelle. Als Person, die über wechselnde Schülergenerationen diese Idee am Leben hält, wurde sie nun eingeladen zum »Tag des offenen Schlosses«, einem Bürgerfest des Bundespräsidenten an seinem Amtssitz, dem Schloss Bellevue in Berlin. Hier treffen sich ehrenamtlich engagierte Menschen aus der ganzen Republik, tauschen sich aus und genießen es auch, für ihren Einsatz wertgeschätzt zu werden. Es ist eine von vielen Gelegenheiten, in denen der Bundespräsident seine Funktion als Staatsoberhaupt wahrnimmt.

Im Unterschied zu anderen Ländern ist der politische Einfluss des/der Bundespräsident*in begrenzt. Er/Sie repräsentiert das Land nach außen durch Staatsbesuche und Empfang von Staatsgästen aus anderen Ländern. Nach innen wirkt er/sie repräsentativ durch Reden bei öffentlichen Anlässen und Ehrungen. Zudem reist er/sie viel durch das Land und besucht eben solche Orte und Menschen, die für die Integration und Stärkung der Demokratie engagiert sind. Dadurch erfahren sie Anerkennung, ihr Beispiel soll Nachahmung finden.

Über die Repräsentation hinaus besitzt das Amt des/der Bundespräsident*in einige wenige verfassungsrechtliche Befugnisse: Die Person vertritt Deutschland völkerrechtlich, indem sie Staatsverträge unterzeichnet. Sie unterzeichnet die im Parlament beschlossenen Gesetze und kann auch bei verfassungsrechtlichen Bedenken ihre Unterschrift verweigern, was in der Vergangenheit einige Male geschehen ist. Und schließlich ernennt sie Bundesminister*innen, Bundesbeamt*innen, Richter*innen und Offizier*innen. Diese Befugnisse beruhen jedoch auf Vorschlag und Anordnung der anderen Verfassungsorgane. Kanzler*in und Minister*innen übernehmen hierfür die letztliche Verantwortung.

In Krisensituationen kann der/die Bundespräsident*in auch eigenständig politisch eingreifen. Das gilt z. B. im Fall einer fehlenden Mehrheit bei der Wahl des Kanzlers bzw. der Kanzlerin im dritten Wahlgang. Hier kann er eine Minderheitsregierung ernennen oder den Bundestag auflösen und Neuwahlen herbeiführen. Neuwahlen sind ebenso nötig, wenn ein Misstrauensvotum eines Kanzlers bzw. einer Kanzlerin keine Mehrheit findet.

Die hier erwähnten Staatsorgane und ihre Wirkungsweise zeigen deutliche Unterschiede zum Weimarer System. In der direkten Gegenüberstellung wie in Tabelle 5 werden Vorzüge der aktuellen Verfassung und besonders das Ziel einer stabilen demokratischen Ordnung unmittelbar anschaulich.

Tab. 7: Differenzen zwischen der Weimarer Republik und der Bundesrepublik, eigene Darstellung

Weimarer Verfassung	Folgen	Grundgesetz
Reichspräsident Besitzt Machtfülle: • Ernennt und entlässt Reichskanzler und -minister • Kann Grundrechte außer Kraft setzen • Kann mit Notverordnungen regieren und Parlament auflösen • Oberbefehlshaber der Wehrmacht • Wird direkt gewählt	personenabhängig • Starker Einfluss auf Auswahl • Alleinregierung im Notstand möglich, sollte System auch gegen Kanzler und Parlament stabilisieren • Machtballung • Starke Legitimation, aber auch Einfluss von Demagogen	*Bundespräsident* Begrenzte Befugnisse: • Kanzler wird vom Parlament gewählt, vom Präsidenten ernannt, auch Minister werden ernannt • Parlament hat Regierungsvorrang auch im Notstand • Befehlsgewalt über Heer besitzt Verteidigungsminister (im Friedensfall) • Repräsentative Demokratie, nur Parlamente werden gewählt
Parteien • Schwache Stellung, in Verfassung vernachlässigt • Verhältniswahl ohne Sperrklausel	• Instabile Parlamentsmehrheiten • Parteienzersplitterung, instabile Koalitionen	*Parteien* • Zentrum der Demokratie mit verfassungsrechtlichem Status • 5 %-Sperrklausel
Reichsregierung • Ressortverantwortung der Minister • Einfaches Misstrauensvotum gegen Kanzler und Minister möglich	• Relative Unabhängigkeit der Minister vom Kanzler • Minister, Kanzler müssen zurücktreten, ohne Verantwortung des Parlaments für Neubildung	*Bundesregierung* • Vorschlag und Entlassung durch Entscheidung des Kanzlers • Konstruktives Misstrauensvotum nur für Kanzler (Abwahl nur möglich bei gleichzeitiger Nachfolgerwahl)

Bundesverfassungsgericht

Ein weiteres Verfassungsorgan ist das *Bundesverfassungsgericht*. Es ist nach Art. 93 GG zuständig u. a. für Verfassungsbeschwerden durch »jedermann«, insofern die eigenen Grundrechte als bedroht angesehen werden, bzw. durch Städte, die sich in ihrem Selbstverwaltungsrecht verletzt fühlen. Zudem entscheidet es bei Streitigkeiten zwischen Bund und Ländern, über die Vereinbarkeit der Rechtsprechung in Bund und Land mit dem Grundgesetz oder auch die Verfassungswidrigkeit von Parteien. Die insgesamt sechzehn Richter*innen dieses obersten Gerichts werden sowohl vom Bundestag als auch vom Bundesrat mit Zweidrittelmehrheit gewählt. Durch die grundlegende Bedeutung der

Rechtsprechung in diesem Gericht kommt der Auswahl der vorgeschlagenen Kandidat*innen ein hohes politisches Gewicht zu.

Auch diese scheinbar so ferne, weil hierarchisch so hoch angesiedelte Institution ist sehr nah am einzelnen Bürger, weil tatsächlich jeder und jede eine Verfassungsbeschwerde einlegen kann. Das Beispiel der Existenzsicherung (siehe auch Kap. 4) zeigt, dass von dieser Möglichkeit Gebrauch gemacht wird. Seit Einführung des Arbeitslosengeldes II, das umgangssprachlich Hartz IV genannt wird, im Jahr 2005 wurde das Bundesverfassungsgericht zum einen aufgrund der Regelsätze angerufen, die für ein menschenwürdiges Leben als zu niedrig erachtet wurden. Zum anderen war auch die Sanktionierung von Zahlungsempfängern Anlass für Verfassungsbeschwerden. Denn liegt ein Regelverstoß vor – etwa, wenn jemand nicht hinreichend viele Bewerbungen verfasst hat –, kann sein Arbeitslosengeld um 30 % für die Dauer von drei Monaten gekürzt werden (Stand 2017). Da aber die Sätze ohnehin niedrig sind, fällt diese Person unter die Existenzsicherungsgrenze. Sozialaktivisten, wie das Sozialforum oder Arbeitslosenverbände, auch manche Sozialrichter*innen, argumentieren hier, dass durch zu niedrige Regelsätze und die zusätzliche Kürzung durch Sanktionen gegen Art. 1 GG verstoßen und damit das Grundrecht auf Menschenwürde bedroht wird.

Ländervergleich oder Blick in andere Länder

Zum Abschluss der Darstellung der wichtigsten Staatsorgane soll ein Blick in die USA das Bild des deutschen Systems weiter schärfen. Während historische Vergleiche, wie oben mit der Weimarer Verfassung, sich eignen, um einen aktuellen Zustand wie das heutige Regierungssystem in seiner Entstehung zu begreifen, wirft ein Ländervergleich Licht auf das Charakteristische eines Systems im Unterschied zu einem anderen. Besonders im Verhältnis zu einem Präsidialsystem wie in den USA werden sie deutlich. Das präsidentielle System unterscheidet sich vom parlamentarischen hauptsächlich darin, dass nicht nur die Mitglieder des Parlamentes, sondern auch der Präsident bzw. die Präsidentin von den Bürger*innen gewählt werden und dass seine bzw. ihre Stellung auch innerhalb der Regierung hervorgehoben ist (Bernauer u. a. 2015, S. 174). Das Staatsoberhaupt benennt seine Minister eigenständig ohne großen Einfluss des Parlaments und hat deutlich mehr Entscheidungsbefugnis als eine kollegiale Regierung in einem parlamentarischen System. Die Minister*innen besitzen eher einen Beraterstatus für den/die Präsident*in und können von ihm eigenmächtig ihres Amtes enthoben werden. Den Parteien kommt ebenfalls eine geringere Bedeutung zu, weil die Abgeordneten nach ihren Arbeitsergebnissen und weniger nach der Partei, der sie angehören, beurteilt werden. So wechseln in Abstimmungen häufiger die Mehrheiten. Allerdings ist die Machtverteilung zwischen Regierung und Parlament stärker ausgeglichen, denn der/die gewählte Präsident*in ist oft nicht Mitglied der Partei, die die Parlamentsmehrheit stellt. Die folgende Abbildung pointiert diese Differenzen (▶ Abb. 6).

3.2 Politische Institutionen im Föderalismus (Polity)

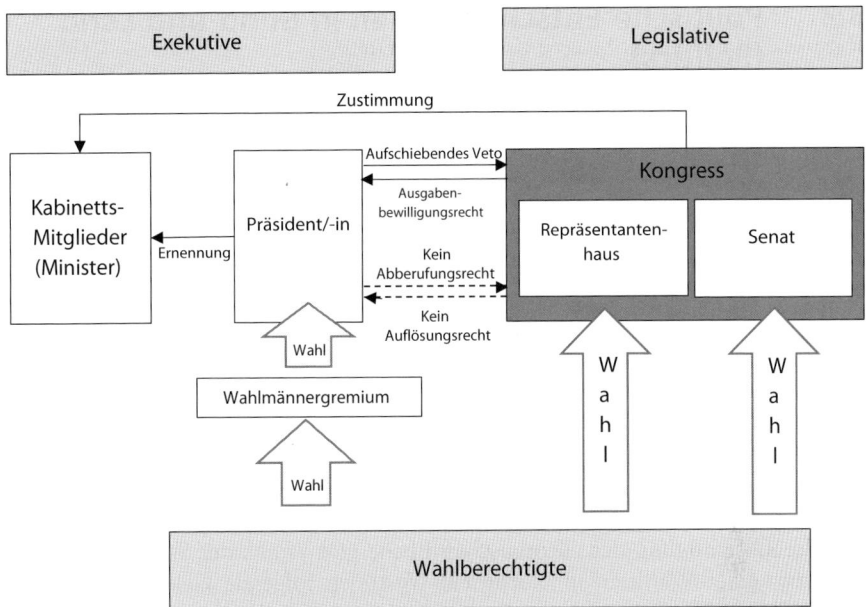

Abb. 6: Präsidentielles Regierungssystem (Beispiel USA), Quelle: Bernauer u. a. (2015, S. 175)

> *Alex Bogdanow und Sara Tuna* atmen tief durch. Für die Konzeption der »Demokratie im Club« haben sie nun einige Anregungen. Übertragen auf ihre Einrichtung könnten nun also Grundsätze (eine Art kleines Regelwerk für die organisatorischen Abläufe und den täglichen Umgang miteinander) sowie wichtige Gremien entworfen werden. Dabei wird ihnen deutlich, dass – so einleuchtend die parlamentarische und föderale Struktur auch ist – ebenso Alternativen infrage kommen und wieder einmal abzuwägen ist, welche Vor- und Nachteile jeweils überwiegen. So könnte für den Jugendclub auch eine Vollversammlung eine praktische und noch stärker demokratisch legitimierende Form sein, um gemeinsam Entscheidungen zu treffen, im Vergleich zu gewählten Jugendlichen, die die Besucher*innen des Clubs in einem Rat vertreten. Auch die Machtfrage muss noch geklärt werden: Wie viel Einfluss dürfen die Besucher*innen auf welche Entscheidungen nehmen? Personalfragen scheiden aus, aber wer sollte inwieweit über die Finanzen mitentscheiden dürfen? Schon entstehen Fragen nach der Regelung der Entscheidungsprozesse: Wer soll diese Personen auf welchem Wege wählen? Wie können Besucher*innen und ihre Sprecher*innen oder Vertreter*innen neue Vorschläge vorbringen und umsetzen? Antworten auf solche Fragen finden sich in den Politics, wie sie im deutschen System auf Bundes- und Länderebene geregelt sind.

3.3 Politische Entscheidungen in Bund und Land (Politics)

Berlin, die Hauptstadt mit Regierungssitz, scheint weit entfernt, wenn man etwa in Baden-Württemberg wohnt und arbeitet und sich darüber Gedanken macht, wie die eigenen Vorstellungen und Forderungen Eingang in die Bundespolitik finden könnten. Doch Berlin ist näher als man denkt. Ganz nah, schon in der nächsten Kindertagesstätte oder Schule trifft man auf Berlin. Nämlich dann, wenn sich dort das Wahllokal zur Bundestagswahl befindet, in dem man seine Stimme abgeben kann.

3.3.1 Wahlen

Im deutschen System gibt es durch den Föderalismus eine Reihe von Wahlterminen, bei denen über die Zusammensetzung der Parlamente entschieden wird. Mit Berücksichtigung der europäischen Ebene gibt es aus der Sicht eines Wählers bzw. einer Wählerin in Nordrhein-Westfalen folgende Gelegenheiten, das Wahllokal um die Ecke aufzusuchen, wie folgende Tabelle zeigt (▶ Tab. 8).

Tab. 8: Wahlen in Deutschland, Quelle: Bundeswahlleiter (https://www.bundeswahlleiter.de/service/wahltermine.html, 27.03.2018)

Wahltermine NRW	Datum	Wahlperiode
Landtagswahl	14.05.2017	5 Jahre
Bundestagswahl	24.09.2017	4 Jahre
Europawahl	1. Halbj. 2019	5 Jahre
Kommunalwahl	2. Halbj. 2020	5 Jahre

Wer wird nun auf welchem Weg gewählt? Art. 38 Abs. 1 GG regelt die *Grundsätze* des Wählens. Dort heißt es:

> »Die Abgeordneten des Deutschen Bundestages werden in allgemeiner, unmittelbarer, freier, gleicher und geheimer Wahl gewählt. Sie sind Vertreter des ganzen Volkes, an Aufträge und Weisungen nicht gebunden und nur ihrem Gewissen unterworfen.«

Was so selbstverständlich klingt, ist eine relativ junge und große Errungenschaft der Demokratie. Im Einzelnen bedeuten die Merkmale nämlich Folgendes:

- Allgemein: Alle Bürger*innen dürfen wählen, wenn sie ein gesetzlich geregeltes Alter erreicht haben. Für Bundes- und Landtagswahlen gilt das vollendete 18. Lebensjahr als Voraussetzung. Eine Errungenschaft ist diese Regel deshalb, weil Frauen in Deutschland das Wahlrecht erst seit 1919 besitzen, in der Schweiz sogar erst seit 1971.

- Unmittelbar: Die Abgeordneten werden von den Wähler*innen direkt gewählt und nicht – wie z. B. in den USA – durch ein spezielles Gremium. Dort wählen die Stimmberechtigten zunächst Wahlleute, die wiederum den Präsidenten wählen.
- Frei und geheim: Niemand darf gezwungen werden zur Wahl zu gehen oder gar eine bestimmte Partei zu wählen. Damit keinerlei Druck und Zwang zu einem bestimmten Wahlverhalten entsteht, erfolgt die Stimmabgabe geheim. Zu diesem Zweck gibt es ein anonymes Abgabeverfahren, das durch namenlose Stimmzettel, Umschläge und eine abgeschirmte Wahlurne sichergestellt wird. Beobachtungen per Technik oder durch Personen sind unzulässig.
- Gleich: Dass alle abgegebenen Stimmen gleich viel wert sind, scheint ebenfalls selbstverständlich, ist aber historisch relativ neu. Noch in der Preußischen Verfassung, die zwischen 1850 und 1918 gültig war, zählte die Stimme je nach Höhe der Steuern, die der Wähler zahlte, unterschiedlich viel. Im Extrem führte dieser Umstand dazu, dass Gutverdienende, wie etwa erfolgreiche Unternehmer, bei Kommunalwahlen bis zu einem Drittel der Mitglieder eines Stadtrates bestimmen konnten.

Die *Bedeutung* der Wahlen für den demokratischen Prozess liegt auf der Hand: Die Mehrheiten, die durch die Wahlen bestimmt werden, entscheiden über die Ausrichtung der Politik der nächsten Wahlperiode, auf Bundesebene vier Jahre, auf Landesebene meist fünf Jahre. Die Beteiligung an Wahlen ist für viele Bürgerinnen und Bürger der einzige und der direkteste Weg, sich in politische Prozesse einzumischen. Zwar kann die Wahlentscheidung eines einzelnen Bürgers keine Ideen oder Forderungen direkt durchsetzen, aber die Wahrscheinlichkeit, Gehör und Unterstützung zu finden, ist je nach Wahlergebnis und Mehrheitsverhältnis höher oder niedriger. Dieser Zusammenhang fängt mit der Wahl der Regierungsspitze aus dem Parlament heraus an und endet bei Einzelentscheidungen zu bestimmten Sachfragen.

> Für *Sara Tuna und Alex Bogdanow* hat das Ergebnis der Bundestagswahl unmittelbar Bedeutung. Das Bundesprogramm »Demokratie leben – aktiv gegen Rechtsextremismus, Gewalt und Menschenfeindlichkeit« z. B. wird bisher durch eine breite Mehrheit im Parlament getragen. Wenn jedoch rechtspopulistische oder -extreme Parteien einen größeren Einfluss erhalten, steht ein solches Programm, das sich gegen deren eigene Überzeugungen richten würde, auf der Kippe und damit auch die mögliche Zusatzfinanzierung ihres Jugendzentrums.

Wahlen haben über die Bestimmung der Mehrheiten im Parlament zusätzlich die Funktion der demokratischen Kontrolle und der Legitimation der Regierung. Arbeitet die Regierung nicht erfolgreich, kann sie keine überzeugenden Lösungen für die aktuellen Herausforderungen anbieten und zielstrebig Veränderungen in Gang bringen, wird das Ergebnis der nächsten Wahl die Unzufriedenheit der Wähler*innen ausdrücken. Regierungen werden abgewählt, neue

Koalitionen erhalten ihre Chance. Dazu ist eine hohe Wahlbeteiligung wünschenswert. Je mehr Bürger*innen von ihrem Wahlrecht Gebrauch machen, desto höher ist der Grad der Beteiligung an diesen zentralen Entscheidungen und desto stärker die Bindung an die Volksvertreter*innen und deren Berechtigung im Namen des Volkes Entscheidungen zu treffen.

Doch die *Wahlbeteiligung* ist seit den 1990er Jahren rückläufig und liegt bei nur noch gut 70 % aller Wahlberechtigten, bevor sie zur Bundestagswahl 2017 wieder auf 76 % anstieg. Bei der Bundestagswahl 2013 gingen von den knapp 62 Millionen Wahlberechtigten ganze 17,6 Millionen nicht zu Wahl. Damit stellten sie als größte Gruppe mehr Personen als die knapp 15 Millionen Wähler der stärksten Fraktion der CDU/CSU. Die Wahlforschung erkennt hier deutliche Zusammenhänge zu den Lebenslagen der Bürger*innen. Obwohl sich Nichtwähler quer durch alle Bevölkerungsschichten finden, gibt es eine Häufung bei den Jüngeren, bei denjenigen mit Hauptschulabschluss oder ohne Schulabschluss und bei Einkommensschwächeren sowie Arbeitslosen. Für die Demokratieentwicklung werden hier wichtige Fragen aufgeworfen, wenn man davon ausgeht, dass die Beteiligung an Wahlen ein Zeichen von Interesse, des Selbstverständnisses als Staatsbürger*innen und von Zustimmung zum politischen System ist. Eine andere Position sieht in einer geringen Wahlbeteiligung auch ein Zeichen von grundsätzlicher Zufriedenheit und Stabilität. Gewählt wird in diesem Sinne nicht, weil man den politischen Eliten die richtigen Entscheidungen zutraut.

Vom technischen Verfahren her sieht das *Wahlrecht* für Bundes- und Landtag ein Zweistimmen-Wahlsystem vor. Auf dem Wahlzettel gibt es also zwei Spalten (für jeweils ein Kreuz). Mit der ersten Stimme wird eine Person gewählt, die im jeweiligen Wahlkreis für eine bestimmte Partei antritt bzw. als parteilose Person auf der Liste einer Partei geführt wird. Hier gilt das relative Mehrheitswahlrecht, denn nur die Person mit den meisten Stimmen gewinnt einen der 299 Wahlkreise und kann direkt in das Parlament einziehen.

Mit der zweiten Stimme wird eine bestimmte Partei gewählt. Das Mehrheitsverhältnis, das sich nach dieser Zweitstimme für alle Parteien, die über 5 % der Wählerstimmen kommen, ergibt, legt die Gesamtzahl der Parlamentssitze fest, die diese Parteien erhalten. Hier gilt also das Verhältniswahlrecht. Es gewinnt nicht die stärkste Partei alle Sitze eines Wahlbezirks, sondern prozentual im Verhältnis zu den anderen Parteien. Die zweite Hälfte der insgesamt 598 Parlamentssitze wird auf diesem Weg aufgefüllt.

Alex Bogdanow und Sara Tuna schütteln den Kopf. Alles schon mal gehört, aber wieso klingt es immer wieder so kompliziert? Warum die Umstände mit den beiden Kreuzen? Alex Bogdanow gefällt das Mehrheitswahlrecht der Erststimme: »In meinem Wahlkreis kenne ich die Kandidat*innen der Parteien. Sie kann ich während ihrer Arbeit vor Ort beobachten, ich kann ihr Engagement einschätzen, ihre Glaubwürdigkeit und ihre inhaltlichen Überzeugungen. Gut also, dass ich hier einer bestimmten Person zustimmen kann. Dann halte ich es für gerechtfertigt, dass eben nur einer der Kandidaten das Rennen macht.« Sara Tuna entgegnet: »Aber ungerecht daran ist ja, dass alle anderen Stimmen unter den Tisch fallen. Wenn jemand nur geringfügig weniger Zuspruch findet als der Sieger, erhält die Partei keine Punkte. Das Verhältniswahlrecht bildet die Verteilungen viel besser ab und lässt auch kleineren Parteien eine Chance, in das Parlament einzuziehen, die nie eine Mehrheit für sich erhalten würden. So entsteht Vielfalt im Parlament.«

Und tatsächlich hat der Gesetzgeber mit der Kombination von Mehrheits- und Verhältniswahlrecht beide Effekte im Sinn gehabt. Die Sitzverteilung wird nach Auszählungsende von den Verhältnissen bestimmt, die sich aus der Zweitstimme ergeben. Die Erststimme hat auf das Mehrheitsverhältnis keinen Einfluss, sie bietet aber die Möglichkeit, bestimmte vor Ort beliebte Personen in das Parlament zu schicken. Insofern wird dieses Wahlrecht auch personalisiertes Verhältniswahlrecht genannt.

Ein eher rechnerisches Problem ergibt sich, wenn eine Partei mehr Direktmandate (Erststimme) gewonnen hat als ihr prozentual Sitze zustehen (Zweitstimme). Damit diese Abgeordneten dennoch in das Parlament einziehen können, werden ihnen im wörtlichen Sinne Sitze aufgestellt für diese sogenannten Überhangmandate. Die Partei darf diese Mandate behalten, damit das Verhältnis aber gleichbleibt, erhalten die anderen Parteien Ausgleichsmandate. Insgesamt steigt dadurch die Anzahl der Sitze, also auch der Abgeordneten, die darauf Platz nehmen. In der 18. Legislaturperiode (2013–2017) waren es beispielsweise 630 Sitze. Aber wer sind diese Personen, die zur Wahl stehen?

3.3.2 Parteien

Die Kandidat*innen zur Wahl sind in den meisten Fällen Mitglieder einer politischen Partei. Mit Einschränkungen gilt dies auch für die kommunale Ebene. Sie haben sich dort engagiert, meist zu Beginn auf kommunaler Ebene, sind in den Gremien der Partei bekannt, haben sich vielleicht einen Namen gemacht in bestimmten Themengebieten und Interesse gezeigt, für Land- oder Bundestag zu kandidieren. So erhalten sie je nach Position in der Partei einen mehr oder weniger aussichtsreichen Listenplatz für den Einzug in das Parlament. Wenn z. B. die SPD im Bundestag (wie bei der Wahl 2013) mit 193 Abgeordneten vertreten ist, davon in 58 Wahlbezirken die Direktmandate gewonnen hat, bleiben 135 Sitze frei, die über die Landeslisten der Parteien bestückt werden. Steht nun jemand auf Platz 10 der nordrhein-westfälischen Parteiliste der SPD, dann hat er gute Chancen, in den Bundestag einzuziehen, steht er auf Platz 80, hat er sie nicht, weil die Parteilisten der anderen Bundesländer ebenfalls zum Zuge kommen.

Parteien haben also eine grundlegende Bedeutung für die Bereitstellung des politischen Personals in den Parlamenten. So schreibt ihnen das Grundgesetz verfassungsrechtlichen Status zu, auf ihnen ruht im Wesentlichen der politische Entscheidungsprozess. Als Aufgaben der Parteien nennen Art. 21 GG sowie speziell das Parteiengesetz zudem die Mitwirkung an der politischen Willensbildung. Dies geschieht nach § 1 Abs. 2 PartG,

> »indem sie auf die Gestaltung der öffentlichen Meinung Einfluß nehmen, die politische Bildung anregen und vertiefen, die aktive Teilnahme der Bürger am politischen Leben fördern, zur Übernahme öffentlicher Verantwortung befähigte Bürger heranbilden, sich durch Aufstellung von Bewerbern an den Wahlen in Bund, Ländern und Gemeinden beteiligen, auf die politische Entwicklung in Parlament und Regierung Einfluß nehmen, die von ihnen erarbeiteten politischen Ziele in den Prozeß der staatlichen Willensbildung einführen und für eine ständige lebendige Verbindung zwischen dem Volk und den Staatsorganen sorgen.«

Kurz gefasst lassen sich die *Aufgaben* nach Korte und Fröhlich (2009, S. 138ff.) bezeichnen als:

- Personalrekrutierung: Zur Übernahme politischer Verantwortung werden Personen an den politischen Prozess herangeführt und auf Ämter vorbereitet.
- Interessenselektion, -aggregation und -artikulation: Aus einer Vielzahl an Problemstellungen und individuellen Interessen werden die wichtigsten herausgefiltert, zusammengefasst, gebündelt und schließlich in das politische System hinein kommuniziert.
- Programmfunktion: Aus den gebündelten Interessen und Einzelforderungen wird ein in sich möglichst schlüssiges Gesamtprogramm mit einer klaren Ausrichtung gestaltet. Es dient auch zur Profilierung und Abgrenzung zu den Konkurrenten.
- Partizipation: Mitglied in Parteien sind nur wenige Bürger*innen. Im Jahr 2014 waren es knapp 1,3 Millionen Mitglieder bzw. 1,8 % aller Wahlberechtigten (Niedermayer 2016). Die Parteien ermöglichen die Beteiligung an Politik aber über diese kleine Gruppe hinaus, indem sie vermitteln zwischen Bürger*innen und Staat bzw. dem politischen System. Sie sind ein Bindeglied zur Kommunikation und Information für Wähler*innen, Anhänger*innen und Mitglieder gleichermaßen.
- Legitimation und Integration: Mit der Beteiligungsfunktion wird zugleich staatliches Handeln von Parteien in Regierung und Opposition gerechtfertigt. Durch die Bildungsarbeit und Erklärungsleistungen, die Parteien bereitstellen, tragen sie zur politischen Sozialisation, einer politischen Haltung und Einstellung der Bürger*innen bei und fördern ein Verständnis und die Akzeptanz der politischen Ordnung.

Das Parteiengesetz definiert in § 2 Abs. 1 PartG den *Begriff* der Partei als »Vereinigungen von Bürgern, die dauernd oder für längere Zeit für den Bereich des Bundes oder eines Landes auf die politische Willensbildung Einfluß nehmen und an der Vertretung des Volkes im Deutschen Bundestag oder einem Landtag mitwirken wollen«. Um eine Partei zu sein oder zu werden, muss eine Gruppe von Gleichgesinnten zu Wahlen antreten, ein Programm mit eigenen Zielen besitzen, bereit sein, politische Funktionen zu besetzen und ihre Ziele in einem Gemeinwesen zu erreichen. Parteien sind trotz ihres je eigenen Profils dem Gemeinwohl verpfichtet und handeln im Unterschied zu anderen Akteur*innen, wie z. B. Verbänden, innerhalb des politischen Institutionensystems.

3.3 Politische Entscheidungen in Bund und Land (Politics)

Der *Aufbau demokratischer Parteien* (▶ Abb. 7) ähnelt sich. Die unterste Ebene sind zumeist die Ortsvereine, manchmal auch Abteilungen genannt. Sie sind zumeist auf Dorf-, Kleinstadt- oder Stadtbezirksebene angesiedelt. Neue Mitglieder werden hier aufgenommen, können dort erste Erfahrungen sammeln. Mehrere Ortsvereine bilden dann eine Kreis- oder Stadtebene. Manchmal werden zu deren Sitzungen Delegierte bestimmt. Bei kleineren Parteien können oft aber auch noch alle Mitglieder daran teilnehmen. Anders ist dies bei der Regional- oder Landesebene, deren Sitzungen sind zumeist Delegiertensache. Oberstes Beschlussorgan ist zumeist der Bundesparteitag einer Partei. Dieser entscheidet z. B. über den Parteivorsitz und das Grundsatzprogramm. Zumeist kürt er aber auch Spitzenkandidaturen und gibt zentrale Themenentscheidungen vor.

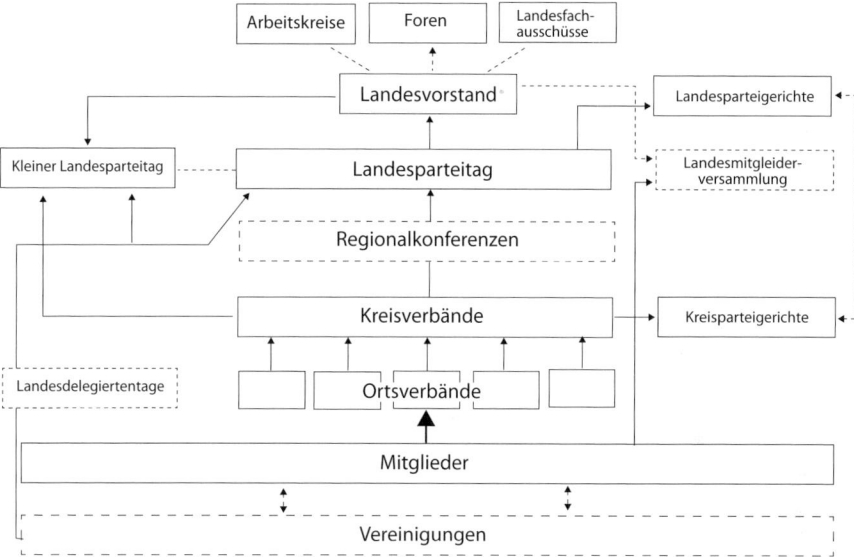

Abb. 7: Beispiel für einen Parteiaufbau, Quelle: www.cdu-berlin.de

Parteien haben unterschiedliche *Finanzierungsmöglichkeiten*. Typisch sind folgende Finanzquellen (▶ Abb. 8):

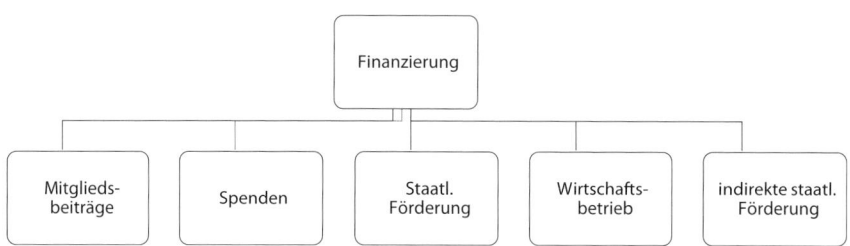

Abb. 8: Parteienfinanzierung, eigene Darstellung

Jedes Mitglied ist verpflichtet, einen Beitrag zu entrichten. Dieser machte bisher bei den Bundestagsparteien etwa ein Viertel ihrer Einnahmen aus. Generell dürfen Parteien Spenden annehmen. Größere Summen werden dabei veröffentlicht, um Transparenz zu gewährleisten. Ungemein wichtig sind für Parteien staatliche Förderungen. Entscheidend ist dabei die Verankerung der Partei und die jeweiligen Wahlergebnisse. So benötigen Parteien bei Bundestagswahlen 0,5 % der Stimmen, um in den Genuss von Wahlkampfkostenrückerstattungen zu kommen. Nimmt sie diese Hürde, bekommt sie pro erreichte Stimme eine Unterstützung von etwas weniger als einem Euro pro Jahr. Eine vierte Quelle sind eigene Gewinne aus wirtschaftlichen Betrieben. Dies kann z. B. der Verkauf von Parteimaterialien oder Büchern sein. Möglich sind aber auch Beteiligungen an Wirtschaftsbetrieben, die SPD ist etwa an Druckereien beteiligt. Eine fünfte Quelle sind indirekte staatliche Förderungen. So erhalten z. B. Fraktionen staatliche Zuschüsse. Die meisten Parteien erwarten jedoch auch, dass ihre Abgeordneten einen Teil ihrer Diäten – das sind deren Gehälter – an die Partei spenden. Hinzu kommen Zuschüsse für parteinahe Stiftungen. Alle Parteien sind verpflichtet, regelmäßig Bericht über ihre Finanzierungen zu erstatten. Die entsprechenden Berichte finden sich zumeist in deren Internetauftritten.

Entstanden sind Parteien mit der Möglichkeit und der Notwendigkeit, in Parlamenten zu Entscheidungen zu kommen. In Deutschland gaben politische Kämpfe und ideenbasierte Gruppen erheblichen Anstoß zur Gründung von Parteien. Die Parteiengeschichte geht über 150 Jahre zurück auf soziale Probleme, die durch die Industrialisierung und die damit verbundenen Veränderungen in den Lebens- und Arbeitsverhältnissen der Bevölkerung entstanden sind. So gehören die sozialistischen, sozialdemokratischen und gewerkschaftlichen Strömungen zu den ersten Bewegungen, die in Parteigründungen mündeten, wie die Sozialdemokratische Arbeiterpartei Deutschlands (1869). Aber auch in liberaler Tradition (Deutsche Fortschrittspartei, 1861) oder in katholischer Tradition (Zentrum, 1870) gründeten sich Parteiorganisationen.

Nach dem Niedergang des Naziregimes hat sich in der Nachkriegszeit die Parteienlandschaft in Deutschland deutlich verändert. Die heute in Parlamenten vertretenen modernen Parteien haben sich entweder nach der Hitlerdiktatur wieder gegründet (wie die SPD) bzw. sind aus verschiedenen Parteien neu entstanden (wie die CDU z. B. aus Zentrum und Deutscher Volkspartei). Durch die Vereinigung mit der DDR haben sich die Parteien nochmals Anfang der 1990er Jahre verändert. Entweder haben sich die ostdeutschen Varianten (die »Blockparteien«) ihrem westdeutschen Pendent angeschlossen (wie die Ost CDU zur CDU oder die Liberal-Demokratische Partei zur FDP), oder es entstanden neue Bündnisse, wie das Bündnis 90/Die Grünen oder auch die Linke als Zusammenschluss der PDS (Partei des demokratischen Sozialismus, die Nachfolgerin der DDR Einheitspartei SED) mit einer Abspaltung von linken Mitgliedern der SPD, der damaligen WASG (Wahlalternative Arbeit und soziale Gerechtigkeit).

Schon an diesem kurzen Aufriss erkennt man schnell die Veränderbarkeit des Parteiensystems. Schaut man noch etwas genauer hin, dann lassen sich auch in jüngerer Zeit Neugründungen und Niedergänge von Parteien ausmachen, die allesamt ein Zeichen veränderter Anschauungen und gesellschaftlicher Herausforderungen sind. Es gehört zu den Stärken der Demokratie und ist ein Maßstab für ihre Funktionsfähigkeit, wenn sich auch neue Parteien Zugang zu Parlamenten erkämpfen können. So gründete sich etwa die Piraten-Partei 2006 als, wie sie sich selbst charakterisiert, »liberal, sozial, digital, basisdemokratisch und transparent«. Von den zwischenzeitlich 34.000 Mitgliedern (2012) sind es im Jahr 2017 noch etwas mehr als 13.000. Nach einigen Wahlerfolgen in Landesparlamenten erhält die Partei inzwischen deutlich weniger Zuspruch. Ein weiteres Beispiel für eine neue Partei ist die AfD (Alternative für Deutschland), die sich 2013 als Euro-kritische Partei u. a. von ehemaligen Mitgliedern der konservativen Parteien gründete. Sie erzielte ab 2014 z. T. beachtliche Wahlerfolge in einigen Landesparlamenten und im Europaparlament. Nach Abspaltungen des wirtschaftsliberalen Flügels und einem stärkeren Gewicht rechtsnationaler Mitglieder innerhalb der Partei kam es immer wieder zu größeren Austrittswellen. Dennoch stieg die Mitgliederzahl bis Mitte 2017 auf über 26.000.

Gerade mit dem Aufstieg der AfD ist eine alte Debatte um die Zukunft des Parteiensystems und die Zukunftsfähigkeit der Demokratie neu entbrannt. Zusätzlich wird sie durch internationale Erscheinungen befeuert, z. B. der Wahl Donald Trumps zum Präsidenten der USA oder dem großen Zuspruch von Parteien, wie dem Front National in Frankreich, die Partei für die Freiheit in den Niederlanden und vielen mehr (siehe auch Kap. 5). Diesen Erscheinungen gemeinsam ist ein Politikstil, der unter der Bezeichnung rechtspopulistisch gefasst wird.

Populismus allgemein bezeichnet einen Diskussionsstil, der komplexen Zusammenhängen mit einfachen Antworten begegnet und dabei stark schematisiert in Freund und Feind und zuspitzt auf eindimensionale Schuldzuschreibungen, wie ›das Kapital‹ oder ›das System‹. Der Rechtspopulismus nutzt diesen Stil für bestimmte Inhalte. In dieses Geflecht gehören nationale Argumentationsmuster (»America first«), ein Freund-Feind-Schema, das Zuwanderern und Flüchtlingen Schuld für gesellschaftliche Problemlagen zuschreibt, die Diskriminierung von emanzipatorischen Bewegungen und selbstbestimmten Lebensformen, die nicht dem traditionellen Modell heterosexueller Familien mit klassischer geschlechtsspezifischer Rollenverteilung entsprechen. Dabei werden Gefühle der Angst und des (Sozial-)Neids geschürt und als Abgrenzung nach außen sowie für ein Gemeinschaftsgefühl nach innen genutzt. In diesem Dienst steht auch die Kritik an der Presse sowie an den etablierten politischen Eliten.

Dabei ist eine Kritik an Parteien, am politischen Handeln einzelner Politiker*innen oder auch an der Art der politischen Berichterstattung in den Medien nicht nur berechtigt, sondern höchste Bürgerpflicht in einer Demokratie. Wenn Politiker*innen Regeln brechen (wie z. B. das Verbot von Korruption oder einer unvereinbaren Ämterhäufung), wenn Parteien sich nicht an Regeln halten (wie etwa die Pflicht, ihre Spenden offenzulegen) und wenn Medien nicht ausgewogen, objektiv, wahrheitsgemäß und sachlich berichten, immer dann ist Kritik gefragt. Mit verallgemeinernden Schuldzuweisungen (»Politiker sind machtbesessen«) oder einem Generalverdacht (»Lügenpresse«) hat solche sachbezogene Kritik aber nichts zu tun.

Kritische Beobachtung setzt schon viel früher und detaillierter an. Sie ist bereits dort berechtigt, wo der Eindruck entsteht, dass sich Politiker*innen und erst recht die Abgeordneten in ihren Ämtern zu weit von den Bürger*innen entfernen. So entspricht die *soziale Zusammensetzung* der Parteien nicht der Bevölkerung hinsichtlich Alter, Bildungsgrad, Einkommensverteilung und Berufsgruppen: In einigen Parteien sind Frauen, Rentner*innen und Arbeiter*innen unterrepräsentiert, dagegen sind Beamte, Angestellte im öffentlichen Dienst und Menschen ohne Migrationshintergrund, aber mit höheren Bildungsabschlüssen überrepräsentiert. Politiker*innen müssen sich also mit den Lebensumständen und Vorstellungen, den Sorgen und Wünschen der Bürger*innen beschäftigen, damit sie nicht den Kontakt zu den potenziellen Wähler*innen verlieren und einen realistischen Blick für die Herausforderungen und Lösungsmöglichkeiten behalten.

Das Parteiensystem in Deutschland und mögliche Regierungskoalitionen haben sich mit dem Aufkommen neuer Parteien verändert. Regierungsbildungen werden dadurch komplizierter. Gab es in den Nachkriegsjahren eine starke Dominanz der CDU/CSU, die für »konzeptionelle Stetigkeit und politische Stabilität« der Regierung (Korte/Fröhlich 2009, S. 142) stand, so findet sich in den 1960 bis 1980er Jahren ein »symmetrisches Drei-Parteiensystem« (ebd., S. 143), in dem die kleine FDP zwischen den größeren Volksparteien CDU/CSU auf der einen Seite und der SPD auf der anderen Seite steht und zu beiden Seiten hin zu Koalitionen bereit ist. Je nach Ausgang der Wahlen und der Koalitionsgespräche bildet sie mal mit der einen, mal mit der anderen Seite die Regierung. Seit den 1990er Jahren, mit dem Einzug weiterer Parteien in den Bundestag – zunächst den Grünen, später der Linken und der AfD – entsteht ein asymmetrisches Mehrparteiensystem, und die Regierungsbildung ist mit der Wahlentscheidung nicht mehr vorhersehbar.

Wie die Parteien bzw. die Abgeordneten nun im Parlament wirken und wie die Regierung arbeitet, ist Thema des nächsten Kapitels.

3.3.3 Parlamente und Regierungen

In Parlamenten wird debattiert, es werden Meinungen begründet und Standpunkte vertreten, Überzeugungsarbeit geleistet, um die besten Lösungen gerungen – so sollte es sein und so lässt das französische Wort *parler*, von dem Parlament abgeleitet ist, auch vermuten, denn es heißt reden. Doch bei einem Blick in die Plenarsäle sind oft viele Sitze leer. Es entsteht der Eindruck, die Abgeordneten schwänzen und nehmen ihren Auftrag nicht ernst.

Aber die Arbeitswochen der Abgeordneten sind dicht gefüllt. Auf Bundesebene wechseln sich Sitzungswochen mit Wochen ab, in denen die Abgeordneten in ihren Wahlkreisen präsent sind oder anderen politischen Terminen nachgehen. In den Sitzungswochen treffen sich die Abgeordneten in Berlin zur Besprechung mit Mitarbeitern und Mitarbeiterinnen ihres Büros, sie nehmen an Fraktionssitzungen, Ausschusssitzungen und Arbeitsgruppen teil, bereiten ihre Reden und Gespräche mit verschiedenen Organisationen, Journalisten oder

Kooperationspartnern vor und vieles mehr. Der Terminplan ist voll. Nicht anders sieht es in der Wahlkreiswoche aus. Auch im Wahlkreis, in dem der oder die Abgeordnete gewählt wurde, warten Sitzungen, Arbeitstreffen und Gespräche und die Teilnahme an öffentlichen Veranstaltungen.

Im Portal des Landtags NRW werden ihre *Aufgaben* folgendermaßen beschrieben:

»Die Abgeordneten haben im Landtagsplenum, in den Ausschüssen, in den Fraktionen und deren Arbeitskreisen vielfältige Aufgaben zu erfüllen. Dazu gehören zum Beispiel die Arbeit an Gesetzen, die Verabschiedung des Landeshaushaltes, in dem alle Einnahmen und Ausgaben des Landes enthalten sein müssen, die Wahl der Ministerpräsidentin oder des Ministerpräsidenten und anderer Verfassungsorgane, die Kontrolle der Landesverwaltung sowie die Debatte über öffentliche Angelegenheiten.«

Auch wenn die Öffentlichkeit ihre Aufmerksamkeit am ehesten auf die Plenardebatten richtet, liegt hier nicht der Schwerpunkt der Arbeit der Abgeordneten. Wenn die Sitze im Plenum wenig gefüllt sind, dann nehmen sie ihre weiteren Verpflichtungen wahr. Da die Parlamente auch Legislative genannt werden, könnte man meinen, die Gesetzgebung sei ihre einzige Aufgabe. Neben diesem bedeutsamen Auftrag kommen jedoch weitere Aufgaben auf die Abgeordneten hinzu. Die Aufgaben des Bundestages lassen sich schematisch aufteilen in folgende Funktionen, die das Grundgesetz vorgibt:

- *Gesetzgebungsfunktion*: Oft in Zusammenarbeit mit dem Bundesrat werden im Bundestag Gesetze vorgelegt und nach mehreren Beratungsrunden verabschiedet. So wurden beispielsweise im Jahr 2015 von insgesamt 180 eingebrachten Gesetzentwürfen 130 Gesetze an 70 Sitzungstagen beschlossen. Die meisten davon hatte die Bundesregierung eingebracht (116), elf kamen aus dem Bundestag und eines aus dem Bundesrat.

  Praktisch durchläuft die Gesetzgebung eine Reihe von Stationen. Wenn eine Gesetzesinitiative von der Regierung ausgeht, beginnt meist ein*e Fachreferent*in des zuständigen Ministeriums mit einem Entwurf für den Gesetzestext. Dazu lädt er/sie Vertreter*innen aus Verbänden und Fachleute aus der Wissenschaft ein, um deren Sachverstand und Erfahrungen zur Durchführbarkeit zu nutzen. Diesem Zweck dienen auch Vorgespräche mit Behörden in Land und Kommunen. Außerdem soll die Wahrscheinlichkeit erhöht werden, dass ein Gesetzentwurf auch die Zustimmung oder Billigung des Bundesrates erhält. In den thematisch betroffenen Ministerien wird der Entwurf ebenfalls abgestimmt, bevor er als Kabinettsvorlage im Kollegium der Bundesregierung beschlossen wird, anschließend Regierungsentwurf genannt. Zu diesem Entwurf nimmt der Bundesrat Stellung, macht einige Änderungsvorschläge, und leitet ihn weiter zur Bundesregierung. Samt ihrer Stellungnahme wird er nun dem Bundestag vorgelegt. Dieser berät in einer ersten Lesung über Inhalt und Stellungnahmen und leitet ihn an die thematisch zuständigen Ausschüsse weiter. Die Ausschüsse sind das wichtigste Gremium in diesem Beratungsprozess, weil hier nicht nur alle im Parlament sitzenden Parteien entsprechend ihrer Stärke vertreten sind, sondern auch inhaltlich gearbeitet und gestritten wird. Oft werden Fachleute eingeladen und angehört, sachverständige Wissenschaftler*innen ebenso, wie Verbandsvertreter*innen. Unterstützt werden diese Diskussionen durch Beratungen in den Fraktionen. Am Ende dieses Prozesses liegt ein überarbeiteter und meist stark veränderter Entwurf vor, der zwei weitere Male im Bundestag beraten wird (zweite und dritte Lesung). Sehr häufig mischen sich hier die Oppositionsparteien mit Änderungsanträgen ein, um ihren von der Regierung abweichenden Standpunkt auch gegenüber der Öffentlichkeit zu präsentieren. Nach der dritten Lesung erfolgt die Abstimmung, und das nun beschlossene Gesetz wird nochmals im Bundesrat vorgelegt zur Billigung oder Zustimmung (bei Verfassungsänderungen, bei Gesetzen mit Auswirkung auf die Länderfinanzen oder bei Gesetzen, die von den Ländern ausgeführt werden müssen).

- *Wahlfunktion*: Vor allem bei der Regierungsbildung ist der Bundestag durch die Wahl des Bundeskanzlers bzw. der Bundeskanzlerin beteiligt (Art. 63 GG). Für die Stabilität des deutschen Systems ist dabei das konstruktive Misstrauensvotum wichtig, das die Abwahl eines Kanzlers bzw. einer Kanzlerin nur durch Neuwahl des Nachfolgers bzw. der Nachfolgerin ermöglicht (Art. 64 GG). Weitere Wahlen, an denen das Parlament mitwirkt, beziehen sich auf das Amt des/der Bundespräsident*in und einiger Staatsorgane (wie z. B. Verfassungsrichter*innen).
- *Kontrollfunktion*: Das Grundgesetz verpflichtet den Bundestag darauf, die Regierung und Verwaltung zu kontrollieren, wie es in der Idee der Gewaltenteilung angelegt ist. Doch dieser scheinbar so eindeutige Auftrag stammt noch aus Zeiten einer konstitutionellen Monarchie, in denen das Parlament den König kontrollieren sollte. Für parlamentarische Demokratien ist es passender von einer Kontrolle der Regierung durch die parlamentarische Opposition zu sprechen, also diejenigen Parteien, die nicht an der Regierung beteiligt sind und als Gegenspieler im Bundes- oder Landtag sitzen. Denn die Parlamentsmehrheit stellt die Regierung dar und kann sich daher nicht selbst kontrollieren. Für sie stehen also die Wahl- und Gesetzgebungsfunktion im Vordergrund.

Praktisch geschieht die Kontrolle über Anfragen, die schriftlich eingereicht werden und von der Regierung beantwortet werden müssen. Die Großen Anfragen führen zu einer Debatte im Plenum und dienen der Opposition dazu, die Regierung zu kritisieren und ihre Alternativen vorzubringen. Die Kleinen Anfragen führen nur zu schriftlichen Stellungnahmen und dienen der Informationsverpflichtung der Regierung über aktuelle Sachverhalte. So sind z. B. in der 17. Wahlperiode (2009 bis 2013) 54 Große Anfragen eingebracht worden, darunter sehr viele von den Grünen, sowie 3.629 Kleine Anfragen, davon viele von der Linkspartei.

Beispiele

Beispiele für Große Anfragen im Jahr 2016 sind z. B. »Stärkung der Menschenrechte in Deutschland – Umsetzung der Empfehlungen aus dem Universellen Staatenüberprüfungsverfahren (UPR 2013)« (Drucksache 18/10560) oder auch »Zur internationalen Lage der Menschenrechte von Lesben,

Schwulen, Bisexuellen, Transsexuellen, Transgendern und Intersexuellen« (Drucksache 18/4723), beide eingebracht durch Bündnis 90/Die Grünen.

Ein Beispiel für eine Kleine Anfrage (2017) betrifft die »Klagen und Widersprüche, Sanktionen bzw. Leistungseinschränkungen im Zweiten und Zwölften Buch Sozialgesetzbuch« (Drucksache 18/11950). Die Fraktion die Linke wollte hier wissen, wie viele Klagen rechtens waren und welche Kosten den Trägern, also den Kommunen, dadurch entstanden sind.

Ferner werden die wöchentliche Fragestunde des Plenums und die ebenfalls wöchentliche Befragung der Bundesregierung von der Opposition genutzt, um aktuelle Themen und Streitfragen zur Sprache zu bringen. Nicht selten haben solche Rededuelle aufklärenden Charakter und können auch Minister*innen zu Fall bringen. Ein ebenso scharfes Instrument sind Untersuchungsausschüsse, die von einem Viertel der Bundestagsmitglieder einberufen werden können, um Fehlverhalten oder Fehlentscheidungen aufzuklären.

Beispiel

Mit dem Ausschuss zur NSA-Affäre (2014) sollten Ausmaß und Hintergründe der Ausspähungen durch ausländische Geheimdienste in Deutschland aufgeklärt werden. Ein weiterer Untersuchungsausschuss befasste sich 2015 mit Ermittlungen gegen den ehemaligen Bundestagsabgeordneten Sebastian Edathy und den Erwerb und Besitz von Kinderpornografie.

Zu den weiteren Aufgaben des Bundestages, die nicht ausdrücklich durch das Grundgesetz vorgeschrieben sind, gehören auch folgende:

- *Willensbildungsfunktion*: Wäre der Bundestag ein echtes Debattenparlament, dann würden in seinem Plenum informative Rededuelle gewichtige Standpunkte erläutern und von der Öffentlichkeit – z. B. durch das Parlamentsfernsehen, das Einblick in die laufenden Diskussionen gewährt (https://www¬.bundestag.de/tv) – aufmerksam beobachtet werden. Dies ist jedoch selten der Fall. So übernehmen eher die Massenmedien – Fernsehen, Hörfunk, Zeitungen und soziale Netze – die Funktion der Information (siehe auch unter Kap. 3.3.4.).
- *Artikulationsfunktion und Repräsentation*: Im Parlament sollen die Sorgen und Meinungen der Wähler*innen zur Sprache kommen und artikuliert werden. Um die politischen Ansichten der Bürger*innen zu kennen, sind nicht nur Meinungsumfragen für die Abgeordneten eine Quelle, sondern vor allem der Kontakt zu den Wähler*innen. In den Wahlkreiswochen sind Abgeordnete daher ansprechbar in Bürgersprechstunden oder bei öffentlichen Auftritten. »Nerven Sie mich mit Anfragen, schreiben sie mir, sprechen Sie mich an«, forderte ein Bundestagsabgeordneter einmal Studierende auf, die die Frage hatten, wie sie denn ihre Wünsche und Interessen den Politiker*innen mitteilen könnten.

Praktische Wege der Einflussnahme auf Abgeordnete und ihr Diskussions- und Abstimmungsverhalten in Plenarsitzungen stellen zum einen die Kommunal- oder Landtagswahlen dar, die zwischen den Bundestagswahlen stattfinden. An diesen Ergebnissen können Politiker*innen und ihre Parteien Zufriedenheit und Unzufriedenheit mit ihrer Arbeit ablesen. Zum anderen gibt es direkte Wege für Vorschläge, wie das Instrument der Petitionen. Nach Art. 17 GG hat »Jedermann das Recht, sich einzeln oder in Gemeinschaft mit anderen schriftlich mit Bitten oder Beschwerden an die zuständigen Stellen und an die Volksvertretung zu wenden.« Tatsächlich wird dieser Weg häufig beschritten. Allein im Jahr 2016 waren es 11.236 Petitionen, die an den Petitionsausschuss des Deutschen Bundestages gerichtet wurden, davon ein Drittel über das online-Portal (www.epetitionen.bundestag.de). Wie alle Diskussionsangebote sind auch Petitionen kein Garant dafür, dass Forderungen aufgegriffen, beschlossen und umgesetzt werden. Aber sie können Diskussionen anstoßen, auf Lücken oder Fehlentwicklungen hinweisen und neue Vorschläge unterbreiten. Erhält eine Petition mehr als 50.000 Unterschriften, dann muss in einer öffentlichen Sitzung des Petitionsausschusses eine Debatte geführt werden. Die Beratungen gehen danach an die Fraktionen, die dazu Stellung nehmen müssen.

Beispiel

Hin und wieder führen solche Eingaben und Aussprachen zum Erfolg, wie z. B. bei der Petition gegen den Ausbau der Bahnstrecke Löhne-Hameln-Elze und für den Aus- und Neubau der Strecke Minden-Hannover im Jahr 2014 oder bei der Schaffung eines Antidopinggesetzes im Jahr 2015.

Ein weiteres Werkzeug zur Einmischung zwar nicht von »Jedermann«, aber doch von Sachkundigen – und dazu gehören je nach Thema auch Sozialarbeitende – sind Anhörungen oder Enquete-Kommissionen. Beraten Ausschüsse z. B. die Frage, ob Sanktionen bei Regelverletzungen im Bezug von Arbeitslosengeld II sinnvoll sind oder besser abgeschafft werden sollten, sind alle führenden Sozialverbände zu einer Stellungnahme aufgefordert, die in Anhörungssitzungen der Ausschüsse auch mündlich begründet und debattiert werden. Sachverständige werden ebenso in Enquete-Kommissionen zur Mitarbeit eingeladen, weil es hier um komplexe Gestaltungsfragen geht, die vielfältigen Sachverstand erfordern, wie z. B. die Gestaltung des Demografischen Wandels (2002) oder Beratungen zum Thema »Wachstum, Wohlstand, Lebensqualität – Wege zu nachhaltigem Wirtschaften und gesellschaftlichem Fortschritt in der Sozialen Marktwirtschaft« (2013). Auch die Berichte der Bundesregierung – wie z. B. der »Armuts- und Reichtumsbericht« – werden von einer Gruppe mit Vertreter*innen der Länder, Kommunen, Verbänden, Institutionen und der Betroffenenorganisationen angefertigt.

Die *parlamentarischen Arbeitsformen* entsprechen in ihrer Vielfalt dem Charakter eines Arbeitsparlaments im Unterschied zu einem Debattenparlament, wie es eher das britische Unterhaus darstellt, in dem heftige Debattengefechte ausgetragen werden. Während die Teilnahme an den Plenarsitzungen nur einen kleinen Teil der Arbeitszeit eines oder einer Abgeordneten in Anspruch nimmt, verbringen sie mehr Zeit in den weiteren Gremien. Die Fülle von Diskussionen und Entscheidungen, die in der parlamentarischen Arbeit anfallen, wird dabei arbeitsteilig strukturiert und vorbereitet. Sonst wäre sie nicht zu bewältigen, weil nicht alle Abgeordnete Fachkenntnisse über alle politisch relevanten Themen besitzen können. Zu den wichtigsten Formen der Arbeitsteilung gehören folgende Gremien:

- *Plenarsitzung*: Sie ist praktisch die Vollversammlung der gewählten Volksvertreter*innen. In den Sitzungswochen findet sie ein bis zweimal in der Woche statt. Nur hier – im Bundestag oder in den Landtagen – können rechtsverbindliche Beschlüsse gefasst werden. Dabei besitzen die Abgeordneten ein freies Mandat. Das Grundgesetz (Art. 38 Abs. 1 GG) legt fest, dass sie »nur ihrem Gewissen unterworfen sind«. Dieser Grundsatz ist wichtig, weil er die Abgeordneten vor einem Zwang durch die Position ihrer Partei schützt. Dennoch steht das freie Mandat in gewisser Spannung zur starken Rolle der Parteien im deutschen System, und Abgeordnete können auch nicht unabhängig vom Wählerauftrag abstimmen.
- *Fraktionssitzungen und Arbeitsgruppen*: Fraktionen nennt man die Gruppe der Abgeordneten einer Partei. Der Fraktionsstatus wird nur solchen Gruppen gewährt, die mehr als fünf Prozent aller Abgeordneten erreichen. Mit dem Fraktionsstatus sind einige Vorteile verbunden, wie z. B. Anträge und Anfragen im Plenum zu stellen sowie über Büros zu verfügen. Die Fraktionen sind in der Frage der Meinungsbildung entscheidend auch für das Spannungsverhältnis von freiem und gebundenem Mandat. Die freie Gewissensentscheidung des oder der Abgeordneten wird in den Fraktionssitzungen und z. T. heftigen Debatten dort gebündelt. Die allergrößte Mehrzahl der Entscheidungen im Plenum wird unter Fraktionsdisziplin einheitlich getroffen. Das bedeutet, dass die Fraktionsspitze und schließlich die gefundene Mehrheit zu Sachfragen verbindlich von den Mitgliedern der Fraktionen im Plenum vertreten werden. Es besteht also eine (mehr oder weniger) freiwillige Unterordnung unter die vereinbarte Position. Die Fraktionen gliedern als Handlungseinheiten die Arbeitsteilung ihrer Mitglieder. Hier werden Sachgebiete aufgeteilt und in Arbeitsgruppen organisiert sowie Zuständige auch für die entsprechenden Ausschüsse gewählt. Auf diese Weise kann die hohe Anforderung an die Abgeordneten im Hinblick auf Fachkenntnisse gebündelt werden.
- *Ausschüsse*: Die ständigen Ausschüsse des Bundestages erledigen die entscheidende inhaltliche Arbeit. In ihnen sitzen je nach Wichtigkeit des Ausschusses mehr oder weniger viele Abgeordnete. In der 18. Wahrperiode (2013–2017) waren es im Ausschuss für Wahlprüfung lediglich 14 Abgeordnete, während im Ausschuss für Wirtschaft und Energie 46 Abgeordnete vertreten waren. Die Abgeordneten kommen aus allen Fraktionen proportional zu ihrer Größe, auch ihr Vorsitz wird über die Parteien hinweg verteilt. Die Aufgabengebiete der Ausschüsse orientieren sich meist thematisch an den Ministerien. So gehört beispielsweise der Ausschuss für Arbeit und Soziales,

der ein für Sozialverbände und Sozialarbeitende wichtiges Themengebiet bearbeitet, zum Ministerium für Arbeit und Soziales. Da die Ausschusssitzungen üblicherweise nicht öffentlich tagen, werden hier Sachfragen strittig debattiert, und auch die Oppositionsmitglieder können sachhaltig Einfluss nehmen. Öffentlich sind dagegen die Anhörungen von Ausschüssen, in denen wiederum Sachverständige, Verbandsvertretungen und Expert*innen beratend zu Wort kommen.

- *Informelle Gespräche*: Neben den offiziellen Gremien sind es vor allem inoffizielle Gespräche, die wichtige Themen abstecken, Positionen vorklären und manchmal auch neue Ideen entstehen lassen. Solche Gespräche finden mit Mitparlamentarier*innen statt, ebenso mit Vertreter*innen von Organisationen, Verbänden, Sprecher*innen von Bewegungen.

Bundesregierung

Die Bundesregierung ist das entscheidende Gremium für die politischen Weichenstellungen im Land, für die Gestaltung der Lebensverhältnisse der Bevölkerung sowie die Beziehungen nach außen. Daher unterscheidet Rudzio (2015, S. 253) zwei Funktionen.

- *Steuerungsfunktion*: Die Regierung gestaltet die politischen Vorstellungen der Parlamentsmehrheit gemäß ihrer Programme (Grundsatz- und Wahlprogramme der beteiligten Parteien), indem sie sie in Gesetze umsetzt. Bis eine solche meist gemeinsam mit mehreren Koalitionsparteien ausgearbeitete Linie erkennbar wird, führen Sondierungsgespräche und danach Koalitionsverhandlungen zu einem Koalitionsvertrag – dem Regierungsprogramm. Die darin meist allgemeinen Vorstellungen werden im Laufe der Regierungszeit zu Gesetzesvorschlägen konkretisiert (s. o.).
- *Durchführungsfunktion*: Die Regierung ist zugleich Chefin der Verwaltung und auf deren Arbeit angewiesen. Hier werden nach den ergänzenden Rechtsvorschriften (Verordnungen) die beschlossenen Gesetze umgesetzt und durchgeführt, davon die meisten auf Ebene der Länder und Kommunen. Dazu dienen die Ministerien als oberste Bundesbehörden.

Zur Regierung gehören die/der Bundeskanzler*in sowie ihre/seine Bundesminister, die gemeinsam das Kabinett bilden. Damit die Regierung ihre Arbeit beginnen kann, muss das Parlament zunächst den/die Kanzler*in wählen, der daraufhin seine/ihre Minister*innen dem/der Bundespräsident*in zur Ernennung vorschlägt. Dieses Kabinett ist zuvor bereits Gegenstand der Koalitionsverhandlungen. In ihnen werden Ministerien an die Regierungsparteien verteilt, weil diese politischen Führungspositionen über den konkreten Einfluss der beteiligten Parteien entscheiden. Drei Prinzipien werden für das deutsche System der Regierungsarbeit genannt (vgl. für viele Autor*innen Rudzio 2015, S. 256ff.).

- *Kanzlerprinzip*: Die Funktion der Kanzlerin bzw. des Kanzlers ist besonders stark legitimiert, indem sie durch das Parlament gewählt wird. Die/der Kanzler*in bestimmt die Minister*innen. Sie/er allein kann die sogenannte Vertrauensfrage stellen und sich durch das Parlament erneut Vertrauen aussprechen lassen oder aber – im Falle der Ablehnung – zu einer Neuwahl führen. Sie/er kann durch ein Misstrauensvotum gestürzt werden und mit ihr/ihm dann auch ihre/seine Minister*innen. Für die Richtlinien der Politik trägt sie/er ausdrücklich die Verantwortung (Art. 68 GG), daher müssen die Ministerien sie/ihn über ihre Vorhaben informieren, und es können keine Kabinettsentscheidungen gegen sie getroffen werden. Insofern hat die/der Kanzler*in die Führungsrolle inne. Eine wichtige Schaltzentrale der Macht ist in diesem starken Sinne der Führungsrolle das Bundeskanzleramt mit einem eigenen Personal- und Organisationsapparat. Es stellt sicher, dass die Person des Kanzlers bzw. der Kanzlerin ihre Machtposition auch durch ihre Ressourcenausstattung gegen mächtige Ministerien behaupten kann. Von einer Kanzlerdemokratie wird meist dennoch nicht gesprochen, weil im Machtgefüge die Ministerien ein Gegengewicht bilden können und praktisch häufig ein koordinatives Verständnis der Führung überwiegt.
- *Kollegialitätsprinzip*: Entgegen der starken Rolle des Kanzlers bzw. der Kanzlerin ist die Bundesregierung verpflichtet, im Gesetzgebungsprozess als Gremium gemeinsam getragene Gesetzesinitiativen und Stellungnahmen zu tragen. Auch Meinungsverschiedenheiten unter den Ministerien schlichtet nicht der/die Kanzler*in, sondern das Kabinett als Organ.
- *Ressortprinzip*: Eine weitere Stärkung erfahren die Ministerien durch ihre Selbstständigkeit und Eigenverantwortung, mit der sie ihre Arbeit verrichten. Innerhalb der Richtlinien des Kanzlers bzw. der Kanzlerin kann dieser nicht inhaltlich in die Ministerienführung hineinregieren.

Die Ministerien bilden also neben dem/der Kanzler*in eine entscheidende Machtachse. Sie werden – in jeder Regierungsperiode teilweise neu – nach traditionellen und aktuellen Bedarfen entsprechend inhaltlichen Aufgaben zugeschnitten. Außerhalb der gleichberechtigten Stimme, die sie im Kabinett haben, besitzen die Ministerien Unterschiede in Einfluss und Bedeutung. Vor allem ist dies abhängig von ihrer Ausstattung mit personellen und finanziellen Ressourcen. Die klassischen Ressorts, bereits 1809 mit der Preußischen Verwaltungsreform gegründet, sind im bundesdeutschen System das Außen-, Innen-, Verteidigungs-, Finanz- und Justizministerium. An ihrer Stellung als »Big Five« erkennt man noch die Ordnungs- und Sicherheitsfunktionen, die in früherer Zeit mit dem Staat verbunden waren. Ministerien für Wirtschaft, Ernährung und Landwirtschaft traten später hinzu. Neuere Ministerien widmen sich den neu entstandenen oder neu gewichteten Aufgaben, wie Bildung und Forschung, wirtschaftliche Zusammenarbeit, Technologie oder Umweltschutz.

Von der Idee zum Förderprogramm

Nachdenklich blickt ein erfahrener Kollege auf *Alex Bogdanow und Sara Tuna*. »Wisst ihr, dass mit der Politik ist gar nicht so einfach. Wenn es wirklich um neue Bundesförderungen oder -programme geht, dann ist der Weg wirklich weit, und oft stehen dann auch gestandene Bundestagsabgeordnete stauend davor, was aus ihren Entscheidungen am Ende wurde.« Sara Tuna fällt ihm ins Wort: »Das kann doch nicht sein. Wenn der Bundestag ein Förderprogramm beschließt, dann gilt das doch. Passen die denn nicht auf?« Der Kollege kann sich ein kleines Grinsen nicht verkneifen: »Das mag im Lehrbuch der Sozialen Arbeit oder für den Politikunterricht so stehen – die Praxis ist aber schwieriger. Ich erkläre Euch das mal an den Vorläufern der Demokratieprojekte. Das waren damals auch ein paar Engagierte, die das angeschoben haben. Zunächst haben die sich an Abgeordnete ihres Vertrauens und ihrer Wahlkreise gewandt. Diese waren zufällig von der Regierungskoalition, was die Sache leichter gemacht hat und von der Idee eines Förderprogramms auch schnell überzeugt. Sie haben das dann in ihre Fraktionen und da wiederum zunächst in den zuständigen Fraktionsausschüssen diskutiert. Dort kamen schon ein paar mehr Meinungen und Interessen zusammen. Von da ging es in die ›große‹ Fraktionssitzung und zum Fraktionsvorstand. Die Gremien mussten erstmal zustimmen. Erst danach ging das überhaupt ins parlamentarische Verfahren.« »Ok, klingt langwierig und dann?« »Und dann? Die haben dann erstmal informell mit Fachabgeordneten ihres Koalitionspartners und der Oppositionsparteien gesprochen. Zum Glück gab es einen relativ breiten Konsens in der Sache, wenn auch Streit im Detail. Auch bei den anderen Fraktionen musste es erstmal durch die Fraktionsausschüsse in die große Fraktionssitzung und von der Fraktionsführung abgenickt werden. Mehr noch: Es wurde eine Gesetzesinitiative erarbeitet, die in den Bundestag eingebracht werden sollte. Ihr glaubt nicht, wie lange das Blatt dann hin und herging. Als das Papier dann stand, wurde es ins parlamentarische Geschehen eingeführt und bei der ersten Lesung in den zuständigen Ausschuss verwiesen. Das ist total üblich, dauert natürlich auch und von da geht es zurück ins Plenum und wurde im breiten Konsens entschieden.«

Alex Bogdanow schaut etwas verdutzt: »Ich verstehe: das Verfahren dauert ewig lange. Warum waren die dann am Ende irritiert?« Der Kollege meint dazu: »Das liegt daran, dass die Umsetzung schließlich ein Ministerium übernimmt. Das Parlament hat nur beschlossen, dass es Geld und ein Programm mit einigen Zielen und Prämissen geben soll. Die Details arbeitet das Ministerium aus. Konkret heißt das, dass wahlweise die Ministeriumsspitze oder der zuständige Staatssekretär bzw. -sekretärin eine Ministeriumsabteilung mit der Ausformulierung und Umsetzung beauftragen. Die hat dann den Job, das Programm wirklich auszuarbeiten. Da stellen sich viele Detailfragen: Wer darf sich um die Gelder bewerben? Was soll konkret gefördert werden? Was darf auch nicht gefördert werden? Welche Qualitätsstandards gibt es? Wie läuft die Berichterstattung, wie das Finanzcontrolling? Wenn Du da Pech hast, erfinden die ein Programm, das mit dem, was ihr vorhattet, nur noch ein paar Vokabeln im Titel teilt oder Du Dich mit Deinem Träger gar nicht um Gelder bewerben kannst. Das heißt: Nach dem Parlament kommt die Verwaltung, bei uns waren das die Ministerin, der Staatssekretär, die Abteilungsleitung mit der Zuständigkeit für das Programm und dann wieder deren Sachbearbeiter.«

Sara Tuna staunt: »Klingt anstrengend. Wie muss ich denn genau vorgehen?« »Du musst ›Klinkenputzen‹ gehen. Die Ministerin kriegst Du ja meistens gar nicht zu Gesicht. Ganz wichtig war der Abteilungsleiter. Was der aufschreibt, legt er der Ministerin und dem Staatssekretär vor. Um Details können die sich aber nicht kümmern – denen geht es um die grundsätzliche Ausrichtung. Gerade die Details können Dir aber später das Leben schwermachen. Wir haben halt immer wieder das Gespräch gesucht, auch mal Papiere mit Entwürfen und Ideen geschickt. Wir wurden sogar eingeladen zu Fachsitzungen und Diskussionen. Da mussten wir natürlich hin, kostet alles Zeit, rechnet sich aber später – wenn ihr Glück habt.« »Und wenn nicht?« »Wenn nicht, dann habt ihr viele Bäume für unnützes Papier gefällt und viel Zeit in den Sand gesetzt. Aber warum solltet ihr kein Glück haben?«

Ministerien, denen die Aufgabengebiete des modernen Sozialstaats, der Wohlfahrtspflege, des Ausgleichs sozialer Ungleichheit und der Existenzsicherung zugeordnet sind und die auch für die Soziale Arbeit besondere Bedeutung haben, sind unter anderen das Ministerium für Familie, Senioren, Frauen und Jugend, für Arbeit und Soziales sowie für Gesundheit. Es ist an den Bezeichnungen ersichtlich, dass die Themengebiete sich überschneiden können. Insofern kommt es bei Gesetzesinitiativen häufig zu Kooperationen mehrerer Ministerien.

Praktisch findet die Regierungsarbeit an ebenso vielen Orten, in Gremien und zu Anlässen zur Diskussion und Abstimmung statt wie auch die Arbeit des Parlaments: Plenarsitzung, Koalitionsgespräche, Fraktionssitzungen, Pressekonferenzen, Reisen im In- und Ausland und vieles mehr dienen dem Austausch und der Bewertung von Informationen, um Interessenlagen zu erkunden, notwendige Gestaltungsaufgaben zu erkennen und Lösungsansätze zu entwickeln. Dabei spielen informelle Gremien häufig eine wichtigere Rolle als etwa die formellen wöchentlichen Kabinettssitzungen aller Regierungsmitglieder. Denn während im Kabinett auch die weniger einflussreichen Minister*innen sitzen, werden in der informellen Koalitionsrunde neben Kanzler*in und wichtigen Minister*innen auch Fraktionsvorsitzende der Regierungsparteien und einflussreiche Abgeordnete sowie Spitzenbeamte (z. B. Staatssekretäre) hinzugezogen. Ohne formale Geschäftsordnungen und frei von der Verpflichtung sich öffentlichkeitswirksam zu präsentieren, werden hier sachbezogene Debatten geführt, Gesetzesvorhaben beraten, Strategien entworfen und Konflikte ausgefochten.

Neben Parlament und Regierung gibt es eine Reihe verfassungsrechtlicher Organe und Funktionen, die ein institutionelles Gegengewicht bilden und zu einer Verhandlungsdemokratie führen. Einige sind oben schon beschrieben worden, wie das Amt des/der Bundespräsident*in, die Länderregierungen und mit ihnen der Bundesrat, das Bundesverfassungsgericht. Auch die Opposition als Gegenspielerin der Regierungsmehrheit hat eine demokratiefördernde Rolle. Darüber hinaus kommt aber auch gesellschaftlichen Gruppen und Nicht-Regierungsorganisationen eine wichtige Funktion zu, wenn über die Funktionsfähigkeit und Lebendigkeit der Demokratie gesprochen wird. Allen voran ist den Verbänden im deutschen System eine starke Position eingeräumt worden. Die Akteur*innen der Meinungs- und Willensbildung im öffentlichen Raum sind Gegenstand des nächsten Unterkapitels.

3.4 Politische Öffentlichkeit im Politikzyklus

Wer Politik in einem engen Sinn versteht, denkt dabei an die oben beschriebenen staatlichen Organe und Institutionen sowie die in ihnen bestimmenden (gewählten) Repräsentant*innen der Bürger*innen. Doch Politik im weiteren Verständnis der Beteiligung an Diskussionen zur Gestaltung des Gemeinwesens geht über die Abstimmungen im parlamentarischen System hinaus und spielt sich in der politischen Öffentlichkeit ab, wie es in untenstehender Abbildung illustriert wird (▶ Abb. 9). Während die einzelnen Bürger*innen eigene Interessen verfolgen, Probleme erkennen oder Vorstellungen einer besseren Lösung entwickeln, sind sie gut beraten, sich mit Akteur*innen der politischen Entscheidungsfindung zusammen zu schließen, um Gehör zu finden. Auf diesem Weg wird die Chance erhöht, schließlich die eigenen Interessen in parlamentarischen Debatten und Entscheidungen wiederzufinden.

Die Parteien wurden als zentrale Organisationen der Interessenartikulation und Bündelung schon beschrieben (siehe unter Kap. 3.3.2). Sie wirken innerhalb der Parlamente, wenn sie hineingewählt wurden, aber auch außerhalb in den genannten Funktionen insbesondere der Beteiligung. Daneben kommt den Verbänden entscheidender Einfluss zu. Häufig steht dieser unter dem Stichwort des Lobbyismus – also der direkten Einflussnahme auf Parlamentarier – unter der Kritik, eine regelrechte Verbandsherrschaft auszuüben und demokratische Prinzipien zu unterlaufen.

Verbände

Schon mit der Industrialisierung im 19. Jahrhundert entstanden laut Rudzio (2015, S. 65) Verbände als Versuche, Interessen zu organisieren und z.B. als Wirtschaftsvereinigung auf handelspolitische Entscheidungen Einfluss zu nehmen, als Gewerkschaft für die Interessen der Arbeitenden den Unternehmen ein kollektives Gegengewicht zu geben oder als Geselligkeitsvereinigung den Frei-

3.4 Politische Öffentlichkeit im Politikzyklus

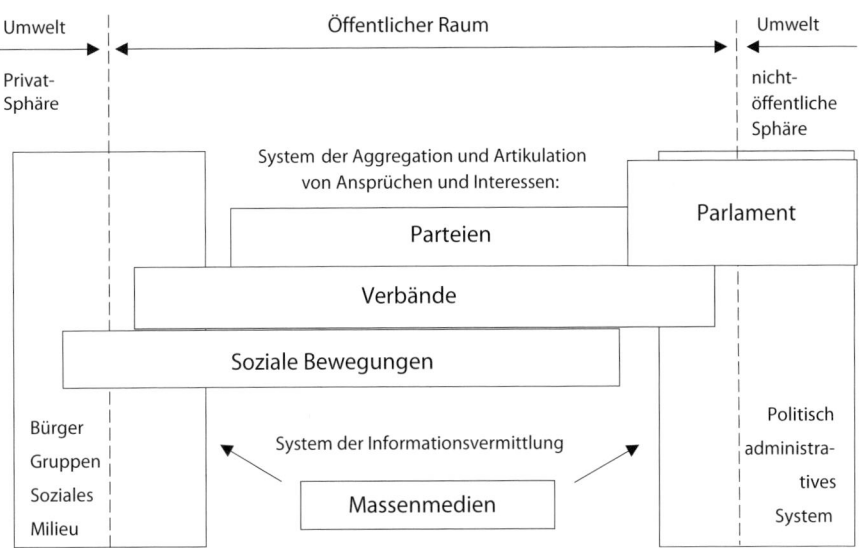

Abb. 9: Interessenvermittlung in der modernen Demokratie, Quelle: Bernauer u. a. (2015, S. 96)

zeitbereich zu gestalten. Verbände dienen allgemein gesprochen dazu, die Interessen ihrer Mitglieder zu bündeln und durchzusetzen. Speziell die Verbände im Sozialbereich versuchen durch eine starke Organisation Einfluss auf die Verteilung öffentlicher Mittel zu nehmen und ihre Vorstellungen von sozialer Gerechtigkeit durchzusetzen bzw. Diskriminierung abzubauen und Gleichstellung zu stärken.

Dabei lassen sich grob einige Gruppen von Organisationen unterscheiden:

- Zu den Interessenorganisationen im *Wirtschafts- und Arbeitsbereich* gehören z. B. Berufsverbände, wie der Deutsche Berufsverband für Soziale Arbeit (DBSH), sowie Arbeitnehmerverbände, wie die Gewerkschaften (z. B. Erziehung und Wissenschaft – GEW; Vereinigte Dienstleistungsgewerkschaft – Verdi, die beide für Sozialarbeitende interessant sind). Auch Branchenverbände (Bundesverband der Deutschen Industrie) zählen dazu.
- Unter den Verbänden im *sozialen Bereich* sind für die Soziale Arbeit insbesondere die Wohlfahrtsverbände relevant, weil sie als Trägerorganisationen der freien Wohlfahrtspflege natürliche Kooperationspartner sind wie auch potenzielle Arbeitgeber: Deutscher Paritätischer Wohlfahrtsverband, Deutsches Rotes Kreuz, Arbeiterwohlfahrt, Deutscher Caritasverband, Diakonisches Werk der Evangelischen Kirche in Deutschland, Zentralwohlfahrtsstelle der Juden in Deutschland. Weitere Sozialverbände mit Bezug zur Sozialen Arbeit sind solche, die sich auf spezielle soziale Problemstellungen konzentrieren, wie der Arbeitslosenverband Deutschland, die Deutsche Aids-

Hilfe, der Deutsche Kinderschutzbund, der Opferhilfeverein Weißer Ring, der Deutsche Elternverein und viele mehr im Rahmen von Verbänden von Klient*innen und Betroffenen sowie Selbsthilfevereinigungen (z. B. Frauenhäuser).
- Als Vereinigungen im Bereich *Freizeit und Erholung* gelten z. B. der Deutsche Sportbund mit seinen Spartenverbänden oder auch Geselligkeits- und Hobbyverbände (Kegler, Sammler, Sänger, Spiel und Spaß, Fan-Clubs usw.) oder Kleingärtnerverbände. Auch diese Verbände sorgen nicht nur für gute organisatorische Bedingungen der jeweiligen Aktivität, sondern nehmen spätestens dann Einfluss, wenn es um die Vergabe öffentlicher Mittel geht. In einer Kommune streiten z. B. häufig die mächtigen Fußballvereine gegen die schwächer organisierten Turn- oder Leichtathletikvereine um den Bau neuer Sportstätten. Auch wenn es fern zu liegen scheint, werden in diesen Verbänden politische Inhalte verhandelt, etwa wenn sich die örtlichen Vereine einer Bundesinitiative des Olympischen Sportbundes zur Antidiskriminierung oder zum Schutz vor sexualisierter Gewalt in Vereinen anschließen.
- Auf *politische und ideelle Ziele* orientiert sind z. B. die Gesellschaft für bedrohte Völker, Amnesty International oder Greenpeace. Im Bereich der Sozialen Arbeit von Interesse sind hier z. B. auch Vereine, die sich mit bestimmten gesellschaftlichen Problemen beschäftigen, wie Rassismus und Demokratieförderung (z. B. Gegen Vergessen – für Demokratie).

Vereine und Verbände zu gründen, steht laut Grundgesetz jeder und jedem frei (Art. 9 GG). Derzeit listet das Vereinsregister beim Justizportal des Bundes und der Länder rund 600.000 eingetragene Vereine auf. Eine Gründung nimmt wenig Zeit in Anspruch und ist nicht sehr kompliziert. Insofern gibt es auch rege Veränderungen in der Verbände-Landschaft. Neben den Traditionsverbänden entstehen immer wieder neue Vereine.

Verbände haben ähnliche *Funktionen* wie die Parteien, mit dem Unterschied, dass ihre Mitglieder in der Regel keine politischen und parlamentarischen Ämter bekleiden wollen. Sie wirken nicht im parlamentarischen Raum, sondern davor. Hier artikulieren sie ihre Interessen gemäß ihrem Vereinszweck mit dem Ziel, gesellschaftliche Bedürfnisse, Lösungsvorschläge und Forderungen für die politischen Entscheidungsträger wahrnehmbar zu machen. Die Vielzahl von Interessen wird durch die Verbände gebündelt (aggregiert) und integrativ in die Verhandlungen eingebracht. Denn die Verbände wollen ihren Einfluss nicht verlieren durch zu kompromisslose Positionen und verpflichten sich dadurch, ihren Mitgliedern die Verhandlungsergebnisse zu vermitteln. Diese Art von Interessenpluralismus bringt dem deutschen System auch die Charakterisierung als pluralistische Demokratie ein.

Die Wege der Einflussnahme, die Verbände einschlagen können, und die Adressat*innen ihrer Vorstellungen und Forderungen sind vielfältig, wie in der folgenden Abbildung verdeutlicht wird (▶ Abb. 10).

3.4 Politische Öffentlichkeit im Politikzyklus

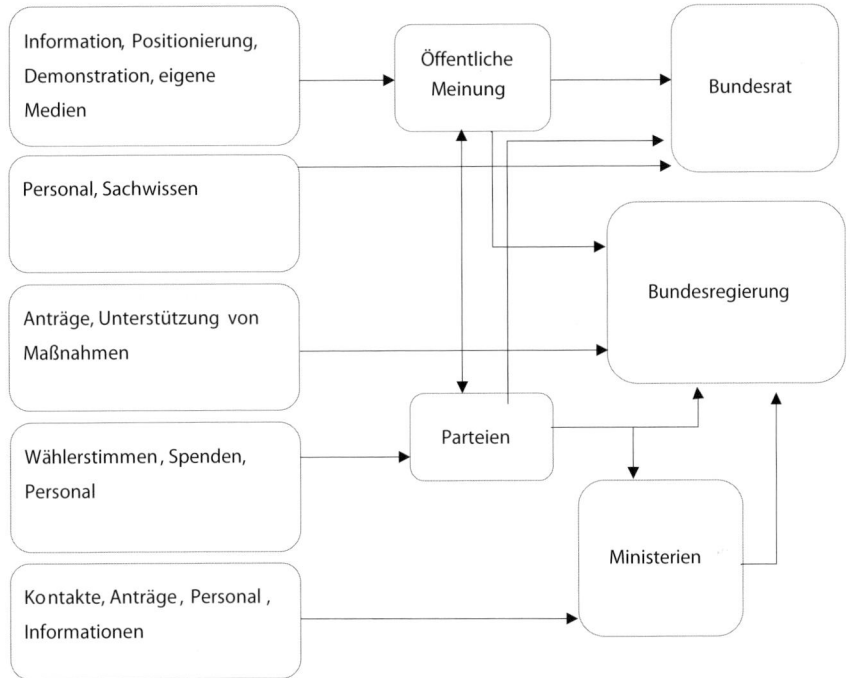

Abb. 10: Wege der Einflussnahme von Verbänden, eigene Darstellung

Eine wichtige Adressatin ist die Öffentlichkeit: Die öffentliche Meinung kann durch Auftritte in den Medien, aber auch durch Kontakte zu Journalist*innen, Presseerklärungen oder Informationsmaterial für die Breite der interessierten Bevölkerung erreicht werden. Auch Aktionsformen wie Demonstrationen oder Kampagnen eignen sich als stärkere Mittel.

Zu Parteien pflegen die Verbände enge Beziehungen, weil sie über die Abgeordneten direkt an die Entscheidungsorte herankommen. Dazu gibt es mehrere Zugangswege: Als personelle Durchdringung bezeichnet man den Umstand, dass ein*e Abgeordnete*r selbst Funktionsträger*in oder führendes Mitglied eines Verbandes ist oder vor seiner Wahl war. Typischerweise sind z. B. SPD-Abgeordnete Mitglied einer Gewerkschaft, während viele Grüne in einer Umweltorganisation engagiert sind und sich CDU-Abgeordnete eher in kirchlichen Organisationen finden. Als Fachleute für bestimmte Themenfelder werden sie häufig auch Mitglied des passenden Ausschusses (z. B. Gewerkschafter oder Funktionäre der Wohlfahrtsverbände im Ausschuss für Arbeit und Soziales) und wirken so direkt mit bei der Vorbereitung von Gesetzesentwürfen. Die Kontaktpflege der Verbandsfunktionäre mit Abgeordneten ist ebenfalls nach politischen Leitideen verteilt: Industrieverbände halten am häufigsten Kontakt zu Abgeordneten der FDP, während sich Bürgerinitiativen an die Grünen wenden oder Religionsgemeinschaften an die christlichen Parteien.

Solche Kontakte werden unter dem Stichwort der *Lobbyarbeit* gefasst, abgeleitet von der Bezeichnung Lobby für die Vorhalle eines Hotels oder – wie hier – des Parlaments. Verbändevertretungen haben nur bis dorthin Zugang. Sie suchen und nutzen ihn stark, was an der Länge der Lobbyliste des Deutschen Bundestages ersichtlich ist. Hier werden im Jahr 2017 insgesamt 2.325 Verbände gelistet von A wie ABDA – Bundesvereinigung Deutscher Apothekerverbände bis Z wie Zweirad-Industrie-Verband (vgl. bundestag.de). Lobbyist*innen versuchen im Kontakt mit Abgeordneten ihren Einfluss geltend zu machen, sie geben Informationen über Zusammenhänge und Hintergründe ihrer Forderungen weiter und erhalten im Gegenzug Neuigkeiten über den Stand der Verhandlungen. Auch auf Parteiprogramme wird versucht Einfluss zu nehmen.

Trotz berechtigter Befürchtungen eines intransparenten und undemokratischen Einflusses der Verbände auf die politischen Entscheidungen sind sie doch nicht nur erlaubt, sondern explizit im deutschen System vorgesehen. So sollen laut Geschäftsordnung der Ministerien Verbände bei der Vorbereitung von Gesetzen hinzugezogen werden. Ferner können sie in Enquete-Kommissionen berufen, zu Anhörungen von Ausschüssen eingeladen und zu einer schriftlichen Stellungnahme aufgefordert werden. Auf diese Weise gehen ihre fachliche Expertise, aber auch ihre Interessen, Standpunkte und Argumente in die Debatte mit ein.

Eine gesteigerte Form des Lobbyismus besteht in autonomen Regelungsverfahren von Verbänden ohne staatlichen Eingriff. Das prägnanteste Beispiel für den als *Korporatismus* (von lateinisch: corpore = Körper im Sinne von inkorporiert) bezeichneten Typ von Verhandlungen findet sich in der Tarifautonomie von Gewerkschaften und Unternehmensverbänden. Sie erstreiten untereinander die Inhalte von Tarifverträgen, die nicht nur Löhne und Gehälter festlegen, sondern auch Arbeitsbedingungen, wie Arbeitszeiten, Urlaubstage, Krankengeld etc.

Sara Tuna ist sich sofort klar darüber, wie sie Verbände für ihre Bemühungen um den Erhalt ihres Jugendclubs nutzen könnte. Denn sollten alle bisherigen Bemühungen, nach Sponsorengeldern zu suchen oder über das Bundesprogramm »Demokratie leben« zusätzliche Mittel zu akquirieren, scheitern, müssen sie und ihr Kollege sowie die betroffenen Jugendlichen und ihre Eltern andere Wege der politischen Auseinandersetzung beschreiten. Wenn es also darum geht, Bündnispartner zu finden, dann sind Verbände – in ihrem Fall auch lokale Vereinigungen – ins Boot zu holen. Selbst auf den ersten Blick abwegige Kontakte, wie zur örtlichen Wirtschaft, z. B. über den Werbering oder den Wirtschaftsverband, können förderlich sein. Sobald gemeinsame Interessen entdeckt werden, lassen sich auch gemeinsame Strategien zur Einflussnahme – in diesem Fall – auf die kommunalen Gremien, wie den Stadtrat und den Jugendhilfeausschuss, entwickeln. Argumente dafür liegen auf der Hand: Die lokale Wirtschaft teilt das Interesse an einer guten Jugendarbeit, indem die Jugendlichen dadurch in ihrer Eigeninitiative gefördert werden, Strukturen der Arbeitsteilung und Solidarität entwickeln, dabei Tu-

genden, wie Pünktlichkeit und Zuverlässigkeit, Verantwortungsgefühl und Durchhaltevermögen, entwickeln und über Kontakte zu den kooperierenden Unternehmen vielleicht sogar eine Firmenbindung zukünftiger Arbeitskräfte entsteht.
Alex Bogdanow ist kritisch. Auch wenn er grundsätzlich die Möglichkeit der Beteiligung und Einmischung begrüßt, so sieht er die *Gefahren* eines zu großen Einflusses von Verbänden auf demokratische Entscheidungen.

Die Einflussnahme von Verbänden auf politische Entscheidungen wird in der Fachdiskussion durchaus kritisch bewertet:

- *Ungleichheit in der Einflussnahme*: Vom Organisationsgrad und der u. a. finanziellen Stärke eines Verbandes ist es abhängig, wie gut er sich einbringen und seinen Forderungen Gehör verschaffen kann. Ein mitgliederstarker Verband kann auch wahlpolitisch Druck ausüben. Der Mechanismus, der großen Einfluss aufgrund großer Ressourcen gewährt, widerspricht den demokratischen Vorstellungen eines gleichberechtigten Ringens um die beste Lösung. Auch lassen sich nicht alle Interessen auf gleich gute Weise bündeln, wie etwa die von Kindern, sozial benachteiligten Gruppen oder alten Menschen.
- *Intransparenz*: Da die Gespräche, Kontaktpflege und Lobbyarbeit sehr häufig hinter geschlossenen Türen verlaufen, ist das Misstrauen, das viele Bürger*innen gegenüber Verbänden haben, verständlich. Es schadet der Glaubwürdigkeit von Politiker*innen und des Entscheidungssystems als Ganzem.
- *Verzögerung des politischen Betriebs*: Durch den Verbändeeinfluss können sich Prozesse der Abstimmung und Einigung hinziehen und immer neue Bündelungen von Forderungen nötig machen. Dadurch werden dringende Lösungen erschwert und verzögert.
- *Innerverbandlich fehlende Demokratie*: Auch innerhalb der Verbände und Vereine geht es trotz Satzungen, Geschäftsordnungen und Wahlverfahren nicht immer demokratisch zu. In manchen Verbänden trifft die Entscheidungen ein kleiner Kreis von (meist hauptamtlichen) Funktionär*innen, während die Mitglieder kaum Einfluss nehmen können.

Weitere Akteur*innen

Soziale Bewegungen und Initiativen

Sie entstehen bei Bedarfen durch das Engagement politisch aufmerksamer und interessierter Bürger*innen (siehe auch Kap. 5.2). Insbesondere seit den 1960er Jahren haben sich über diese informelle Form des Zusammenschlusses neue Aktionsformen entwickelt, mit denen um die Anerkennung neuer Lebensentwürfe und für die Aufhebung von Diskriminierung und Erweiterung demokratischer Rechte gekämpft wurde (z. B. Bürgerrechts- oder Frauenbewegung). Mit der

Person Martin Luther King werden die Formen des zivilen Ungehorsams verbunden, worunter auch offener, gewaltloser Widerstand fällt. Unter Initiativen versteht man thematisch und zeitlich begrenzte Vorstöße für eine bestimmte Forderung. Die ebenfalls informell arbeitenden Initiativen richten sich z. B. gegen die Eröffnung einer forensischen Klinik im Stadtgebiet oder die Einrichtung einer stadtteilnahen Müllverbrennungsanlage, gegen den Ausbau eines Flughafens oder gegen die Errichtung von Stromtrassen. Hier melden sich häufig Anwohner*innen mit ihren Interessen zu Wort.

Kirchen

Trotz erheblicher Mitgliederverluste kommt den Kirchen immer noch eine große Bedeutung zu. Nicht nur haben sie die meisten Mitglieder, sondern sie besitzen eine starke moralische Autorität mit langer historischer Tradition (Pötzsch 2009, S. 53). Sie wirken nach innen auf ihre Mitglieder sowie nach außen in der Kommune wie auch bundesweit durch klare Positionen zu Fragen der Gerechtigkeit, des sozialen Zusammenhalts, der Friedenssicherung oder der Bekämpfung von Armut. Zudem kommen ihnen einige soziale Aufgaben zu. Sie sind Träger von Kindergärten, Krankenhäusern, Seniorenheimen und Pflegestationen.

Medien

Wie mehrfach deutlich wurde, ist die moderne Demokratie ohne Massenmedien nicht funktionsfähig. Über sie werden wesentliche Inhalte, Informationen, Hintergründe und Diskussionen verbreitet. Daher kommt ihnen auch grundgesetzlich ein hoher Schutz zu. Die Presse- und Meinungsfreiheit ist in modernen Demokratien ein hohes Gut. Meyer (2009, S. 151) bringt es auf den Punkt »Demokratie ist Kommunikation«. Je nach Demokratieverständnis kommt der Öffentlichkeit und mit ihr auch der medialen Öffentlichkeit eine weitreichende Bedeutung zu. Als Leitbild beschreibt Meyer (ebd., S. 156) »eine umfassende und ausgewogene Berichterstattung, Sachlichkeit und gegenseitige Achtung, Wahrheitstreue in Inhalt, Stil und Formen der Wiedergabe sowie eine Präsentationsweise, die allen Bürgern die Teilnahme an der öffentlichen Kommunikation möglich macht.«

Dieses Ideal wird in der realen Berichterstattung oft nicht erreicht. Die Voraussetzungen sind anspruchsvoll: Die Medien müssen frei und ungehindert berichten können, sind aber häufig als private Wirtschaftsunternehmen (Zeitungen wie auch Privatfernsehen) von Anzeigenkunden und Auflagenstärke abhängig. Für die Auswahl und den Zuschnitt der Nachrichten oder Diskussionsplattformen wirkt dieser Umstand einschränkend. Ferner müssen die Medien Gelegenheiten für einen Austausch von Argumenten und Gegenargumenten liefern und sich nicht in einer umfragebasierten Momentaufnahme von Meinungen festfahren. Schließlich sind der freie Zugang und eine breite Bereitschaft zur Beteiligung möglichst aller Gruppen und Milieus einer Gesellschaft wichtig. Studien zeigen aber ein Ungleichgewicht in der Bereitstellung und Nutzung von Informationen und Diskussionsangeboten. Unter dem Stichwort »Postdemokratie« (Crouch 2008) wird kritisiert, dass eher die gebildeten Mittelschichten und weniger die bildungsferneren, oft auch einkommensärmeren Milieus beteiligt sind. Neuere Protestbewegungen, wie rechtspopulistische Strömungen (z. B. Pegida – Patriotische Europäer gegen die Islamisierung des Abendlandes) nehmen genau diesen Sachverhalt und mit ihm verbunden ein Gefühl von tendenziösen Informationen zum Anlass ihres Misstrauens und Protests gegen die als »Lügenpresse« verunglimpften Medien.

Und tatsächlich ist es Aufgabe des mündigen Bürgers und der mündigen Bürgerin, den Zeitungen und Zeitschriften, dem Hörfunk und Fernsehen sowie immer mehr auch den Plattformen im Internet genau auf ›die Finger‹ zu schauen. Dort, wo sie ihrer Aufgaben einer sachlichen und ausgewogenen Berichterstattung, breiten Information, Kommentierung wichtiger Ereignisse und Entscheidungen sowie der Kontrolle von Institutionen und Kritik von Missständen nicht gerecht werden, ist Kritik geboten. Sei es über Leserbriefe oder öffentlichen Protest. Anlässe sind etwa unzulässig vereinfachte, vereinseitigte oder dramatisierte, emotionalisierte, personalisierte Darstellungen, das Bedienen von Themenkonjunkturen, die kurzfristig wichtig sind, danach aber keinen Raum mehr erhalten und einige mehr.

Weiterführende Literatur

Rudzio, Wolfgang (2015). Das politische System der Bundesrepublik Deutschland. Wiesbaden: Springer VS.

4 Sozialpolitik: Ziele – Wege – Folgen

Soziale Arbeit ist ohne Sozialpolitik nicht denkbar. Die Sozialpolitik bestimmt, wer zu denjenigen Personen gehört, denen soziale Leistungen zustehen. Das sind nicht nur finanzielle Zahlungen, sondern häufig auch Sachleistungen, wie Beratungen, Bildungsangebote und fördernde Begleitung in schwierigen Lebenslagen. Sozialpolitik soll dazu beitragen, dass bestehende Benachteiligungen zwischen sozialen Gruppen ausgeglichen und Schwächere gefördert werden. Sie soll vor Armut schützen, den Lebensstandard sichern helfen und den gesellschaftlichen Zusammenhalt fördern. In sozialpolitischen Gesetzen und Bestimmungen spiegeln sich die Grundsätze darüber wider, was eine politische Gemeinschaft, also z. B. Deutschland, unter Gerechtigkeit versteht oder was mit Gleichheit, Freiheit und Solidarität gemeint ist. Insofern ist nicht nur die Soziale Arbeit als Profession von der jeweiligen Ausrichtung der Sozialpolitik betroffen, sondern im Prinzip sind dies alle Teile der Bevölkerung.

Beim Nachdenken über Sozialpolitik lassen sich drei Ebenen unterscheiden, die jeweils gestaltet werden müssen und daher auch Gegenstand von Kritik werden können.

1. Das ist zum einen die Ebene des *Sozialstaats* als Grundgerüst, oft auch Wohlfahrtsstaat genannt. In ihm sind die ordnungspolitischen Leitideen verankert, welche Aufgaben und Ziele der Sozialpolitik zugeschrieben werden, wie sie legitimiert werden kann und welchen Prinzipien sie folgen soll (▶ Kap. 4.1).
2. Auf der zweiten Ebene geht es um die *Sozialpolitik* als Beschreibung der Ausgestaltung des Leistungsspektrums. Hier stehen die konkreten Systeme der sozialen Sicherung im Mittelpunkt sowie weitere angrenzende Politikfelder (▶ Kap. 4.2).
3. Schließlich ist davon noch die Ebene der praktischen *Umsetzung* zu unterscheiden. Dabei geht es um Fragen wie Zuständigkeiten der Leistungserbringung, Akteur*innen der Sozialpolitik in der Kommune sowie in den Verbänden, Parteien und Sozialbehörden (▶ Kap. 4.3).

Auf allen drei Ebenen können sowohl die Ziele, die Wege als auch die Folgen zum Gegenstand von Kritik werden. Im aktuellen Diskurs über das derzeitige Konzept der Sozialpolitik – der »aktivierende Sozialstaat« – zeigt sich diese kritische Auseinandersetzung. So stellt sich am Ende der Erörterung die Frage nach Alternativen zum jetzigen System in seiner Umsetzung. Dies wird am Beispiel der Diskussion um ein Bedingungsloses Grundeinkommen ausgeführt (▶ Kap. 4.4).

4.1 Der deutsche Sozialstaat: Ziele und Prinzipien

Einer der ältesten Sozialstaaten der neuzeitlichen Welt ist unter Otto von Bismarck bereits in den 1880er Jahren auf dem Boden des »Deutschen Reiches« entstanden. Als im Zuge der Industrialisierung Massen von Arbeiter*innen vom Land in die Städte und Ballungszentren zogen, um Arbeit in den entstehenden Produktionsstätten zu finden, wurden soziale Regelungen notwendig. Die Arbeit in den Fabriken und das Leben in den Arbeiterwohnvierteln waren hart. Bei einem zehn- und mehrstündigen Arbeitstag in einer Sechstagewoche blieb einschließlich der Arbeitswege wenig Zeit zur Erholung. Die Wohnverhältnisse waren katastrophal, oft fehlte es am Nötigsten, Krankheitsfälle stiegen und immer wieder begehrten die Arbeiterschaft und ihre entstehenden Interessenvertretungen gegen diese Lebensbedingungen auf.

So sah sich Reichskanzler Bismarck gezwungen, über Maßnahmen zur Milderung dieser Zustände nachzudenken, auch um drohende Unruhen zu verhindern. Neben Gesetzen zur Repression – etwa das Verbot sozialdemokratischer Zusammenkünfte, Vereine und Gewerkschaften (Sozialistengesetz) – wurde ein erster Ansatz zur Sozialversicherung geschaffen: Die Sozialleistungen im Fall von Krankheit, Unfall und Alter bzw. Invalidität. Diese Anfänge bildeten einen Wendepunkt in der Versorgung von Bedürftigen. Zuvor mussten die Familien aufkommen, wenn ein*e Angehörige*r in eine gesundheitliche Notlage kam und nicht mehr selbst für seinen/ihren Unterhalt sorgen konnte. Stellvertretend traten früher auch die kommunale und kirchliche Armenfürsorge ein oder ständische Sicherungseinrichtungen, wie die Zünfte oder Gilden (Engel 2011, S. 24).

Dieses erste System der Sozialversicherungen hatte politische, wirtschaftliche und militärische Ziele. Zu starker Unmut über die schlechte soziale Lage und die wachsende Ungleichheit zwischen den Kapitalbesitzenden und der Arbeiterschaft, die zu Streiks und einem Umsturz der Herrschaftsverhältnisse hätte führen können, sollte gemildert werden. Zu starke Gesundheitsschäden, die den Arbeitseinsatz ebenso, wie den Einsatz beim Militär, gefährdeten, sollten vermieden werden.

So zeigen diese sozialpolitischen Maßnahmen von Anfang an mehrere Stoßrichtungen: einerseits Schutz vor Armut und Hilfe in sozialen Notlagen, wie Unfall, Krankheit und Alter, andererseits sozialer Ausgleich von als zu stark empfundenen Ungleichheiten und soziale Gerechtigkeit. Erreicht werden soll damit politische Stabilität und sozialer Frieden. Sozialpolitik hat also immer eine Wirkung sowohl für den Einzelnen als auch für die Gesellschaft und ihren Zusammenhalt. Die Legitimation hingegen ist nicht eindeutig, häufig herrschaftssichernd und weniger karitativ begründet.

Diese Ausrichtung und auch die Formen der sozialen Sicherung sind nach wie vor das Fundament der heutigen Systeme. Allerdings ist das Leistungsspektrum der Sozialpolitik erheblich ausgeweitet und eine Reihe von weiteren Politikfeldern hinzugezogen worden. Man kann *Sozialpolitik im engeren Sinne*, die auf die soziale Sicherung abzielt, von *Sozialpolitik im weiteren Sinne* unterscheiden. Dabei stehen stärker die Ziele soziale Gerechtigkeit und Freiheit im

Vordergrund. Um sie zu erreichen, werden weitere Politikfelder genutzt, wie Arbeitsmarkt-, Bildungs- und Familienpolitik ebenso wie Gesundheits- und Wohnungsbaupolitik (▶ Abb. 11).

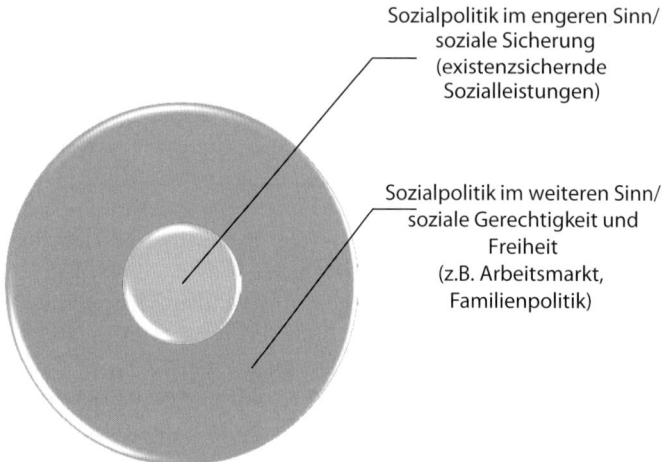

Abb. 11: Sozialpolitik im engeren und weiteren Sinn, eigene Darstellung

Um solche Ziele zu verwirklichen, werden große Summen aus dem Staatshaushalt in Anspruch genommen. Das Sozialbudget – die Sammlung aller Ausgaben für Sozialleistungen – lag z. B. im Jahr 2015 bei 888,2 Milliarden Euro (BMAS 2015). Die Größe dieser Summe muss im Vergleich gesehen werden zu den 1.334 Milliarden Euro, die der deutsche Staat im Jahr 2015 insgesamt ausgegeben hat (Statista 2017) und auch im Verhältnis zur gesamten Wertschöpfung. Man kann sie etwa am Bruttoinlandsprodukt messen – der Summe aller im Jahr 2015 hergestellten Güter und Dienstleistungen – in Höhe von 3.026 Milliarden Euro (BMAS 2015). Diesen Summen gegenüber ist sie zwar kleiner, dennoch wird angesichts der großen Zahlen schnell klar, dass sich sozialpolitische Ausgaben legitimieren müssen. Welche Gründe gibt es also, um Sozialpolitik zu rechtfertigen?

4.1.1 Legitimation

Als gesetzliche Grundlage des deutschen Sozialstaats lassen sich zwei Quellen zurate ziehen: das Grundgesetz und das Sozialgesetzbuch. Im Grundgesetz findet sich das allgemeine Sozialstaatsprinzip der Bundesrepublik Deutschland. Sehr allgemein formuliert heißt es in Art. 20 des Grundgesetzes »Die Bundesrepublik Deutschland ist ein demokratischer und sozialer Bundesstaat.« In Art. 28 Abs. 1 GG wird betont, dass auch die Verfassungen der Bundesländer dem Grundsatz des »sozialen Rechtsstaats« entsprechen müssen. Obwohl das

»Soziale« hier sehr allgemein gefasst wird, kann man erahnen, dass es zu den Grundüberzeugungen des deutschen Staates gehört, für soziale Sicherheit und einen sozialen Ausgleich zu sorgen.

In einzelnen Artikeln des Grundgesetzes sind weitere soziale Grundwerte angesprochen, aus denen konkrete sozialpolitische Maßnahmen aber erst abgeleitet werden müssen. So kann Art. 1 GG zum Schutz der Würde des Menschen verstanden werden als Pflicht des Staates zur Sicherung des Existenzminimums des Einzelnen. Nicht gesagt ist damit, wie dies genau geschehen soll. Solche Fragen werden in den Sozialgesetzbüchern konkretisiert (s. u.). Auch das Diskriminierungsverbot in Art. 3 GG lässt sich als Verpflichtung verstehen, alle Menschen unabhängig von Hautfarbe, Geschlecht, Herkunft, religiöser oder politischer Anschauung gleich zu behandeln und das heißt z. B. konkret vor Lohndifferenzen oder unterschiedlichen Karrierechancen zu schützen. Die freie Wahl von Berufen und das Verbot von Zwangsarbeit (Art. 12 GG) etwa weist darauf hin, dass der Gesetzgeber bei Inkrafttreten des Grundgesetzes im Jahr 1949 einst ein großes Gewicht auf die Freiheit des Einzelnen als Wert an sich legte.

Ferner ist der besondere Schutz von Ehe und Familie (Art. 6 GG) erwähnenswert, der mit der Familienpolitik ein eigenes Politikfeld begründet. Im deutschen System wird hieraus z. B. die steuerliche Begünstigung von Ehepaaren abgeleitet. Für Mütter wird ausdrücklich die Fürsorge der Gemeinschaft vorgesehen. Auch Art. 14 GG lässt sich als sozialpolitische Aussage lesen, wenn Eigentum nicht nur geschützt werden soll, sondern auch dazu verpflichtet, der Allgemeinheit zu dienen. Hieraus kann z. B. eine Mäßigung der Gewinnerwartung von Kapitaleignern zugunsten guter Löhne der Arbeitskräfte abgeleitet werden.

Die Gesetzgeber haben zur Gründung der Bundesrepublik Deutschland also Grundpfeiler eingeschlagen, aber die konkrete Gestaltung den Parlamenten überlassen. Deutlich konkreter lesen sich die Sozialgesetzbücher (SGB), die seit den 1970er Jahren die sozialrechtlichen Regeln zusammenfassen. Sie legen fest, wer welche Leistungen unter welchen Voraussetzungen erhalten kann. So findet sich z. B. im SGB II die Grundsicherung für Arbeitssuchende, im SGB VIII die Kinder- und Jugendhilfe und im Zwölften Buch die Sozialhilfe. Die Aufgaben des SGB sind zu Beginn des Ersten Buches genauer gefasst.

Sozialgesetzbuch (SGB) Erstes Buch (I) – Allgemeiner Teil – (Artikel I des Gesetzes vom 11. Dezember 1975, BGBl. I S. 3015)

»§ 1 Aufgaben des Sozialgesetzbuchs
(1) Das Recht des Sozialgesetzbuchs soll zur Verwirklichung sozialer Gerechtigkeit und sozialer Sicherheit Sozialleistungen einschließlich sozialer und erzieherischer Hilfen gestalten. Es soll dazu beitragen,

- ein menschenwürdiges Dasein zu sichern,
- gleiche Voraussetzungen für die freie Entfaltung der Persönlichkeit, insbesondere auch für junge Menschen, zu schaffen,

- die Familie zu schützen und zu fördern,
- den Erwerb des Lebensunterhalts durch eine frei gewählte Tätigkeit zu ermöglichen und
- besondere Belastungen des Lebens, auch durch Hilfe zur Selbsthilfe, abzuwenden oder auszugleichen.«

Sozialleistungen sollen demnach soziale Sicherheit und soziale Gerechtigkeit verwirklichen. Es finden sich hier wiederum die individuelle und die gesellschaftliche Seite der Sozialpolitik, wie sie in den Anfängen schon deutlich wurden. Nicht nur soll der und die Einzelne sicher und ohne Existenzangst in Würde leben können, sondern die sozialen Leistungen sollen auch Gerechtigkeit befördern. Was darunter zu verstehen ist, wird in den Spezifizierungen deutlicher: Es sind die Voraussetzungen zur freien Persönlichkeitsentwicklung gemeint. Diese sollen möglichst »gleich« sein und sowohl den »Erwerb des Lebensunterhalts« ermöglichen als auch »besondere Belastungen (...) abwenden oder ausgleichen«.

Damit ist ein bestimmter Gerechtigkeitsbegriff unterlegt, der mit Verwirklichungsgerechtigkeit bezeichnet werden kann (Otto/Schrödter 2009, S. 173ff.). Es geht also nicht nur um formal gleiche Chancen, sondern auch darum, dass die Wahrnehmung dieser Chancen allen ermöglicht werden soll. Was sich hier spitzfindig anhört, ist ein Beispiel für einen *Grundkonflikt* im Feld der Sozialpolitik: Wenn gleiche Leistungen auf ungleiche Voraussetzungen treffen, dann bleibt die Ungleichheit erhalten oder wird sogar verstärkt.

Beispiel

Kinder wachsen in recht unterschiedlichen Elternhäusern auf. So verfügen die Eltern des einen Kindes über ein gutes Einkommen, eine Menge von Büchern füllt die Regale zuhause und es ist üblich, regelmäßig ins Gespräch zu kommen über die Erlebnisse des Tages, Wünsche und Ängste. Demgegenüber werden andere Kinder mit Eltern groß, die wenig Zeit für sie aufbringen und mit geringem Verdienst auskommen müssen. So unterscheiden sich bereits früh die Startbedingungen und Entwicklungschancen, die im Laufe des Älterwerdens zu immer größeren Unterschieden führen.

Erhalten nun beide Elternhäuser die gleiche Unterstützung, die gleichen Möglichkeiten für den Unterricht mit Musikinstrumenten, sitzen ihre Kinder in gleich großen Schulklassen und müssen den gleichen Betrag für Schulbücher und Lernmaterial aufbringen, dann gelingt der Bildungserfolg in der ersten Familie eher als in der zweiten. Der Abstand genutzter Chancen, die zu Bildungs- und Berufserfolg führen, verstärkt sich im Laufe der Zeit. Um dem Auseinanderdriften entgegen zu wirken, müsste dem schlechter gestellten Elternhaus mehr Unterstützung zukommen, je nach Bedarf. Diese Mittel könnten bei den anderen (oder an anderer Stelle) eingespart werden. Präventive, individualisierte Sozialpolitik würde nun frühzeitig bei Kindern mit sprachlichem oder anderem Förderbedarf z. B. über eine (kostenlose) Kinderbetreuung mit spezialisiertem Personal in kleinen Gruppen für die Entwicklung dieser Kinder und dadurch für Ausgleich sorgen.

Hier ist u. a. die Frage der kollektiven Leistungen angesprochen, die für alle gleich hoch sind, gegenüber individualisierten Leistungen, die sich an einem spezifischen Bedarf orientieren. Einmal steht die Gleichheit der Zahlungen im Vordergrund, im anderen Fall die Gleichheit der erwünschten Wirkungen. Welche Gleichheit ist gerecht? Diese und andere Fragen werden mit der Sozialpolitik bearbeitet, vorläufig entschieden und immer wieder neu ausgehandelt. Wenn eine Einigung über das gewünschte Verständnis von Gerechtigkeit erzielt ist, stellt sich als nächste Frage, auf welchem Weg diese erreicht werden kann. Mit unterschiedlich erfolgversprechenden Wegen gehen auch verschiedene Folgen einher, so dass sich Sozialpolitik immer im Dreischritt Ziele-Wege-Folgen vollzieht.

In den Gesetzen kommen also Grundüberzeugungen zum Ausdruck, die historisch variieren und sich auch im Ländervergleich erheblich unterscheiden können.

4.1.2 Prinzipien: Freiheit, Gleichheit, Solidarität

Demokratische Nationalstaaten folgen den Grundsätzen der Freiheit, Gleichheit und Solidarität. Die freie Entscheidung des Einzelnen, die Gleichheit vor dem Gesetz ebenso, wie an Verwirklichungschancen, sowie der soziale Zusammenhalt durch ein Einstehen füreinander prägen die Grundarchitekturen der Verfassungen. Sozialpolitik hat hier im Wesentlichen die Aufgabe, bei der Erfüllung solcher Ziele zu helfen. Dabei ist wiederum zu bestimmen, was darunter jeweils zu verstehen ist und wie es erreicht werden kann. Eine weitere Schwierigkeit bei der Ausgestaltung betrifft die Widersprüche zwischen den einzelnen Prinzipien (▶ Abb. 12).

Widersprüche der sozialpolitischen Prinzipien

Abb. 12: Sozialstaatskonflikt, eigene Darstellung

Im etwas vereinfachten, veralteten Politikverständnis eines Links-Rechts-Schemas weltanschaulicher Pole stehen sich zwei Extreme gegenüber: Gleichheit oder Freiheit? *Gleichheit* wird hier verstanden als sozialer Ausgleich von Lebensverhältnissen und Benachteiligungen, z. B. hinsichtlich des verfügbaren Einkommens. Er wird also in erster Linie finanziell gedacht und benötigt staatlichen Eingriff, z. B. indem Steuern von den Wohlhabenderen erhoben und an Ärmere verteilt werden. Existenzsicherheit und Stabilität der Lebensverhältnisse stehen dabei im Vordergrund. Doch auch die Idee der soziokulturellen Teilhabe ist bedeutsam bei der Begründung einer notwendigen Umverteilung.

Ein Gegensatz zur *Freiheit* ergibt sich aus der Notwendigkeit, die Maßnahmen für einen sozialen Ausgleich und staatliche Einmischung in die Lebensverhältnisse auch zu finanzieren. Durch die Besteuerung werden nämlich vorhandene Entscheidungsmöglichkeiten der Wohlhabenderen eingeschränkt, ihnen werden finanzielle Mittel für Handlungen genommen. Konkret: Sie können weniger konsumieren, investieren und produzieren. Damit – so die Verfechter dieser Seite der Medaille – entzieht staatliche Politik des Ausgleichs der Wirtschaft Potenziale, die in der Folge auch den Ärmeren wieder fehlen, z. B. in Form von Arbeitsplätzen in einer florierenden Wirtschaft. Daher seien Differenzen des Wohlstands, die sich aus unterschiedlicher Leistung ergeben, gerecht und produktiv für die gesamte Gesellschaft. Die Freiheit des Einzelnen, durch eigene Leistung zu höherem Einkommen zu gelangen, zu mehr Status und Einfluss zu kommen, schaffe auch eine Motivation für solche Leistungen.

> *Alex Bogdanow* schüttelt den Kopf: »Eigentlich ist doch beides sinnvoll: Gleichheit und Freiheit. Lässt sich das nicht verbinden?« *Sara Tuna* schaut ihn geheimnisvoll an, denn sie hat von einer neuen Idee gehört, die genau diese Verbindung schaffen will. Aber um sie zu verstehen, müssen sich erst beide noch einmal die genauen Prinzipien der Sozialleistungen, das jetzige System in seiner jüngeren historischen Entwicklung und schließlich auch die Alternativen in anderen Ländern vor Augen führen.

Je nachdem, welche Seite stärker betont wird, ergibt sich daraus eine andere Auffassung von *Solidarität:* »Die Starken müssen den Schwachen helfen« oder »Wer mehr leistet, muss auch mehr haben«. So lauten die Begründungen in den entsprechenden Wahl- oder Grundsatzprogrammen der Parteien. Ersteres eher im linken Spektrum, letzteres eher im liberalen oder rechten. Beide Seiten haben Vorteile und Nachteile.

Die Ausrichtung solcher Grundfragen führt unmittelbar zu sozialpolitischen Forderungen bzw. Maßnahmen. So kann auf der Seite der Gleichheit betont werden: »Jeder Mensch ist ein Zweck an sich, seine Würde muss geschützt werden.« Daraus ergibt sich eine bedingungslose Sicherung der Existenzgrundlage, wie etwa eine Grundsicherung als Recht für alle. Aus der Überzeugung »Nur wer etwas zur Gemeinschaft beiträgt, soll auch staatliche Leistungen erhalten« lässt sich ableiten, dass erst Voraussetzungen in Form bestimmter Leistungen erfüllt sein müssen, um z. B. Arbeitslosengeld ausgezahlt zu bekommen.

Diese Argumentationsfiguren sind nicht neu, sondern beruhen auf traditionsreichen ordnungspolitischen Leitideen (Engel 2011, S. 54ff.).

1. Der sozialdemokratische, sozialistische und gewerkschaftliche Flügel steht eher auf der linken Seite des Spektrums und tritt für sozialen Ausgleich und soziale Sicherheit ein. Dies geschieht aus der Tradition heraus, sich für den Schutz vor Armut einzusetzen. Gleichheit ist ihr Prinzip. Auch die christliche Soziallehre rechtfertigt in einer abgeschwächten Form solidarische Umverteilung. Solche Vorstellungen liegen z. B. präventiver frühkindlicher Bildung zugrunde.
2. Der Gegenpol ist im wirtschaftsliberalen Verständnis in deutscher Tradition verankert (in den USA ist sozialliberal eher links verortet) und geht auf marktwirtschaftliche Überzeugungen zurück, nach denen der freie Markt den Nutzen aller vergrößert. Staatliche Einmischung soll sich demnach auf Ausnahmebereiche, wie Hilfe in Notlagen, beschränken. Dieses Denken findet sich etwa in der Sozialhilfe, die eine reine Hilfe zum Lebensunterhalt ist für Menschen, die nicht aus eigener Kraft Einkommen erzielen können.
3. Dazwischen befindet sich der konservative Standpunkt. Er begründet das Bedarfsprinzip mit starker Betonung der gesellschaftlichen Stabilität durch unterstützende Sozialleistungen. Sie schließen auch einen Erhalt der Werte sowie des erreichten gesellschaftlichen Status ein. Ein Beispiel für dieses Denken findet sich in der Arbeitslosenversicherung, die zunächst für einen begrenzten Zeitraum versucht, den erreichten Lebensstandard aufrecht zu erhalten.

Neben der Solidarität als Grundprinzip spielen in der Sozialpolitik auch die *Subsidiarität* und die *Eigenverantwortung* eine Rolle, um staatliche Maßnahmen und Hilfen zu begründen und zu gestalten. Ursprünglich in der christlichen Soziallehre entworfen besagt das Prinzip der Subsidiarität, dass staatliche Hilfen vor allem Hilfe zur Selbsthilfe sein sollen und nicht die kleinere Einheit (z. B. die Familien oder Gemeinde) erdrücken soll durch Hilfe ›von oben‹.

Auch dem Prinzip der Eigenverantwortung kommt ein großer Stellenwert in der Debatte zu und korrespondiert mit dem Pol der Freiheit: So besteht im deutschen Sozialstaat der Grundsatz, durch eigenes Einkommen für sich und die Seinen zu sorgen. Wer keine Besitztümer in der Hinterhand hat, muss also über eine Erwerbstätigkeit seinen Lebensunterhalt sichern. Zur Eigenverantwortung gehört auch, alles dafür zu tun, erwerbsfähig und leistungsfähig zu sein. In einigen Bereichen der Sozialpolitik schreibt der Staat solche Eigenvorsorge vor. So gibt es z. B. in Deutschland eine Pflicht zur Krankenversicherung.

Das »zwiespältige Wesen« des Sozialstaats

Insgesamt, so bringt es der Soziologe Stephan Lessenich auf den Punkt, bildet der Sozialstaat einen »Wirkungs- und Sinnzusammenhang« (2012, S. 58). Er strukturiert die sozialen Verhältnisse mit, etwa wenn er Armut mindert oder Renten sichert. Zugleich wird er von den sozialen Verhältnissen strukturiert, nämlich wenn ökonomische Erfordernisse oder politische Forderungen zu Einschnitten bei den Sozialleistungen oder allgemein Änderungen z. B. in den Voraussetzungen für den Bezug von Leistungen führen (ebd., S. 59). Dabei ist der Sozialstaat nicht gut oder böse in einem normativen Sinn, also nach Werten z. B. der Barmherzigkeit, wenn man der christlichen Soziallehre folgt. Sondern er ist, wenn überhaupt, nur gut oder schlecht im Sinne von funktionstüchtig oder nicht. Um dies zu beurteilen, muss man ihn an seinen Aufgaben messen.

Lessenich erklärt die Zwiespältigkeit des Sozialstaats aus seinem doppelten Charakter: Er hilft und ermöglicht einerseits, er beschränkt und verhindert andererseits, je nachdem, auf welche Gruppe von Personen geschaut wird. Er dient nicht nur der »Hilfe, Solidarität und Wohltätigkeit« (ebd., S. 28), indem er z. B. durch das Arbeitslosengeld den Verdienstausfall teilweise ausgleicht. Sondern er ist zugleich »Instrument sozialer Steuerung, Kontrolle und Disziplinierung« (ebd.), indem er beispielsweise die Auszahlung des Arbeitslosengeldes an bestimmte Auflagen knüpft und damit das Handeln der Empfänger*innen beeinflusst. Und ebenso versucht er soziale Unterschiede auszugleichen, schafft aber häufig auch neue Ungleichheiten. So stellt etwa das Prinzip der Altersrente, die sich an der geleisteten Erwerbsarbeit bemisst, für Frauen im Alter oft ein Armutsrisiko dar, weil viele von ihnen eine andere Erwerbsbiografie durchlaufen haben als Männer. Jede Politik – und so eben auch die Sozialpolitik – nützt verschiedenen Interessen unterschiedlich gut.

Zusammenfassung

So abstrakt die sozialpolitischen Leitideen auch erscheinen, ihre Interpretation und Ausgestaltung haben unmittelbaren Einfluss auf die Aufträge und Gestaltungsmöglichkeiten der Sozialen Arbeit. Soziale Arbeit wird auch hier politisch, nämlich sozialpolitisch: wenn es um die eigenen Interessen geht, etwa die Ausstattung von Einrichtungen der Jugendhilfe, den Komfort eines Jugendheimes, die Professionalität des Personals in einer Vollzugsanstalt. Wenn es darum geht, wie das Spannungsverhältnis von Kontrolle der, z. B. bei dem Verdacht auf Kindeswohlgefährdung, und Hilfe für die entsprechenden Familien ausgestaltet ist. Subsidiarität als Hilfe zur Selbsthilfe stößt in diesem Beispiel an eine Grenze. Doch auch mit Blick auf die Interessen der Klient*innengruppen entscheidet die Ausrichtung der Sozialpolitik mit, ob kollektive Leistungen gewährt werden oder spezifische Förderung bei besonderen Bedarfen erwünscht und ermöglicht ist, wie z. B. in der frühkindlichen Sprachförderung.

4.2 Ausgestaltung der Sozialpolitik

Was steht überhaupt zur Verteilung an? Wie genau versorgen welche Leistungen welche Gruppen von Empfänger*innen?

4.2.1 Leistungsspektrum

Sozialpolitik im engeren Sinne umfasst alle Formen der sozialen Sicherung. Hier lassen sich im Wesentlichen drei Systeme unterscheiden, die sich zwar im Laufe der Jahrzehnte gewandelt, aber grundsätzlich Bestand haben. Dazu zählen

1. *Versicherungsleistungen*: Die gesetzliche Sozialversicherung umfasst inzwischen fünf Säulen, die einen Schutz vor Risikofällen, wie Krankheit, Unfall, Alter, Pflegebedürftigkeit und Arbeitslosigkeit, bieten sollen. Es handelt sich dabei um die Krankenversicherung, die Unfallversicherung, die Pflegeversicherung, die Arbeitslosen- und die Rentenversicherung. Nicht für alle Teile der Bevölkerung greifen diese Versicherungen, sondern nur für diejenigen Personen, die hier Mitglied sind. Voraussetzung für die Mitgliedschaft ist es, einer sozialversicherungspflichtigen Beschäftigung nachzugehen, also mindestens 450 Euro im Monat (Stand 2017) zu verdienen. Dies kann regulär Beschäftigte betreffen, aber auch z. B. Auszubildende oder Praktikant*innen. Nicht dazu gehören geringfügig Beschäftigte, Beamte, manche Gruppen von Selbstständigen, mithelfende Familienangehörige sowie Berufs- und Zeitsoldaten.
2. *Versorgungsleistungen*: Ihr Grundgedanke basiert auf einem Ausgleich erbrachter Leistungen oder Opfer, die von gesellschaftlicher Bedeutung sind, wie sie z. B. Eltern, Soldaten oder Beamte geleistet bzw. erlitten werden. So erhalten in diesem System etwa Kriegsgeschädigte und Hinterbliebene Leistungen der Kriegsopferfürsorge nach dem Bundesversorgungsgesetz. Aber auch die Leistungen von Eltern werden hier z. B. durch das Kinder- und das Elterngeld gewürdigt und unterstützt.
3. *Fürsorgeleistungen*: Voraussetzung dieser Leistungen ist die Bedürftigkeit, insbesondere durch Arbeitsunfähigkeit oder längerfristige Erwerbslosigkeit. Das Arbeitslosengeld II (ALG II) – oft Hartz IV genannt – ist hier ein prägnantes Beispiel.

Die Art der Rechtfertigung unterscheidet sich also in den drei Systemen ebenso wie die Prinzipien der Gewährung und die Finanzierung. Denn die Versorgungs- und Fürsorgeleistungen werden durch Steuern von *allen* Steuerzahlenden mitfinanziert, in die Sozialversicherungen zahlen vom Grundsatz her zunächst nur Arbeitnehmer und Arbeitgeber ein. Allerdings fließen hier zunehmend auch staatliche Zuschüsse ein, die ebenfalls die Steuerzahler*innen finanzieren. Nicht in allen Fällen ist die Zuordnung eindeutig, doch verhilft eine Systematik zu einer besseren Übersicht. In der folgenden Tabelle sind die Systeme schematisch gegenübergestellt (▶ Tab. 9).

Tab. 9: Soziale Sicherung, eigene Darstellung

	Versicherung	Versorgung	Fürsorge
Art der Leistung	Kranken-, Pflege-, Unfall-, Arbeitslosen-, Rentenversicherung	Ausgleich für Kriegs- und Gewaltopfer, Familienleistungen, Ausbildungsförderung	Sozialgeld, Grundsicherung für Arbeitssuchende und im Alter, Kinder- und Jugendhilfe
Beispiele für Geldleistung Sachleistung	G: Rente, ALG I S: Klinikaufenthalt	G: Kinder-, Elterngeld, Beamtenpensionen S: Hilfen zur Förderung einer Arbeitsaufnahme	G: ALG II, Wohngeld S: ambulant betreutes Wohnen, Eingliederungshilfe
Leistungsanspruch	Mitgliedschaft	Verdienste, Opfer	Bedürftigkeit
Finanzierung	Beiträge, Zuschüsse des Staates	Steuern	Steuern
Legitimation	Risikoschutz	Anspruchserwerb	Schutz vor Armut

Eine Besonderheit stellt in den Sozialversicherungen das *Prinzip* dar, nach dem die Leistungen gewährt werden. Man kann hier zwischen Bedarfsdeckungs- und Äquivalenzprinzip unterscheiden. Beim *Prinzip der Bedarfsdeckung* werden notwendige Maßnahmen von den Versicherungen finanziert, etwa die Sachleistungen der Kranken- oder Pflegeversicherung. Beim *Äquivalenzprinzip* ist die Höhe der Leistungen von den zuvor eingezahlten Beiträgen abhängig. So bemisst sich das Arbeitslosengeld I nach dem vorherigen Einkommen. Mit Stand 2017 beträgt dieser Satz z. B. für Alleinstehende 60 % des Nettogehaltes, das im Zeitraum von einem Jahr vor Eintritt der Arbeitslosigkeit bezogen wurde. Wer viel verdient hat, erhält demnach einen höheren Betrag als jemand, der ein geringeres Nettoeinkommen hatte. Ähnlich wird die Rentenhöhe in Abhängigkeit vom vorhergehenden Einkommen und der Anzahl der Beitragsjahre berechnet. Diesem Vorgehen liegt der Gedanke zugrunde, den erworbenen Lebensstandard aufrecht zu erhalten.

Der Übergang zu einer Sozialpolitik im weiteren Sinne ist fließend. Soll vor Armut geschützt und sozialer Ausgleich erreicht werden, dann existieren neben den direkten Sozialtransfers, wie den oben genannten Zahlungen, auch indirekte Formen über weitere Politikfelder. So kann als direkte Sozialleistung Kindergeld an Familien ausbezahlt werden oder über den indirekten Weg der Förderung von Kindern in den Ausbau von qualitativ hochwertiger Kinderbetreuung, Frühförderung oder schulischer Sozialarbeit investiert werden. Die indirekten Formen von sozialen Dienstleistungen haben meist einen präventiven Charakter. Es sollen frühzeitig die Chancen auf ein selbstbestimmtes Leben, auf Bildungserfolg und einen gelingenden Berufseinstieg erhöht und damit schlechtere Startchancen ausgeglichen werden. So soll das heranwachsende Kind als Erwachsener in der Lage sein, ohne staatliche Hilfe ein selbstbestimmtes und mit eigenem Einkommen finanziertes Leben zu führen.

Zu solchen weiteren Handlungsfeldern mit sozialpolitischer Relevanz gehören neben der Bildungspolitik auch die Arbeitsmarktpolitik, Wohnungsbaupolitik oder Vermögenspolitik. Entfernter erscheinende Politikfelder, wie die Steuerpolitik, die Wettbewerbspolitik oder Zuwanderungspolitik, haben ihren Bezug zur Sozialpolitik darin, welche Rahmenbedingungen von ihnen ausgehen, um einen Arbeitsplatz zu finden, mit ihm ein gutes Einkommen zu erzielen, Spielräume für die Verteilung von Geldern zu schaffen und vieles mehr. Daneben gibt es weitere sozialpolitische Bereiche, die der Staat nicht direkt beeinflussen, sondern nur den Rahmen setzen kann, wie etwa betriebliche Formen von Sozialpolitik. Ein Beispiel hierfür ist die betriebliche Gesundheitsfürsorge.

4.2.2 Sozialpolitik im Wandel

Im Laufe der vergangenen Jahrzehnte hat sich die Ausrichtung und die Schwerpunktsetzung der Sozialpolitik verändert, nicht aber die grundlegende, zuvor skizzierte Systematik. Ebenso wenig ist das Leitbild der »*Sozialen Marktwirtschaft*« verändert worden, wie es seit der Nachkriegszeit die Vorstellung der deutschen Wirtschaftsordnung prägt. Bundeswirtschaftsminister Erhard hatte es gemeinsam mit dem Nationalökonomen und Leiter der Grundsatzabteilung des Ministeriums Alfred Müller-Armack entwickelt und propagiert. Im Kern steht es für eine Bändigung der freien Marktkräfte, die soziale Sicherheit begünstigen und vor Nachteilen des freien Marktes schützen soll. Dazu gehören etwa zerstörerischer Wettbewerb, Marktmacht durch Konzentrationsprozesse von Unternehmen und soziale Probleme, wie Druck auf Löhne und ungünstige Arbeitsbedingungen. Auch Arbeitslosigkeit und steigende soziale Ungleichheit können Folgen der »unsichtbaren Hand des Marktes« sein, wie der Begründer der klassischen Ökonomie Adam Smith schon im 18. Jahrhundert den Wettbewerbsmechanismus nannte. Wenn Angebot und Nachfrage unter freier Preisbildung zu einem Gleichgewicht finden, freier Wettbewerb zur besten Lösung führt sowie Gewerbe- und Konsumfreiheit und das Privateigentum an Produktionsmitteln gesichert sind, dann entfaltet der Markt seine Vorteile: eine wirtschaftlich hohe Leistungsfähigkeit und effiziente Güterversorgung. So die Idee.

In der Praxis funktioniert der Markt, ohne den gesellschaftlichen Zusammenhalt zu gefährden, nur wenn Politik regulierend eingreift. Sie soll sowohl im klassischen Sinn die Rahmenbedingungen für den Wettbewerb sicherstellen als auch Existenzsicherheit und sozialen Ausgleich fördern. Der Schutz von Anbietern und Nachfragern etwa vor Marktversagen (wenn bestimmte Angebote nicht rentabel erscheinen und oder auch öffentliche Güter, wie Bildung, vom Markt nicht angeboten werden) gehört ebenso zu den staatlichen Aufgaben, wie der Verbraucherschutz. Konjunktur-, struktur-, wettbewerbspolitische und sozialpolitische Maßnahmen gehen dabei Hand in Hand.

Diese staatlichen Eingriffe werden von einigen Autor*innen nach verschiedene Phasen schematisch voneinander unterschieden, so spricht etwa Dahme

(2008) von drei Phasen des deutschen Sozialstaats: die expansive Phase nach dem Krieg bis in die 1970er Jahre, die Phase des schlanken Staats bis in die 1990er Jahre sowie die des aktivierenden Sozialstaats in der aktuellen Ausrichtung der Sozialgesetzgebung.

Schon die zeitliche Einteilung der Phasen lässt ahnen, dass Sozialpolitik sich immer im Verhältnis zu politischen und wirtschaftlichen Entwicklungen bewegt. Dieser Zusammenhang ergibt sich aus den vorhandenen Bedarfen sozialer Hilfen in wirtschaftlich angespannter Konjunktur: Wenn hohe Arbeitslosigkeit mit geringen Beiträgen für die Sozialversicherungen einhergeht und zugleich ein hoher Bedarf an Arbeitslosengeldzahlungen vorhanden ist, entsteht ein Finanzierungsengpass. Man könnte die These daraus ableiten: Sozialpolitik kann ihre Aufgaben am besten erfüllen, wenn sie am wenigsten benötigt wird, also die Wirtschaftslage günstig und der politische Frieden gesichert ist. Doch der Zusammenhang ist etwas komplizierter.

Wie in untenstehender Tabelle skizziert (▶ Tab. 10), lassen sich bestimmte politische Ausgangssituationen und wirtschaftliche Rahmenbedingungen einer entsprechenden Ausrichtung sowohl der Sozial- als auch der Wirtschaftspolitik zuordnen. In aller Kürze lässt sich die *Phase des expansiven Wohlfahrtsstaats* als »Goldenes Zeitalter« der Sozialpolitik beschreiben. Die Wachstumsraten sind nach Kriegsende naturgemäß bei einer Wirtschaft, die mehr oder weniger zerstört am Boden liegt, besonders hoch. Der Wiederaufbau und die zugleich einsetzende Produktivitätssteigerung durch neue Technologien und Organisationsentwicklungen führten zu einer florierenden Wirtschaft, in der der Verteilungsspielraum für alle Beteiligten wuchs. Nicht zuletzt wurde dies gestützt durch staatliche Investitionen in Infrastruktur, Bildung und den öffentlichen Sektor allgemein. Ein Glaube an die Steuerbarkeit wirtschaftlicher Abläufe und sozialer Verhältnisse prägte die Globalsteuerung, also das Zusammenspiel von Konjunktur-, Wachstums- und Strukturpolitik. In diese Zeit fallen z. B. die Ausgaben der Bildungsexpansion durch den Bau von Universitäten und Hochschulen. Im Ruhrgebiet ist diese Politik prägnant an der Ost-West-Achse zu erkennen, entlang der sich seit Ende der 1960er Jahre eine Universität an die nächste anschließt: Dortmund, Bochum, Essen, Duisburg und nord- sowie südwärts einige Hochschulen. Als keynesianisches Nachfragemanagement wird die wirtschaftliche Steuerung durch staatlich initiierte Nachfrage verstanden. Es folgt der Idee, dass sich durch einen hohen Beschäftigungsstand und gute Entlohnung der Wirtschaftskreislauf beleben lässt, indem die private Nachfrage infolge der staatlichen ebenfalls steigt. So würden sich die staatlichen Investitionen am Ende des Kreislaufs durch hohe Steuereinnahmen und geringe Ausgaben (etwa für Arbeitslosigkeit) selbst tragen.

Doch es sollte anders kommen. Die Weltwirtschaft geriet mit Beginn der 1970er Jahre in eine schwere Krise, angestoßen durch die Energiewirtschaft, den sogenannten »Ölpreisschock« 1973, und steigende internationale Konkurrenz durch vermehrt globalisierte Wirtschaftsabläufe und politisch neu formierte Kräfteverhältnisse. In dieser zugespitzten Lage baut Deutschland auf den »*schlanken Staat*« und folgt dem wirtschaftspolitischen Gegenmodell zum keynesianischen Ansatz: der neoklassischen Angebotspolitik. So agieren zu der

Zeit auch Margret Thatcher in Großbritannien und Ronald Reagan in den USA. Die als »Thatcherism« und »Reaganomics« bekannt gewordene Wirtschaftspolitik geht von der Überzeugung aus: Wenn die Wirtschaft floriert, haben alle Nutzen davon. So werden möglichst günstige Produktionsbedingungen politisch flankiert, etwa durch eine unternehmens- und gewinnfreundliche Steuerpolitik, Zurückhaltung bei den Lohnforderungen und Einsparungen im öffentlichen und sozialen Sektor. Damit einher ging auch die Privatisierung von zuvor staatlichen Unternehmen, wie der Post, der Bahn und von Energiekonzernen. Innerhalb der Verwaltungsbereiche entstanden ebenfalls nach marktwirtschaftlichen Prinzipien der Effizienz ausgerichtete neue Managementkonzepte. Mit dem »New Public Management« etwa werden der Bürger und die Bürgerin zum Kunden. Rationalisierungen führen verstärkt zur Mitarbeit dieses Kunden und dieser Kundin, sei es etwa bei der Nutzung des Internets bei Behördenerledigungen oder sei es bei der Herstellung von staatlichen Diensten durch bürgerschaftliches Engagement, wie bei den nachbarschaftlich organisierten Aufräummaktionen von Straßen, Gräben und Feldrändern im Frühjahr.

Die Folgen dieser Sparpolitik waren allerdings kostspielig und brachten weder finanziell noch sozial die gewünschten Effekte. Es entstanden durch Rücknahme von Arbeitsschutzbestimmungen und Tarifbindungen der Arbeitsverträge (Deregulierung) die heute als atypisch bezeichneten Beschäftigungsverhältnisse. Sie unterscheiden sich vom sogenannten Normalarbeitsverhältnis dadurch, dass sie keine unbefristeten Vollzeitarbeitsplätze bieten, sondern befristet, in Teilzeit oder geringfügiger Beschäftigung, z. T. als Leiharbeit zu untertariflicher Bezahlung und ohne die gewerkschaftlich ausgehandelten Schutzrechte vergeben wurden. Die Arbeitslosigkeit sank auch in Phasen des wirtschaftlichen Aufschwungs nicht, sondern die sozialen Folgen – wie eine Verschärfung der Unterschiede zwischen Arm und Reich, steigendes Armutsrisiko und dauerhafte Ausgrenzung benachteiligter Bevölkerungsgruppen – wurden in den 1990er Jahren immer sichtbarer. Die Gewissheit von Stabilität und Sicherheit bröckelte und drückte auf den sozialen Frieden. Nicht zufällig waren es Sozialdemokraten, wie Tony Blair und Gerhard Schröder, die europaweit nach einem neuen Weg suchten, diesen Prozess aufzuhalten.

Das Scheitern des vorherigen Sozialmodells führte jeweils zur neuen Ausrichtung. Beim Übergang vom expansiven zum schlanken Staat ist ein Staats- und Steuerungsversagen mit verantwortlich (vgl. Dingeldey 2006, S. 5). Man hatte die politische Steuerungsfähigkeit überschätzt und weltwirtschaftliche Einflüsse unterschätzt. Der zweite Übergang zum »*aktivierenden Staat*« wurde durch die negativen Folgen der Sparpolitik angestoßen und ist als Marktversagen zu bezeichnen. Als Dritten Weg versuchten vor allem Sozialdemokrat*innen in England und Deutschland – konzeptionell bekannt als Schröder/Blair-Papier aus dem Jahr 1999, wie die Regierungschefs beider Länder hießen – die jeweiligen Stärken der vergangenen Phasen zu erhalten, ohne deren Fehler zu übernehmen.

4 Sozialpolitik: Ziele – Wege – Folgen

Tab. 10: Wandel des Sozialstaats, selbst zusammengestellt aus Dahme (2008) und Dingeldey (2006)

	Expansiver Sozialstaat	Schlanker Staat	Aktivierender Wettbewerbsstaat
Wirtschaftspolitik	Keynesianisches Nachfragemanagement	Neoklassische Angebotspolitik	Dritter Weg (New Labour)
Rahmenbedingungen	Wirtschaftswachstum, niedrige Arbeitslosigkeit	Wirtschaftskrise: Wettbewerbsdruck, sinkende Wachstumsraten, »Jobless Growth«, steigende Arbeitslosigkeit	Anhaltend hohe Arbeitslosigkeit, deregulierte Arbeitsverhältnisse
Prämissen	Planungsfähiger, kompetenter Staat	Kompetente Wirtschaft, Wohlfahrt als Problem	Steuerungsmix wegen Komplexität der Probleme
Ziele	Negative Marktfolgen abfedern, soziale Stabilität & Sicherheit, sozialer Ausgleich	Internationalem Wettbewerb standhalten, Wirtschaft fördern	Wettbewerb & Wohlfahrt, Eigenverantwortung, Flexicurity
Wege	Bürgerrecht auf Sozialleistungen Globalsteuerung, hohe Staatsquote, Sozialpartnerschaft	Minimale Sozialleistungen, Sparpolitik, New Public Management, Deregulierung, wirtschaftsfreundliche Steuerpolitik (»Neoliberalismus«)	Keine bedingungslosen Sozialleistungen, »Neosoziale Modernisierung«, »Holistic Governance«, Outcome-Orientierung, Arbeitsmarktförderung & Bildung
Folgen/ Entwicklung	Positivspirale bricht wegen Weltwirtschaftskrise	Prekarisierung, Exklusion, soziale Ungleichheit wächst	Soziale Probleme bleiben

Der »Dritte Weg« zwischen zu viel und zu wenig staatlicher Einmischung, zwischen Wettbewerb und Wohlfahrt führte nun zur Verbreitung des Wettbewerbsgedankens über die Wirtschaft hinaus in die öffentliche Verwaltung, in das Bildungssystem ebenso wie in den Gesundheits- und Sozialmarkt. Seit den 2000er Jahren weisen Sozialwissenschaftler vermehrt auf die Folgen dieser Entwicklung auch auf jeden Einzelnen hin. So weist das »unternehmerische Selbst« (Bröckling 2007) auf eine Zurichtung der Lebensführung nach Marktkriterien hin. Der »Optionen maximierende Selbstmanager« (Dörre 2009) bezeichnet einen neuen Idealtypus des Lebenslaufregimes unter den Bedingungen »marktgetriebener Landnahme, sozialer Beschleunigung und politischer Aktivierung« (Dörre, Lessenich & Rosa 2009).

Solche kritischen Diagnosen speisen sich neben den prekären Arbeitsverhältnissen und auch ungleicher werdenden Lebenslagen aus den konkreten sozialpolitischen Maßnahmen. Eigenverantwortung soll den Einzelnen von staatlicher Bevormundung befreien, Aktivierung soll sicherstellen, dass jede und jeder in die Lage kommt, eigenverantwortlich sein und ihr Einkommen durch eine Erwerbsarbeit zu erzielen. Am prägnantesten zeigt sich diese Ausrichtung im SGB II, wo die Grundsicherung für Arbeitssuchende, das ALG II, begründet wird. Unter der Formel »Fördern und Fordern« ist hier als Zielrichtung der Eigenverantwortung der Wiedereintritt in den Arbeitsmarkt vorgesehen. Um dieses Ziel zu erreichen, bietet der Sozialstaat eine Reihe von Unterstützungsleistungen, wie Qualifizierungsmaßnahmen, Fortbildungen und Beratungen. Den Unterschied zur früheren Phase spitzt Dingeldey (2006) auf den Übergang vom fürsorgenden zum aktivierenden Wohlfahrtsstaat zu oder – wie es in der angloamerikanischen Diskussion genannt wird – von Welfare zu Workfare. Mit diesen Begriffen wird die Verallgemeinerung der Erwerbsbeteiligung als anerkannte Lebensweise durch die Sozialpolitik betont. Doch auch der sozialtechnische Umgang mit den Sozialleistungsempfänger*innen klingt hier an, wie Dahme (2008, S. 14) pointiert formuliert: Profiling, Screening, Potentialanalysen, Assessment, Eingliederungsvereinbarungen oder Case Management heißen die Instrumente, die die Arbeitsagenturen und Jobcenter anwenden, um ihre Ziele einer möglichst hohen Vermittlungsquote in den Arbeitsmarkt zu erreichen. Zusätzlich schließt das »Fordern« einen Zwang ein durch die Androhung und den Vollzug von Sanktionen, sofern Klient*innen ihrer Mitwirkungspflicht nicht nachkommen. Ihnen werden Sozialleistungen um ein Drittel gekürzt.

Zusammengefasst lassen sich die Unterschiede des jetzigen zu den vorherigen Modellen mit Dingeldey (2006, S. 8) so beschreiben, dass es heute um die Beschäftigungsfähigkeit für alle durch eine möglichst flexible Anpassung der Arbeitskräfte an die Arbeitsmarktbedingungenv geht. Auf diese Weise wird soziale Sicherheit gewährleistet: Flexi-curity als Zusammensetzung aus Flexibility und Security. Gefördert wird zu diesem Zweck möglichst präventiv Bildung und Qualifizierung, um die Selbstheilungskräfte des individuellen Arbeitssuchenden zu stärken. Staatliche Institutionen verstehen sich mehr als Kooperationspartner, in deren Verantwortung es liegt, die Bedingungen für die Eigenverantwortung zu sichern. Dazu gehört es, Kinderbetreuungs- und Pflegedienste bereitzustellen statt, wie früher, auf familiäre, meist geschlechtsspezifisch getrennte Lösungen zu setzen. Das Verständnis von sozialen Rechten hat sich von einem universellen Anspruch auf standardisierte Leistungen zu einem voraussetzungsvollen Teilhaberecht für individualisierte Leistungen gewandelt. Bedingung der Gewährung von Sozialleistungen ist die Ko-Produktion durch die Klient*innen, die im Sinne des New Public Managements Kunden heißen.

Diese Neujustierung hat auch Folgen für die Soziale Arbeit und den Sozialmarkt.

4.3 Praktische Umsetzung

4.3.1 Beispiel »Ausbau der Kleinkindbetreuung«

Verdeutlicht man den *sozialpolitischen Prozess* anhand eines Beispiels (Ausbau der Betreuungsangebote für unter dreijährige Kinder) zeigen sich verschiedene Akteur*innen, Träger und Ebenen, die innerhalb des *Politikzyklus* (siehe auch Kap. 1.2.2) relevant werden.

1. *Problemdefinition*: Durch den Wandel des Familienleitbildes oder aufgrund finanzieller Notwendigkeiten wollen oder müssen immer mehr junge Eltern, nicht mehr nur die Väter, nach Geburt ihres Kindes zügig in den Beruf zurück. Auch von arbeitslosen Eltern wird erwartet, dass sie sich frühzeitig darum bemühen, zurück in den Arbeitsmarkt zu finden. Diese Vorstellungen sind aber nur umsetzbar, wenn gleichzeitig für eine ausreichende Kinderbetreuung gesorgt wird. Es werden also Betreuungsplätze benötigt.
2. *Agenda-Setting*: Unterschiedliche Interessengruppen mischen sich in die öffentliche Diskussion ein. Hier finden sich z. B. konservativ ausgerichtete Familienverbände, die gegen die neuen Leitvorstellungen antreten und vor dem Zerfall familiärer Werte warnen und davor, dass zu frühe Fremdbetreuung der Persönlichkeitsentwicklung der Kinder schade. Dem entgegen stehen emanzipatorisch ausgerichtete Frauenvereinigungen und Parteien, die in der Erwerbsbeteiligung von Frauen einen Fortschritt zur Geschlechtergleichstellung sehen. Den Medien kommt in dieser Phase eine wichtige Rolle zu, denn sie stellen eine möglichst breite politische Öffentlichkeit her, geben Raum und bieten Plattformen für die Auseinandersetzung und Verbreitung des Problems und der Ideen zu seiner Lösung.
3. *Entscheidungsfindung*: Auf Bundesebene wird 2012 ein Gesetzesvorschlag vorgelegt. Doch bis es dazu kommt, werden zunächst mehrere Etappen durchlaufen: Im April 2007 beschließt der »Familiengipfel« mit Vertreter*innen von Bund, Ländern, Kommunen und Spitzenverbänden wie z. B. dem Deutschen Städtetag den vehementen Ausbau der Betreuungsplätze für die Kleinsten. Bis zum Jahr 2013 sollen 750.000 zusätzliche Plätze in Kindertagesstätten oder in der Tagespflege eingerichtet werden. Die damalige Familienministerin Ursula von der Leyen (CDU) drängt auf das Tempo des Ausbaus: Ein Plus von 13 auf 35 Prozent Betreuungsquote soll erreicht werden, in der EU läge dieser Wert im Durchschnitt. Über die Finanzierung gibt es vorsichtige Zusagen vom Bund. Ende 2008 wird das »Kinderförderungsgesetz« im Bundestag mit Zustimmung des Bundesrates beschlossen, das konkrete Ausbauphasen vorschreibt. Hier wird auch die Finanzierung durch ein Investitionsprogramm für die Länder und Kommunen verbindlich festgelegt als Sondervermögen »Kinderbetreuungsausbau«. Es deckt mit vier Milliarden Euro ein Drittel der erwarteten Kosten.
4. *Implementation*: Für die Durchsetzung des Rechtsanspruchs auf Kinderbetreuung für unter Dreijährige ist im Kabinett von Kanzlerin Merkel in der

Legislaturperiode zwischen 2009 und 2013 Familienministerin Kristina Schröder (CDU) verantwortlich. Schließlich tritt zum August 2013 der Rechtsanspruch in Kraft. Das neue Gesetz findet Eingang in § 24 Abs. 2 SGB VIII: »Ein Kind, das das erste Lebensjahr vollendet hat, hat bis zur Vollendung des dritten Lebensjahres Anspruch auf frühkindliche Förderung in einer Tageseinrichtung oder in Kindertagespflege.« Damit nun die Länder und Kommunen den Auf- und Ausbau der Kinderbetreuungseinrichtungen umsetzen können, legt der Bund mehrfach das Investitionsprogramm neu auf. Die Länder können die Mittel abrufen über folgenden Weg: In Nordrhein-Westfalen beispielsweise regelt ein Runderlass des Ministeriums für Familie, Kinder, Jugend, Kultur und Sport (MFKJKS 2016) die Vergabe so, dass die kommunalen Jugendämter die Fördermittel bei den Landschaftsverbänden Rheinland oder Westfalen-Lippe als Landesjugendämter beantragen. Die Landesjugendämter leiten ihrerseits eine Aufstellung der förderfähigen Investitionsvorhaben der obersten Landesjugendbehörde zu, in diesem Fall dem oben genannten Ministerium. Bei der Zusammenstellung der Vorschläge muss das kommunale Jugendamt die Vielfalt der Träger der Jugendhilfe (freie, kommunale und privat-gewerbliche) beachten, auch eigene Vorhaben kann das Jugendamt einreichen. In den Kommunen und Bundesländern gibt es z. T. erhebliche Unterschiede in der konkreten Umsetzung, hier besteht Handlungsspielraum. So unterscheiden sich z. B. die Kosten der Betreuungsplätze für die Eltern von Stadt zu Stadt.
5. *Evaluation*: Vor jeder Neuauflage des Investitionsprogramms werden Berichte angefertigt, inwiefern der Ausbau gelingt, ob er die Bedarfe in den Kommunen deckt, wo es Defizite gibt, Betreuungslücken ebenso wie Qualitätsmängel im schnellen Ausbau. Im Beispiel des Ausbaus der Kinderbetreuung ist es etwa der Bericht der Bundesregierung (BMFSFJ 2015). Doch auch Sozialverbände berichten aus ihrer Perspektive über das Gelingen oder Scheitern der Gesetzesumsetzung und zeigen möglichen Reformbedarf auf.

Wie das Beispiel andeutet, ist das deutsche sozialstaatliche System »doppelt dezentral organisiert«, wie Boeck, Benz, Huster & Schütte (2015, S. 59) beschreiben: ein »vertikales und horizontales Mehrebenensystem«. In der Vertikalen sind Bund, Land und Kommunen an der Formulierung und Umsetzung sozialstaatlicher Leistungen beteiligt, jeweils mit unterschiedlichen Aufgaben und Befugnissen. In der Horizontalen finden sich staatliche, private bzw. betriebliche sowie gesellschaftliche (Selbsthilfe, freie Wohlfahrtspflege) Träger und Anbieter der konkreten Dienstleistungen und Hilfen.

Sozialpolitik als Gesetzgebungsprozess findet auf Bundes- wie auf Landesebene statt. So werden die Sozialgesetzbücher mit ihren Bestimmungen im Bundesrat und Bundestag beschlossen, nachdem sie zuvor in vielerlei Gremien, Bundesverbänden und privaten Initiativen (z. B. Elternvereinigungen, Berufsverbänden der Sozialen Arbeit etc.) diskutiert wurden. Auf Landesebene werden einerseits Umsetzungsregelungen beschlossen (Ausführungsgesetze, Erlasse wie der oben erwähnte Ministeriumserlass) sowie eigene Programme für spezielle landespolitische Aufgaben aufgelegt, wie z. B. die Bildungspolitik für Schulen und Hochschulen oder Kultur- und Sportpolitik. Während in den gesetzgebenden Verfahren Sozialarbeitende innerhalb von Verbänden, Parteien oder Initiativen mitwirken können, sind sie tragende Säulen der konkreten Arbeit vor Ort in der Kommune. Ob es nun die Arbeit im Jugendamt, im Jugendhilfeausschuss oder bei landesweiten oder kommunalen Trägern der Angebote ist, sie sind an zentralen Stellen zu finden.

Dabei sitzen Sozialarbeitende an diesen Stellen auch an wichtigen Hebeln für die Ausgestaltung der Leistungen. Denn ob die Stadt etwa die örtlichen Sportstätten ausbauen oder lieber das Jugendzentrum eines Jugendverbandes unterstützen will, hängt von den Weichenstellungen des Jugendhilfeausschusses und den darauffolgenden Ratsentscheidungen ab. Wie und ob solche freiwilligen Aufgaben der Kommunen durchgeführt werden, wird vor Ort bestimmt und in Abhängigkeit von vorhandenen finanziellen Mitteln. Von diesen Entscheidungen hängt auch ab, wie der Auftrag der »kulturellen Bildung« für Jugendliche, der im Bundesgesetz vorgesehen ist, interpretiert wird. Manche Kommunen sehen sich aufgrund knapper finanzieller Ressourcen gezwungen, zunächst die Pflichtaufgaben abzudecken, wie etwa die Auszahlung der Grundsicherung für Arbeitssuchende, bevor freiwillige Aufgaben, wie der Turnhallenbau, angegangen werden.

4.3.2 Folgen der Ökonomisierung

Doch nicht nur die knapper werdenden Ressourcen beschränken die Handlungsmöglichkeiten sozialpolitischer und kommunaler Akteur*innen, sondern auch die zunehmende Einführung von Wettbewerbsstrukturen – als eine Antwort auf die Krise des Sozialstaats seit den 1980er Krisenjahren, die bereits in der Ära des schlanken Staates begonnen hat (siehe Kap. 4.2.2). Wettbewerbsstrukturen betreffen die Soziale Arbeit selbst, und zwar die Arbeitsbedingungen des Einzelnen genauso wie die Leistungsanbieter als Organisationen. Z. B. lässt die Vereinbarung fester Preise – sogenannte prospektive Leistungsentgelte – keine Anpassung der Kostenkalkulation während eines Hilfeprozesses zu; prospektive Leistungsentgelte verhindern auch nachträgliche Verlustausgleiche, z. B. wegen einer geringeren als der kalkulierten Auslastung des Angebotes. Die vor Leistungsbeginn feststehenden Preise bilden in der Praxis immer wieder die Grundlage für die Lenkung von Klient*innen an preiswerte Anbieter. Auch wenn Klient*innen häufig das gesetzliche Recht haben zu wählen, von welchem Träger sie die Leistung entgegennehmen wollen, werden vergleichsweise teurere Leistungserbringer oft zurückgewiesen, unabhängig von der zu erwartenden Qualität und Passung zur jeweiligen Problemlösung.

Die Praxis öffentlicher Ausschreibungen von Leistungen – z. B. in der Arbeitsverwaltung – gehört zu dieser Logik von Marktstrukturen. Kritisiert wird, dass die zeitlich begrenzte Vergabe von Leistungen an die Ausschreibungsgewinner u. a. über Einbußen bei den Beschäftigungsbedingungen der Sozialarbeitenden erkauft wird. Etablierte Träger steigen aus bisher tariflich gebundenen Gehaltsstrukturen aus, um im Wettbewerb mit nicht tarifgebundenen Marktkonkurrenten mithalten zu können. Neben abgesenkten Gehältern sind die Zunahme befristeter Beschäftigungen und Teilzeitarbeit typische Auswirkungen der wirtschaftlich veränderten Rahmenbedingungen.

Kontrovers wird diskutiert, inwieweit die Orientierung an Kostentransparenz und das Interesse an möglichst kostengünstiger Leistungserstellung zu Lasten der Qualität und der Bedarfsgerechtigkeit der Leistungen geht (vgl. u.a. Boecker 2015, S. 240). Im Bereich der Arbeitsmarktförderung, an der die Soziale Arbeit regelmäßig beteiligt ist, gelten Kostenaspekte bei vielen Beobachter*innen heute als vorrangig (Bieker 2011, 40).

Erfolg wird durch die Finanzierungsprobleme und Sparzwänge der Kommunen und den gewählten Ausweg über die Vermarktlichung Sozialer Arbeit zur berechneten Größe nach Zeiteinheiten: Wer etwa nach einer bestimmten Anzahl von Beratungssitzungen sein Problem (z.B. Entschuldung) nicht gelöst hat, ist für den Leistungserbringer ein ›schlechter‹ Kunde. Zur erfolgsoffenen Gestaltung einer Beratungs-Klient*innen-Beziehung passt diese Struktur nicht. Professionelles Handeln in der Sozialen Arbeit wird damit gefährdet.

Am Beispiel der Grundsicherung für Arbeitssuchende (SGB II) lässt sich dieser Widerspruch und seine Folgen aus Sicht der Beschäftigten veranschaulichen: Hier versuchen Mitarbeiter*innen des Jobcenters – darunter immer weniger Sozialverwaltungsangestellte und immer mehr Sozialarbeitende – einen fallspezifischen Entwicklungsprozess mit ihren Klient*innen einzuleiten. Dabei stoßen sie an mehrere institutionelle Barrieren: Das Ergebnis der Beratungsprozesse ist vorgegeben mit dem ökonomisch begründeten Ziel einer Vermittlung in den Arbeitsmarkt. Gleichzeitig stehen die Mitarbeitenden unter dem Erfolgsdruck eines Controllings, mit dem die Jobcenter-Leitungen ihre Erfolgsquoten gegenüber der übergeordneten Behörde der Arbeitsagentur steuern müssen. Beides – Zielvorgabe und Erfolgsdruck – schadet dem Beratungsverhältnis, untergräbt die professionelle Ausführung und führt nicht selten zu Ausweichhandlungen, wie einem zynischen Verhalten den Klient*innen gegenüber. Dass die Klient*innen in der Sprache der Arbeitsagenturen Kund*innen heißen, erscheint dann ehrlich, aber eben widersprüchlich (vgl. zu diesem Strukturkonflikt z.B. Ludwig-Mayerhofer, Behrend & Sondermann 2009).

> »Das hört sich nicht sehr sinnvoll an.« *Alex Bogdanow* sieht *Sara Tuna* besorgt an. »Wenn man diese Missstände erkennt, müsste man doch etwas ändern.« Sara nickt und berichtet Alex davon, wie andere Länder es handhaben, und von einer aktuellen Diskussion über eine neue Idee.

4.4 Alternativen

In der Darstellung des Ansatzes des aktivierenden Sozialstaats sowie der Umsetzung der sozialgesetzlichen Vorgaben in der Praxis wurden bereits Einwände deutlich. Gegenstand von Kritik sind neben den konkreten Folgen für die Arbeitsbedingungen und Arbeitsbeziehungen der Sozialen Arbeit sowohl die Grundannahmen als auch die Folgen des als »Ökonomisierung des Sozialen« bezeichneten Prozesses. So stellt sich die Frage nach möglichen Alternativen. Beim internationalen Vergleich vorhandener Sozialstaatssysteme zeigt sich eine Bandbreite an Möglichkeiten.

4.4.1 Verschiedene Wege: Wohlfahrtsstaatstypen im Vergleich

Die meisten Autor*innen in der vergleichenden Sozialpolitikforschung beziehen sich auf die Typologie, die der dänische Sozialwissenschaftler Gøsta Esping-Andersen (1990) entwickelt hat. Er unterscheidet drei Typen nach den Hauptkriterien, inwiefern soziale Sicherung unabhängig vom Arbeitsmarkt erreicht wird, inwiefern sie soziale Unterschiede festigen oder ausgleichen und inwiefern Staat, Familie und Markt in ihrer Mischung zur Wohlfahrt beitragen. Die drei Typen, die im Vergleich empirischer Indikatoren entstanden sind, nennt Esping-Andersen den *sozialdemokratischen*, den *konservativen* und den *liberalen Typ*, vergleichbar den ordnungspolitischen Leitideen, wie oben zum Verständnis der Auffassungen von Freiheit, Gleichheit und Solidarität eingeführt (▶ Kap. 4.1). Sie sind aber als idealisierte Reinformen zu verstehen, die in den Staaten meist in verschiedenen Mischungen real vorzufinden sind. Dabei ist dennoch eine Tendenz dominant, die in der Tabelle unten die Zuordnung der Beispiele bestimmt (▶ Tab. 11). Auch sind die politischen Parteien der jeweiligen Länder (liberale, sozialdemokratische oder konservative) nicht immer eindeutig den Leitideen zuzuordnen.

Zentrale Unterschiede zwischen den drei Typen bestehen im Umfang der Schutzmaßnahmen des Staates vor den Risiken des Marktes für die eigene Einkommenssicherung. So soll im sozialdemokratischen Typ die soziale Sicherung vor dem Verlust des Erwerbseinkommens schützen, Vollbeschäftigung ist daher ein vorrangiges Ziel, während diese Vorstellung eines regulierenden und ausgleichenden Staates dem Liberalismus eher fremd ist. Jener sieht soziale Sicherung auf das Nötigste beschränkt. Private Vorsorge ist aus sozialdemokratischer Sicht nachgeordnet, während sie im liberalen Typ den entscheidenden Ansatz ausmacht. Der konservative Typ steht zwischen beiden Ausrichtungen, setzt stärker auf familiäre Lösungen, die vor zu viel Einmischung des Staates ebenso schützen sollen wie vor einem zu leistungsbezogenen Markt. Auch die Gerechtigkeitsvorstellungen unterscheiden sich grundlegend. Nach allen drei Leitideen ist Gerechtigkeit ein anzustrebender Wert, jedoch wird darunter jeweils etwas Anderes verstanden. Im sozialdemokratischen Typ ist der soziale

Ausgleich wichtig, der die Ungleichheit der Einkommensverteilung möglichst reduziert. Im konservativen Typ gilt es als gerecht, wenn vorhandene Bedarfe an Sicherheit gedeckt werden. Demgegenüber setzt der Liberalismus auf die Erfolge des freien Bürgers, der durch eigene Anstrengung berechtigte Einkommensdifferenzen erzielt.

Einen weiteren Typ hat Michael Opielka (2006) eingefügt. Er weist als einziger in die Zukunft, insofern er noch kaum empirisch umgesetzt und daher erforscht ist: der *garantistische Typ*. Damit ist eine neue Form sozialer Sicherung gemeint, die sich am ehesten in der Idee eines Bedingungslosen Grundeinkommens findet (siehe nächsten Abschnitt). Dieser Typ liegt in gewisser Weise quer zur Unterscheidung der drei anderen, die sich im Links-rechts-Schema des politischen Spektrums einordnen lassen. Denn bei ihm gibt es einen starken Staat, der, ähnlich dem sozialdemokratischen Typ, für den Schutz vor Armut sorgt. Aber er stellt keine Voraussetzungen oder droht Sanktionen an, wenn bestimmte Anforderungen, wie die Arbeitsbereitschaft, nicht erfüllt sind. Mit dem liberalen Typ hat er die Betonung der Freiheit des Bürgers in seinen Entscheidungen gemeinsam. Vollbeschäftigung ist daher kein eigenes Ziel. Mit dem konservativen Typ verbindet ihn am ehesten die weniger dominante Zielvorstellung einer sozialen Umverteilung. Auch die Bedeutung der Familie und die von ihr geleisteten Fürsorgeaufgaben finden eine ähnlich hohe Wertschätzung wie im konservativen Denkansatz.

Tab. 11: Typen der Wohlfahrtregimes, Quelle: modifiziert nach Opielka (2006, S. 37)

Kriterien \ Typen	sozialdemokratisch	konservativ	liberal	garantistisch
Abhängigkeit vom Arbeitsmarkt	niedrig	mittel	hoch	niedrig
Beschränkt auf Fürsorge	nein	mittel	ja	nein
Private Vorsorge	niedrig	mittel	hoch	optional
Umverteilung	stark	schwach	schwach	optional
Vollbeschäftigungsziel	stark	stark/mittel	schwach	nein
Zentrale Steuerung über …	Staat	Familie	Markt	Staat
Individuum als …	Arbeiter	Ehepartner	Bürger	Bürger
Gerechtigkeitsvorstellung	Verteilungsgerechtigkeit	Bedarfsgerechtigkeit	Leistungsgerechtigkeit	Verwirklichungsgerechtigkeit
Empirische Beispiele	Schweden	Deutschland	USA	(Schweiz)

Empirisch lassen sich im Vergleich der Sozialsysteme erhebliche Differenzen erkennen hinsichtlich dessen, was sich jeweils als akzeptable Formen von Ungleichheit und Armut durchsetzen konnte oder was unter Gerechtigkeit verstanden wird. So sind die Einkommensdifferenzen in Südeuropa z. B. deutlich höher als in Skandinavien, worauf Engel (2011, S. 14) hinweist. Die Bereitschaft zur Umverteilung von Einkommen und Vermögen, z. B. durch die Erhebung von Steuern, ist in den verschiedenen Kulturen unterschiedlich verteilt. Für die Entwicklung und vor allem die Akzeptanz von Alternativen ist es nicht unwichtig, die Gründe der Unterschiede zu verstehen.

1. *Kulturell geprägtes Verständnis*: Ideengeschichtliche Ordnungsvorstellungen, wie die Unterscheidung nach liberaler, konservativer oder sozialdemokratischer Denktradition, sind in manchen Ländern über Jahrhunderte gewachsen und haben mit länderspezifischen bzw. geografischen und machtpolitischen Erfahrungen zu tun.
2. *Interessengeleitetes Verständnis*: Oft handelt es sich bei den Grundüberzeugungen, die in Gesetze einfließen, nicht um mehrheitliche Meinungen, wie sie in der Gesellschaft vertreten werden, sondern um starke Diskurspositionen. Damit sind solche Überzeugungen gemeint, die bildlich gesagt am lautesten und im übertragenen Sinne am durchsetzungsstärksten sind. Der italienische Publizist Antonio Gramsci (1987) hat diesen Prozess Hegemonie genannt: die Durchsetzung einer herrschenden und auch das Denken der Bevölkerung nach und nach beherrschenden Meinung bzw. Position.
3. *Herrschaftsverhältnisse*: Eng verbunden mit der Erklärung durch hegemoniale Strukturen ist die (marxistisch begründete) Annahme, dass sich solche Interessen durchzusetzen verstehen, die auf ökonomischer Macht basieren. Demnach könnte sich gegen die Interessen der Wirtschaft oder führender Wirtschaftsunternehmen kein Sozialmodell durchsetzen.
4. *Strukturales Verständnis*: Eine weitere Möglichkeit ist es, aus den gesellschaftlichen Strukturbedingungen ein Sozialmodell abzuleiten, also aus der Antwort auf die Frage, was eine Gesellschaft zu ihrer Entwicklung benötigt. In dieser Sicht stellt sich die Notwendigkeit dar, anstehende Handlungsprobleme zu lösen. Das sind für eine Gesellschaft:
   1. Für Nachwuchs zu sorgen,
   2. den sozialen Zusammenhalt zu sichern und
   3. die materiellen Lebensgrundlagen bereitzustellen (Nahrung, Obdach und weitere Güter).
   Soziologisch gesprochen lässt sich dieser Umstand als dreifache Reproduktion beschreiben, als notwendige sexuelle, soziale und materielle Wiederherstellung. In den modernen Gesellschaften haben sich zu diesem Zweck folgende Lösungswege durchgesetzt:
   1. Für den Nachwuchs sorgen Familien in ihren verschiedenen Erscheinungsformen.
   2. Den sozialen Zusammenhalt stärken Solidaritätsformen wie Steuern zu zahlen oder ehrenamtlich tätig zu sein.

3. Die materiellen Lebensgrundlagen werden über den Markt durch Erwerbsarbeit hergestellt.

Damit diese Aufgaben gelingen können, benötigt eine Gesellschaft ein dazu passendes Sozialsystem als »kohärentes Modell«, wie Fischer (2018) es nennt.

4.4.2 Das Bedingungslose Grundeinkommen (BGE)

Aus der Perspektive auf eine nötige Kohärenz fällt ein neuer Vorschlag ins Auge, der seit den 2000er Jahren verstärkt die Kontroverse um die Sozialpolitik der Zukunft prägt und den Opielka (2006) als den garantistischen Typ beschreibt: das Bedingungslose Grundeinkommen (BGE). Zwischen den Entscheidungspolen einer voraussetzungsvollen oder bedingungslosen sozialen Sicherung repräsentiert es den zweiten Pol.

Das Grundeinkommen ist – in der Definition der meisten Aktivist*innen wie etwa des Netzwerks Grundeinkommen – ein monatlicher Betrag, den jede und jeder ohne Bedingungen erhält, ohne dass ein Bedarf besteht und ohne dass eine Gegenleistung erbracht werden muss. Er wird überwiesen ohne Überprüfung der eigenen Einkommensverhältnisse oder sonstige Nachweise von Aktivitäten. Weder muss man bürgerschaftliches Engagement vorweisen noch die Pflege von Angehörigen oder Versuche, Arbeit zu finden. Auch Kinder und alte Menschen erhalten es, genauso wie Reiche. Das Grundeinkommen soll so hoch sein, dass der Lebensunterhalt gesichert und soziale Teilhabe möglich ist.

So ein Einkommen ohne Vorleistungen und ohne Bedarf stellt das Gegenteil zum Leistungsprinzip des aktuellen Sozialsystems dar. Es ist nicht Lohn für Leistung, sondern die Voraussetzung für Tätigkeiten aller Art. Dieser Kurswechsel wird von Befürworter*innen mit drei Überzeugungen begründet (vgl. Fischer 2018). Ein BGE ist demnach

- *gerecht*, weil der gegenwärtige Wohlstand auf die Leistungen aller zurückgeht, zum einen der vorangegangenen Generationen, zum anderen auf Tätigkeiten in allen Bereichen auch außerhalb des Arbeitsmarktes. Daher haben alle das gleiche Recht auf einen Anteil daran.
- *sinnvoll*, weil es die Freiheit des Einzelnen stärkt und eine neue Kultur der Anerkennung aller gesellschaftlich notwendigen Bereiche schafft. Damit werden wichtige Tätigkeiten außerhalb des Arbeitsmarktes aufgewertet, wie die Sorge für Familien oder für das Gemeinwesen, demokratische Teilhabe wird gefördert.
- *machbar*, weil bei vorhandener Produktivität hinreichend Wohlstand erzeugt wird, dass es finanzierbar ist. Die Entkopplung von Arbeit und Einkommen entspricht genau der längst eingetretenen Entkopplung von menschlicher Arbeitsleistung und produzierten Werten.

Dieser radikale Vorschlag stößt in der sozialpolitischen Forschung wie auch bei den Parteien und Sozialaktivist*innen auf erhebliche Kritik (vgl. z. B. Enste

2016). So führe ein solches bedingungsloses Sozialsystem nicht unbedingt zu sozialem Ausgleich, sondern nur, wenn seine Finanzierung u. a. auf Steuern für hohe Einkommen, Gewinne und Vermögen basiere. Kritiker*innen wenden zudem ein, dass Ungleichheiten nicht spezifisch bekämpft werden, weil alle denselben Betrag erhalten. In dem oben (Kap. 4.1) eingeführten Spannungsfeld zwischen kollektiven und individualisierten Sozialleistungen steht der Vorschlag also auf der Kollektivseite. So besteht die Befürchtung, der Staat ziehe sich aus anderen Leistungen zurück, die besondere Bedarfe spezifisch befriedigen. Das betrifft auch präventive Maßnahmen zur Beseitigung ungleicher Startchancen ins Leben. Die Finanzierung dieses gigantischen Sozialtransfers von – je nach Höhe des BGE, z. B. 1000 Euro für alle Einwohner*innen Deutschlands pro Monat – fast 1.000 Milliarden Euro im Jahr sei nicht sichergestellt und auch nicht wünschenswert, weil er zu viele Mittel binden würde. Weitere Bedenken lassen sich leicht finden.

Befürworter*innen sehen zwei Gründe, den Vorschlag trotz der Einwände ernsthaft zu diskutieren: Erstens stelle es ein kohärentes Sozialsystem dar im oben genannten Sinn einer nötigen Grundlage für die dreifache Reproduktion, denn alle Tätigkeiten würden möglich und wertgeschätzt, nicht nur die Erwerbsarbeit auf dem Arbeitsmarkt. Zweitens veränderten sich die Rahmenbedingungen der Sozialen Arbeit grundlegend, denn ein BGE schaffe bessere Voraussetzung für professionelles Handeln als der aktivierende Sozialstaat der Gegenwart. Die Ziele des Hilfeeinsatzes wären nicht mehr vorgegeben, wie derzeit die nötige Aufnahme einer Erwerbsarbeit. So würden Klient*innen nicht mehr instrumentalisiert. Und Handlungsziele könnten den Möglichkeiten und Vorstellungen des Einzelnen folgen, um sein Leben zu bewältigen und an gesellschaftlichen Bereichen nach eigenen Vorstellungen teilzunehmen. Für ein selbstbestimmtes und eigenverantwortliches Leben stifte es daher gute Grundlagen.

So wie dieser neue Vorschlag in der sozialpolitischen Forschung und der praktischen Politik kontrovers diskutiert wird, ergeht es auch anderen Gestaltungsideen. Unabhängig davon, was man im Einzelnen davon hält, wird daran vor allem deutlich, dass Sozialpolitik – wie alle anderen Politikfelder auch – eine Gestaltungsaufgabe ist. Sozialarbeitende kommen daher nicht umhin, sich zu informieren, eine Meinung zu bilden und sich in Diskussionen um die Gestaltung des Sozialen einzumischen.

Weiterführende Literatur

Boeckh, Jürgen/Huster, Ernst-Ulrich/Benz, Benjamin (2011). Sozialpolitik in Deutschland. Eine systematische Einführung. 3. Auflage. Wiesbaden: Springer VS.
Engel, Heike (2011). Sozialpolitische Grundlagen der Sozialen Arbeit. Stuttgart: Kohlhammer.

5 Demokratie und Beteiligung

Jede wissenschaftliche Disziplin hat oft auch national geprägte Traditionen und historische Tradierungen, die bis heute das jeweilige Fach prägen. Die deutsche Politikwissenschaft hat trotz weniger Vorläufer in der Weimarer Republik in vielen Bereichen bis heute den expliziten Anspruch, eine Demokratiewissenschaft oder auch Wissenschaft für Demokratie zu sein. Die Disziplin folgte vor allem amerikanischen Impulsen bei der Erneuerung der Universitäten nach 1945. Die ersten politikwissenschaftlichen Lehrstühle waren oft an die Lehrerausbildung gebunden und sollten so mittel- und langfristig zur Demokratisierung der Schulen, damit der Jugend und später der gesamten Gesellschaft beitragen.

Die Soziale Arbeit hat andere Quellen und eine andere Geschichte. Sie gründete sich bereits in autoritären Verhältnissen der Monarchie. Ihr Verhältnis zum Staat war oft ambivalent und ihr innerer Kompass als Profession zumeist die Idee der Menschenrechte, nicht aber der Staat oder das demokratische System. Schwierig wurde es dann, wenn der Staat selbst die Menschenrechte mit Füßen trat wie im historischen Nationalsozialismus. Natürlich gab es auch unter den Nazis weite Bereiche der Sozialen Arbeit, bezahlt und im Dienste des Staates, z. B. in der Altenpflege. Andere Teile waren primär politisch, z. B. in der Rekrutierung von Jugendlichen oder der Beteiligung sozialer Träger an der Euthanasie.

In der Geschichte der Bundesrepublik differenzierten sich die Quellen der Profession sowie die Verhältnisse zum Staat weiter aus. Viele große Träger der Sozialen Arbeit sind eng mit staatlichen Stellen verwoben, finanziell unmittelbar an staatliche Vorgaben gebunden und ergänzen bzw. prägen so die Sozialpolitik. Im Gegensatz dazu entstand ein anderer Bereich eher aus der Kritik an (sozial-)staatlichen Verhältnissen und war oftmals unmittelbar gebunden an verschiedene neue soziale Bewegungen. Sie standen oft in Opposition zum Staat und versuchten über die Stärkung des Individuums den Einzelnen darin zu befähigen, seine Rechte und Würde gegenüber dem Staat zu entwickeln. Ein aktuelles Beispiel möge dies verdeutlichen: Viele soziale Träger entwickeln derzeit Angebote für Geflüchtete. Staatsnahe Projekte entwickeln im Portfolio ihrer Angebote auch Beratungen für die freiwillige Ausreise Geflüchteter im Falle einer Ablehnung eines Asylantrags und ihre Integration im Herkunftsland. Bei Projekten aus den neuen sozialen Bewegungen, die sich zumeist von der Flüchtlingspolitik der EU grundsätzlich distanzieren, gibt es für den Fall der Ablehnung des Asylantrags eher Hinweise zur Klage, zum Kirchenasyl oder auch zum illegalen Untertauchen. Sie sehen sich an der Seite der Geflüchteten und nicht als Auftragnehmer des Staates.

Im Bild des Trippelmandats der Sozialen Arbeit lässt sich dieses Dilemma der Profession gut beschreiben. Das Trippelmandat meint das Dilemma der Sozialen Arbeit, gleich drei Sichtweisen und Interessen im konkreten Fall miteinander verbinden zu müssen, nämlich:

- die normativen Werte und das Selbstverständnis der Sozialen Arbeit z. B. als Menschenrechtsprofession,
- die individuellen Interessen des Adressaten und der Adressatin der Sozialen Arbeit,
- den Auftrag und die Vorstellungen des Auftraggebers, in diesem Fall des Staates.

Alex Bogdanow und Sara Tuna sitzen während einer Party in der Küche ihrer Kollegin. Alex erzählt von früher: »Nach der letzten Prüfung meinte der Prof dann zu mir: ›Und junger Mann: Wie geht es jetzt weiter mit Ihnen?‹ Der war ja eine echte Koryphäe der Sozialarbeitswissenschaft. ›Ich bin guter Dinge‹, habe ich dann erwidert, ›die Stadt sucht für ihre Jugendforen zwei neue Kollegen und ich habe gute Chancen.‹ Der Prof meinte dann: ›Und was sollen Sie da genau machen‹? Meine Antwort: ›Naja, ich bringe den Jugendlichen da unsere Demokratie bei, Beteiligung und solche Verfahren.‹« Sara lacht: »Der Prof hat dann sein Gesicht verzogen und gemeint: ›Dann werben Sie da bei den Jugendlichen sicherlich für unser kapitalistisches System, nennt sich dann bestimmt marktkonforme Demokratie. Soll sich gut anfühlen, aber eigentlich blockieren Sie da nur den natürlichen Widerstand der Jugend gegen all diese Verlogenheit und Kälte in der Gesellschaft. Überlegen Sie sich das bloß nochmal und erinnern Sie sich an das, was Sie bei mir gelernt haben.‹« Beide lachen über diese Erinnerung, schlucken aber bei der Frage ihrer Kollegin: »Hatte der Prof nicht irgendwie auch Recht?«

Jede Sozialarbeiterin und jeder Sozialarbeiter müssen in jedem Fall und immer wieder von neuem reflektieren, wie die drei Perspektiven im konkreten Fall zu vereinen sind und welche Konsequenzen sich daraus ergeben. Der einzige normative Kompass zur Orientierung sollte dabei die Idee der unteilbaren und individuellen Menschenrechte sein. Dieser kann mal in Übereinstimmung, aber auch mal im Gegensatz zur staatlichen Politik stehen. Viel hängt dabei auch von der persönlichen Einstellung der Sozialarbeiterin und des Sozialarbeiters ab, was man am obigen *Beispiel der Flüchtlingspolitik* gut durchdeklinieren kann.

Beispiel

Die Soziale Arbeit ist als Profession den Menschenrechten verpflichtet (erstes Mandat). Der Flüchtling will in diesem Beispiel in Deutschland bleiben, weil er hier im Gegensatz zu seiner Heimat eine Chance auf ein menschenwürdiges Leben sieht (zweites Mandat). Was passiert nun, wenn sein Asylantrag abgelehnt wird, weil der Antragsteller nach Aussage des Bundesamtes für Migration und Flüchtlinge (BAMF) nicht verfolgt werde, sondern aus wirtschaftlichen Gründen, was konkret oft Hunger und vollständige Perspektivlosigkeit bedeutet, geflohen sei. Abschiebungshindernisse lägen nicht vor. Wie soll nun der Sozialarbeiter bzw. die Sozialarbeiterin reagieren? Das staatliche Interesse wäre nun die Vorbereitung des Antragstellers auf seine Abschiebung (drittes Mandat). Das dritte Mandat widerspricht offensichtlich den ersten beiden Mandaten. Nun liegt es am Urteil des Sozialarbeiters bzw. der Sozialarbeiterin. Ist er oder sie der Meinung, die europäische Flüchtlingspolitik sei kompatibel mit dem Menschenrechtsauftrag der Sozialen Arbeit, dann müsste wohl der Adressat auf seine Abschiebung vorbereitet werden. Ist er oder sie aber der Meinung, die viele Flüchtlingsorganisationen teilen, dass die europäische Flüchtlingspolitik nicht den Menschenrechtsansprüchen entspreche, müsste der Sozialarbeiter oder die Sozialarbeiterin ihr weiteres Vorgehen der Begleitung ihres Adressaten mit ihrem Gewissen und professionellen Selbstverständnis abgleichen. Eine solche Entscheidung ist niemals einfach und kann auch die eigene (Berufs-)Biografie stark beeinflussen.

In Bezug auf den Staat und die hiesige Demokratiepolitik bedeutet dies, dass der normative Auftrag und auch die Tradition der Sozialen Arbeit anders gelagert ist als bei der deutschen Politikwissenschaft in ihrer Gründungsphase. Die Soziale Arbeit verteidigt die Menschenrechte im konkreten Fall und dies einmal mit staatlichem Rückenwind, ein anderes Mal aber auch gegen staatliche Interessen, eben dann, wenn der Staat seinen eigenen menschenrechtlichen Ansprüchen nicht gerecht wird. Dann gerät Soziale Arbeit wahlweise zum Korrektiv oder auch in Opposition zu staatlichen Vorgaben.

Um das Verhältnis der Sozialen Arbeit zur Demokratie genauer zu justieren, ist zunächst das eigene Verständnis vom Begriff der Demokratie zu prüfen.

5.1 Grundlagen und Definitionen

Zunächst werden an dieser Stelle zentrale theoretische Grundlagen und Definitionen zum Grundverständnis des Kapitels erarbeitet.

5.1.1 Was ist Demokratie?

Es gibt kein einheitliches Verständnis von der Idee der Demokratie. Im Gegenteil, denn viele Strömungen, die sich zumindest diametral von der Demokratie im Sinne des Grundgesetzes unterscheiden, verwenden diesen Begriff. Die DDR nannte sich selbst in ihrer offen stalinistischen Phase Deutsche *Demokratische* Republik. Die jüngst vom Bundesverfassungsgericht als explizit verfassungsfeindlich und in der Tradition der Nationalsozialisten um Hitler und Goebbels stehende NPD nennt sich ausgeschrieben: National *Demokratische* Partei Deutschlands. Der Begriff ist somit umstritten und immer wieder neu zu definieren. Hilfreich ist der Blick zurück auf den Ursprung der demokratischen Idee.

Im fünften Jahrhundert vor Christi Geburt erprobten die Bürger*innen der Stadt Athen ein neues Herrschaftsmodell. Die erwachsenen freien Männer versammelten sich zur Abstimmung über die Stadtgesellschaft betreffende Fragen auf dem Marktplatz – hier noch ohne Frauen und sogenannten Sklaven. Jeder Bürger und jede Bürgerin hatte eine Stimme, die Mehrheit entschied. Per Losverfahren wurden zumindest in der Phase des Perikles aus der Menge auch Repräsentanten mit besonderen Aufgaben für die Gemeinschaft gewählt, die dazu auch eine per Umlage finanzierte Vergütung bekamen.

In dieser knappen Darstellung lassen sich gleich mehrere Grundideen aber auch Notwendigkeiten der Konkretisierung der demokratischen Idee erkennen:

- Die Grundidee besteht darin, dass die Bürger*innen ihre Ordnung und Interessen selbst bestimmen können und dies nicht z. B. einem König oder Gott überlassen. Die Demokratie lebt somit von einem Menschenbild, das davon ausgeht, dass der Mensch in der Lage ist, sein eigenes Gemeinwesen zu gestalten. Er ist damit prinzipiell emanzipations- und vernunftfähig. Zumeist wird dafür heute der Begriff der Volkssouveränität gewählt.
- Die Grundidee sagt ferner, dass die Bürger*innen das gleiche Recht und damit gleiche Chancen haben sollen.
- Die Mehrheit entscheidet. Daraus folgt unweigerlich die Frage, was das für die Minderheit konkret bedeutet. In einer Demokratie soll die Mehrheit immer auch die Minderheitsrechte schützen. Der darin steckende Interessenskonflikt ist offensichtlich und braucht daher einer rechtlichen Verfahrensgrundlage.
- Zu klären ist immer, wer zur Gruppe der Beteiligten gehört und wer nicht. In Athen war durch den Ausschluss der Frauen, Kinder, Jugendlichen und Sklaven nur eine kleine Minderheit der Gesamtheit aller Einwohner*innen stimmberechtigt.
- Die Abstimmenden können Delegierte wählen, die mit ihrer Legitimation und möglichst in ihrem Sinne besondere, zumeist gestaltende Aufgaben für die Gemeinschaft übernehmen.

Die Demokratie geht von einem emanzipationsbefähigten Menschenbild aus. Die Menschen seien in der Lage, ihre Form des Zusammenlebens selbst zu gestalten und damit immer auch zu verändern. Willkür, Egoismus und Entscheidungen, die sich nicht am Gemeinwohl orientieren, sind dabei immer auch möglich. Um deren Entfaltungsmöglichkeiten zu begrenzen, braucht Demokratie eine Teilung der Gewalten zwischen Legislative, Exekutive und Judikative. Alle drei Bereiche – die Gesetzgebung, Regierung und Justiz – kontrollieren sich so gegenseitig in Bezug auf die Einhaltung der grundlegenden Regeln.

Diese Grundideen und -fragen bestimmen bis heute die westlichen Vorstellungen der Demokratie. Ihre konkrete Ausgestaltung ist jedoch sehr unterschiedlich und oft auch im Wandel begriffen. In Deutschland z. B. durften Frauen erstmals in der Weimarer Republik wählen. In der Schweiz dominiert ein Demokratiemodell, das sich sehr viel enger am Athener Vorbild orientiert als das Grundgesetz. Volksabstimmungen haben darin einen festen Platz und übertragen die Idee des Marktplatzes auf ein größeres Territorium. In der Bundesrepublik haben dagegen die Parlamente eine größere Bedeutung in der Praxis. Beide Demokratievorstellungen stehen für zwei verschiedene Modelle.

1. Direktdemokratische Modelle:
In dieser Vorstellung entscheidet zumeist die Gesamtheit der Bürger*innen über die Regeln des Gemeinwesens. Typischer Ausdruck dafür sind Volksabstimmungen, in denen der Wille des Volkes unmittelbar, also ›direkt‹ entscheidet.
2. Repräsentative Demokratie:
In dieser Vorstellung wählt und kontrolliert die Gesamtheit der Bürger*innen Vertreter*innen, die für die Gesamtheit aller Entscheidungen über das Gemeinwesen treffen. In der Regel treffen sie sich in Parlamenten, in denen wiederum das Mehrheitsprinzip entscheidend ist.

Beide Modelle haben ihre jeweiligen Vor- und Nachteile, wie die folgenden Abbildungen zeigen (▶ Abb. 13 und 14).

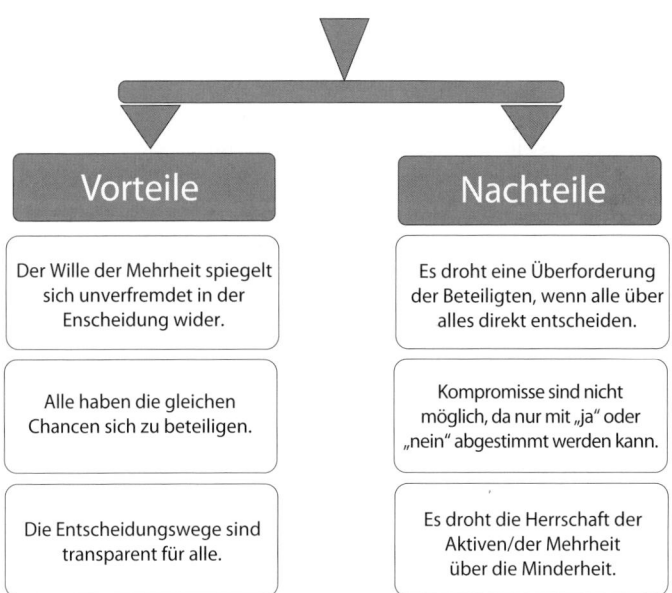

Abb. 13: Vor- und Nachteile direktdemokratischer Modelle der Demokratie, eigene Darstellung

5 Demokratie und Beteiligung

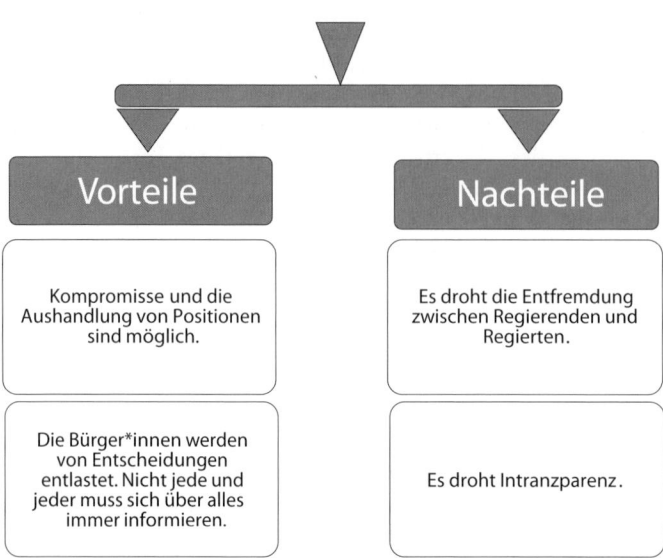

Abb. 14: Vor- und Nachteile repräsentativer Modelle der Demokratie, eigene Darstellung

Eine weitere Unterscheidung verschiedener Demokratiemodelle zeigt sich im Verhältnis der Legislative zur Exekutive. In Präsidialsystemen wie Frankreich oder den USA hat der jeweilige direkt gewählte Präsident deutlich mehr Machtbefugnisse als z. B. die vom Bundestag gewählte Bundeskanzler*in. In Präsidialsystemen kommt dem Präsidenten sowohl die Rolle des Regierungschefs, des Staatsoberhaupts als auch des obersten Militärdiensthabers zu. Die Position des Bundespräsidenten ist in diesen Systemen unbekannt.

Bereits an dieser Stelle wird deutlich, dass Demokratie weder ein statischer Zustand noch ein fest verankertes, überall identisches System ist. Demokratie fußt auf Prämissen, deren konkrete Ausformung immer Verhandlungssache ist. Sie ist damit auch nie starr, sondern immer im Wandel.

Eine weitere Herausforderung wird deutlich in der Analyse unterschiedlicher Formbereiche der Demokratie, die einander bedingen. Dabei gilt der Grundsatz: Eine Demokratie kann dann als stabil gelten, wenn drei Aspekte zusammenkommen, nämlich

- ein demokratisches System,
- eine deutliche Mehrheit von Menschen, die die Demokratie auch leben,
- viele Menschen, die sich in demokratischen Organisationen aktiv engagieren.

Der Demokratieforscher Himmelmann (2004) entwickelte dazu folgendes Modell, das diese Bestandteile zum Ausdruck bringt (▶ Tab. 12).

Tab. 12: Modell der Demokratie, eigene Darstellung nach Himmelmann (2004)

Demokratie als ...		
... Herrschaftssystem	... Gesellschaftssystem	... Lebensweise
• Menschenrechte • Wahlen • Parlamentarismus • Volkssouveränität • Gewaltenteilung • Soziale Sicherung	• Pluralismus • Soziale Differenzierung • Friedliche Konfliktaustragung • Öffentlichkeit • Bürgergesellschaft • Marktwirtschaft	• Zivilismus • Toleranz • Vielfalt der Lebensstile • Solidarität • Chancenvielfalt • Selbstorganisation

Mit Herrschaftssystem ist vor allem das jeweilige politische System gemeint. Die Achtung der Menschenrechte als normative Basis jeder Demokratie steht darin an oberster Stelle. Eine weitere Schnittstelle zur Sozialen Arbeit ist sein Aspekt der sozialen Sicherung. Die Logik dahinter ist einfach: Wer hungert, durstet, kein Dach über dem Kopf und im Krankheitsfall keinen Zugang zum Arzt hat, wird kaum Zeit und Muße haben, sich an demokratischen Prozessen ernsthaft zu beteiligen. Wie diese soziale Sicherung jedoch konkret aussieht und welche Grundsicherung vorgesehen ist, ist Gegenstand politischer Aushandlungen. Hinzu kommen für Himmelmann die Notwendigkeit freier, gleicher und geheimer Wahlen, die Souveränität der Bürger*innen und die Gewaltenteilung. Streiten lässt sich über die Notwendigkeit des Parlamentarismus. Zumindest theoretisch wäre auch ein radikales, strikt direktdemokratisches Modell der Demokratie vorstellbar.

Der zweite Bereich wird als Gesellschaftsform bezeichnet. Er meint jenen Teil, in dem Bürger*innen sich zusammenschließen, um sich gemeinsam für demokratische Werte und das Herrschaftssystem zu engagieren. Zentral ist dabei der Wert der Öffentlichkeit. Demokratie lebt vom öffentlichen Austausch der Argumente als Voraussetzung jeder demokratischen Meinungsbildung. Sie lebt auch von der Möglichkeit, unbeschadet Kritik z. B. an Regierungen üben zu dürfen. Dazu braucht es eine politische Öffentlichkeit etwa in Form von seriösen Medien, aber auch durch die Möglichkeit, sich öffentlich versammeln, diskutieren oder auch protestieren zu können. Unerlässlich sind auch hier die Möglichkeiten, unterschiedliche und vielfältige Organisationen zu gründen. Was nützt z. B. die Möglichkeit einer Wahl, wenn es nicht mindestens zwei wählbare Parteien im Wettbewerb gibt? Streiten ließe sich wiederum über den Aspekt der Marktwirtschaft. Das Grundgesetz beispielsweise gibt keine explizite Wirtschaftsverfassung vor. Theoretisch wären daher auch sozialistische Modelle der Wirtschaft durchaus denkbar. Auf den Begriff der Bürgergesellschaft wird im Folgenden noch näher eingegangen.

Für die Soziale Arbeit interessant ist auch die Idee der Demokratie als Lebensweise, auf einer dritten Ebene. Sie umfasst jene Eigenschaften, die ein Mensch braucht, um sich als Demokrat oder Demokratin bezeichnen zu können. Kerngedanke ist dabei die Mündigkeit des Menschen. So soll er in der Lage sein, seine eigenen Interessen zu erkennen und sich (und sein Leben) zu organisieren. Wichtig sind aber vor allem Werte, die im Konfliktfall von besonderer Bedeutung sind. Ohne ein Bewusstsein für das Gemeinwohl und für die Solidarität mit anderen Personen und Gruppen verkommt eine Gesellschaft zu einer Ansammlung atomisierter Geschöpfe, die aufeinanderprallen, aber nicht gemeinsam handeln können. Zur Demokratie gehört es, andere Meinungen und Lebensstile sowie deren Ausbreitung zu respektieren und zuzulassen, solange diese selbst demokratischen Prinzipien verpflichtet sind. Elementar ist ferner die Zivilität des Umgangs miteinander. Die zentrale Waffe der Demokratie im Konflikt ist zunächst das Wort und das Argument und nicht die Faust des Stärkeren.

An dieser Stelle lässt sich als *Zwischenfazit* Folgendes festmachen:

Es gibt kein einheitliches Modell der Demokratie, aber demokratische Grundprinzipien. Dazu gehören die unteilbaren und individuellen Menschenrechte. Hier ist die offensichtlichste Schnittstelle zur Sozialen Arbeit als Menschenrechtsprofession. Die konkrete Ausformung des jeweiligen demokratischen Systems ist über politische Aushandlungsprozesse veränderbar.

Eine stabile Demokratie fußt auf drei Säulen: Demokratischen Herrschaftsstrukturen, demokratische Organisationen, die sich für demokratische Werte und die Ausübung des demokratischen Herrschaftssystems engagieren und genügend Menschen, die demokratische Werte im Alltag leben. Ohne diese anspruchsvollen Voraussetzungen, wird die Demokratie schnell prekär.

> *Alex Bogdanow* nimmt den Gesprächsfaden mit der Kollegin auf der Party wieder auf: »Später habe ich mich geärgert, dass ich in dem Moment nicht schlagfertig genug war. Eigentlich hätte ich dem Prof sagen sollen: Wenig ist so kritisch, wie die ständige Erinnerung und Ermahnung an menschenrechtliche und demokratische Standards in der Demokratie. Soziale Arbeit steht an der Seite derjenigen, denen diese Standards vorenthalten werden oder vorenthalten zu werden drohen. So habe ich einen klaren Standpunkt. Kapitalismus und Neoliberalismus sind leicht zu kritisieren – konkret Menschen zu unterstützen und so Demokratie aktiv zu leben und zu ermöglichen, ist dagegen unser Auftrag und verdammt schwer.«
>
> »Nun ja«, meint dagegen *Sara Tuna*: »Besser wäre es doch, nicht das eine gegen das andere auszuspielen. Unser Kompass in der Profession sind die Menschenrechte – in der Kritik bestehender Verhältnisse wie in der praktischen Begleitung unserer Klienten. Nur zusammen macht das doch Sinn und das ist doch unsere Stärke in der Sozialen Arbeit.«

5.1.2 Was heißt Demokratieentwicklung?

Der Bund und viele Bundesländer haben derweil Programme zur Förderung von Demokratie und Bürgergesellschaft ins Leben gerufen. Sie enthalten auch für viele Sozialarbeiter*innen mögliche Projektgelder und Stellen. Was bedeuten nun aber Demokratieentwicklung und Bürgergesellschaft genau?

Mit dem »Drei Säulenmodell« von Himmelmann lässt sich ein geeignetes Konzept der Demokratieentwicklung leicht entwickeln. Sie kann nämlich in allen drei Säulen – gemeinsam oder auch isoliert in einer Säule – ansetzen. Typische Bereiche wären z. B.:

- in der Säule Demokratie als Herrschaftsform kommunale Anstrengungen zur Installierung von Jugendbeiräten oder Beteiligungsmodelle bei der Planung kommunaler Haushalte;
- in der Säule Demokratie als Gesellschaftsform Beteiligungsprojekte für Jugendliche, Kooperation mit Vereinen, Projekte der Sozialen Arbeit;
- in der Säule Demokratie als Lebensweise politische Bildungsmaßnahmen.

Viele dieser Projekte können als Mosaikstein einer Strategie der Demokratieentwicklung angesehen werden, auch dann, wenn sie selbst diesen Begriff oder auch Bezug für sich nicht sehen oder sogar ablehnen.

> **Beispiel**
>
> *Sara Tuna und Alex Bogdanow* stehen – wie in Kapitel 2 geschildert – vor der Herausforderung, dass ihr Jugendclub geschlossen werden könnte, weil die Kommune keine Haushaltsmittel bereitstellt. Nun haben sie von einem Bundesprogramm (»Demokratie leben und lernen«) gehört und überlegen anhand der drei Säulen, wie ein möglichst hohes Maß an demokratischer Qualität in ihrem Jugendclub erreicht werden könnte. Denn mit einem Demokratie-Konzept können sie im Rahmen des Bundesprogramms Mittel beantragen. Also sammeln sie zu jeder Säule passende Stichworte.
>
> **Säule 1: Herrschaftsstrukturen**
> Einführung eines Jugendrats mit Mitbestimmungsmöglichkeiten, Transparenz der Ausgaben, Meckerkasten für Beschwerden, gleichberechtigte Einbindung der Jugendlichen in Projektplanungen, ›Clubverfassung‹ mit Regeln, Pflichten und Rechten für alle
>
> **Säule 2: Gesellschaftsform**
> Spezifische Zeitfenster für unterschiedliche Gruppen und Jugendkulturen, Schwarzes Brett mit allen Infos für alle, gezielte Ansprache unterschiedlicher Gruppen im kommunalen Nahraum, eine Schulung von Konfliktlotsen, um Konflikte auch ohne Erwachsene regeln und lösen zu können, Förderkasse für jene Jugendliche, die an kostenpflichtigen Projekten (z. B. Schwimmbad) sonst nicht teilnehmen könnten
>
> **Säule 3: Lebensform**
> Unterstützung der Jugendlichen, eigene Projekte zu starten, Selbstverpflichtung von Alex und Sara bezüglich einer gendergerechten Sprache, toleranten Umgangsformen und respektvollen Konfliktregelungen

Beide stellen fest: Nicht alles ist davon neu. Nur systematisch haben sie es bisher nicht entwickelt. Außerdem ist schon der aktive Einbezug der Jugendlichen in diese Ausgestaltung ein Schritt in die richtige (demokratische) Richtung.

5.1.3 Was ist eine Bürgergesellschaft?

Ein Kernbegriff und eine Grundidee der Demokratieforschung ist das Konzept der Bürgergesellschaft (vgl. Embracher 2012). Dieses meint eine Sphäre des politischen Engagements und des sozialen Zusammenhalts einer Gesellschaft zwischen dem Staat und dem privaten Leben der Bürger*innen in einer Gesellschaft. Folgende Abbildung möge die damit verbundene Idee verdeutlichen (▶ Abb. 15).

Abb. 15: Bürgergesellschaft, eigene Darstellung

Die private Sphäre in diesem Modell umfasst die informellen Bereiche einer Gesellschaft, wie z. B. Familien, Freundschaften, oder auch nicht formalisierte Gruppen, wie Nachbarschaften oder Kollegien. Die staatliche Sphäre ist – wie der Name schon sagt – der Bereich unmittelbarer staatlicher Ordnung. Dazu gehören u. a. Regierung, Parlamente, Verwaltung, Schulen, öffentliche Hochschulen, Polizei und die Justiz. Die Bürgergesellschaft hingegen ist der Ort, in dem Bürger*innen sich jenseits des Staates zusammenschließen, um sich sozial, kulturell und/oder politisch zu organisieren. Die Bürgergesellschaft umfasst somit alle gemeinnützigen Vereine, Bürgerinitiativen, sozialen Projekte und Netzwerke, Parteien, Demonstrationen und Online-Communities. Nicht alle von ihnen sind primär politisch. Viele engagieren sich eher für den Breitensport, Kultur, Geselligkeit oder auch für Adressat*innen Sozialer Arbeit.

Trotz ihres oft unpolitisch erscheinenden Charakters erfüllt die Bürgergesellschaft für die Stabilität des demokratischen Systems sehr wichtige *Funktionen*. Dazu gehören Folgende:

- In der Bürgergesellschaft engagieren sich Bürger*innen für den sozialen Zusammenhalt einer Gesellschaft. Ohne Sportvereine gäbe es keinen Breitensport, ohne Faschingsvereine weniger Feiern und ohne Anglervereine vermutlich trotzdem Angler – aber dann keine Organisation, die den Angelnachwuchs anleitet in Fragen der Fisch- und Gewässerkunde, der Ethik und des Umweltschutzes.

- Hier lernen Bürger*innen ihr politisches Handwerkszeug von der Organisation von Veranstaltungen über Debattenkultur, freier Rede bis zum Umgang mit Geschäftsordnungen kennen.
- In dieser Sphäre wird der politische und staatliche Nachwuchs politisch sozialisiert.
- Die Bürgergesellschaft greift häufig dann ein, wenn der Staat versagt oder sich aus seiner Verantwortung zurückzieht. Ein Beispiel ist die flächendeckende Verbreitung der sogenannten Tafeln für arme Menschen. Das Engagement so vieler Bürger*innen ist eindrucksvoll – aber wäre diese Arbeit nicht Aufgabe und Verpflichtung des Staates im Sinne des Artikel 1 des Grundgesetzes? Die Bürgergesellschaft federt hier Folgen der staatlichen Sozialpolitik ab. Das geschieht ganz im Sinne der Adressat*innen der Sozialen Arbeit. Zur Bilanz gehört jedoch auch die Kehrseite, dass die Bürgergesellschaft diese Sozialpolitik indirekt stabilisiert, weil sie es dem Staat erleichtert, seine Armutspolitik nicht zu verändern.
- Die Bürgergesellschaft ist der Ort der öffentlichen Diskussion, der Suche nach gesellschaftlichen Visionen und des öffentlichen Austauschs von politischen Ideen und Meinungen.
- Damit eng verbunden ist auch die Funktion der Kritik. Die Bürgergesellschaft soll nicht der verlängerte (und zumeist billigere) Arm des Staates sein. Zu ihren Funktionen zählt auch die Kontrolle und öffentliche Kritik am staatlichen Handeln. Sie deckt Missstände – ähnlich wie im Journalismus – auf, drängt auf staatliches Handeln, protestiert und fordert ihre Interessen ein. Sie darf dabei auch laut, fordernd und radikal sein.
- Die Bürgergesellschaft ist auch eine Werkstatt für die Themen und Herausforderungen der Zukunft. In ihr werden Fragen diskutiert und auch konkret schon angepackt, die auf der staatlichen Agenda oft erst Jahre später auftauchen.

Man darf sich die Bürgergesellschaft dabei nicht als homogene Gruppe vorstellen – im Gegenteil: sie ist ein Sammelbecken völlig unterschiedlicher Ansichten, Interessen, Ziele und Organisationsformen. Sie soll sogar in sich widersprüchlich sein, beinhaltet auch radikale und für andere absurd erscheinende Positionen und dient so der gesellschaftlichen Integration und Selbstfindung (vgl. Dahrendorf 1995, S. 38ff.).

In der politischen Theorie wird dafür – oft auch ähnlich definiert – der Begriff der Zivilgesellschaft verwendet. Er hat in der politischen Ideengeschichte andere Wurzeln (vgl. Schmidt 2007). Wichtiger ist hier aber, dass vor allem Oppositionsgruppen im Warschauer Pakt – dies galt besonders für die Tschechoslowakei – diesen Begriff zur Sammlung benutzten und ihre Ideen einer zivilen Menschenrechtspolitik dem Machtsystem des real existierenden Sozialismus entgegenstellten. Er wird somit verengt auf demokratiefördernde Maßnahmen und ist im Kern auf einen politisch engeren, der Idee der Menschenrechte verpflichteten Kreis fokussiert, während die Idee der Bürgergesellschaft weiter gefasst ist und z. B. auch soziales und sportliches Engagement umfasst.

5.2 Partizipation

Demokratie ist kein statischer, in sich verharrender Zustand eines politischen Systems, sondern eine dauerhafte Entwicklungsaufgabe. Konsequent gedacht bleibt sie immer unvollendet und hat somit in sich auch eine utopische Dimension des unerreichbaren Ziels verbunden mit der Maßgabe, sich dennoch oder gerade im Hier und Heute für ihre Weiterentwicklung und damit Fortexistenz einzusetzen. ›Fallende‹ Staaten, wie z. B. Deutschland in der Weimarer Republik oder aktuell Venezuela, zeigen, dass Demokratien auch wieder vergehen und zumeist durch autoritäre oder diktatorische Systeme abgelöst werden können. Mit der Demokratie verschwinden dann immer auch die Akzeptanz der unteilbaren Menschenrechte und damit die normative Basis der Sozialen Arbeit im heutigen Professionsverständnis. Der Schlüssel, ohne den keine Demokratie möglich ist, heißt Beteiligung bzw. Partizipation. Gemeint sind damit das professionelle wie das ehrenamtliche Engagement für die soziale und kulturelle Integration der Gesellschaft wie auch das Lebendigwerden der politischen Verfahren und Systeme. Ohne freiwillige Kommunalpolitiker*innen, die ihre freie Zeit für andere einsetzen, kann keine Gesellschaft vor Ort gestaltet werden. Selbst einfache Strukturen müssen durch Engagement ausgefüllt werden: Was nützt der Sportplatz, wenn sich keiner findet, der die Linie kreidet, das Netz einhängt oder beim Zwergenfußball den Ball aufpumpt, anpfeift und anschließend die Trikots wäscht? Partizipation ist eine der Voraussetzungen der Demokratie, die sie selbst nicht schaffen kann. Der deutsche Staatsrechtler und Rechtsphilosoph Böckenförde (1976, S. 60) formulierte das Dilemma folgendermaßen:

> »Der freiheitliche, säkularisierte Staat lebt von Voraussetzungen, die er selbst nicht garantieren kann. Das ist das große Wagnis, das er, um der Freiheit willen, eingegangen ist. Als freiheitlicher Staat kann er einerseits nur bestehen, wenn sich die Freiheit, die er seinen Bürgern gewährt, von innen her, aus der moralischen Substanz des einzelnen und der Homogenität der Gesellschaft, reguliert. Anderseits kann er diese inneren Regulierungskräfte nicht von sich aus, das heißt mit den Mitteln des Rechtszwanges und autoritativen Gebots zu garantieren suchen, ohne seine Freiheitlichkeit aufzugeben und – auf säkularisierter Ebene – in jenen Totalitätsanspruch zurückzufallen, aus dem er in den konfessionellen Bürgerkriegen herausgeführt hat.«

Beteiligung in einem engeren politischen Sinne kann dabei sehr unterschiedlich gestaltet sein und auch eine unterschiedliche Qualität haben. Eine gute Orientierung zur qualitativen Messung des Grades einer Beteiligungskultur bietet die Beteiligungsleiter von Nanz und Fritsche (2012, S. 23ff.) Die daran orientierte folgende Abbildung zeigt mögliche Qualitätsgrade einer Beteiligung.

Verdeutlichen lässt sich das Schaubild anhand eines Fallbeispiels:

> Die Bürgermeisterin einer kleinen Stadt plant den Bau eines Kulturzentrums für Jugendliche. Von der Europäischen Union bekommt sie Fördergelder dafür unter der Maßgabe der Bürgerbeteiligung. Wie kann sie jetzt vorgehen?

5.2 Partizipation

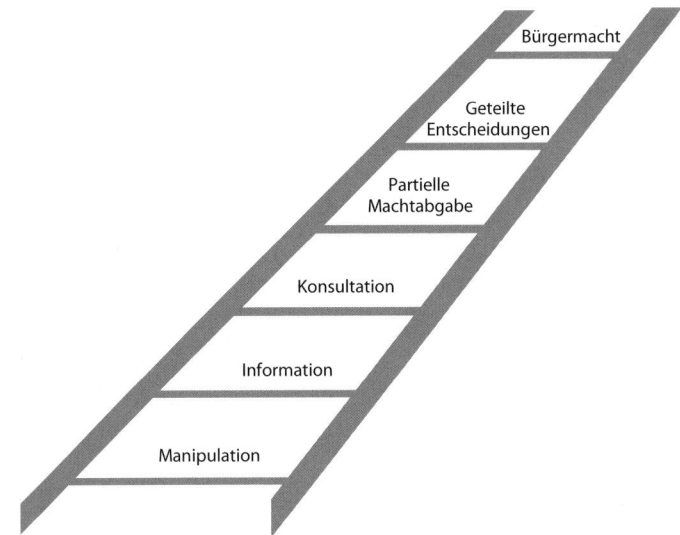

Abb. 16: Beteiligungsleiter, eigene Darstellung

Die unterste Stufe, die streng genommen gar keine Beteiligung ist, wäre die Manipulation. Hier stünden sämtliche Planungen bereits fest, alle Aufträge sind vergeben und es gibt keinerlei Spielräume der Gestaltung mehr. Erst dann bittet die Bürgermeisterin ein paar Parteifreund*innen und Familienmitglieder zum Kaffee und erzählt ihnen, dass sie ihre Unterschriften brauche, um das beantragte Geld zu bekommen. Sie hätten damit der Kommune einen großen Gefallen getan und würden zur Eröffnung gezielt eingeladen. In dieser Form wäre Beteiligung nur ein schlechtes Schauspiel der Beteiligung, eine Illusion und schmückende Lüge ohne jede Ernsthaftigkeit. Die Beteiligten werden nur manipuliert und instrumentalisiert.

Eine höhere Stufe ist die Information. Üblich sind dafür Bürgerversammlungen, Aushänge oder Benachrichtigungen im Amtsblatt sowie oft schwer auffindbare Internetseiten. Auch hier steht die Planung des Vorhabens fest. Die Entscheidungen sind meist gefallen, nur werden die betroffenen Bürger*innen darüber öffentlich informiert. Sie können sich dadurch eine Meinung bilden, das Projekt befürworten oder auch ablehnen. Eine wirkliche Mitgestaltung ist jedoch auch hier nicht vorgesehen. Die Planenden geben keine Macht ab. Es ist ihrem Willen überlassen, ob sie auf eine mögliche Kritik eingehen oder auch nicht.

Dies ändert sich auch bei der Konsultation noch nicht grundsätzlich. Hier wird immerhin offensiv nach den Meinungen, Kritiken und Ideen der Betroffenen gefragt. Übliche Maßnahmen sind z.B. Meinungsumfragen aber auch die sogenannten Runden Tische zu Sachthemen. Meinungsumfragen sollen den (Mehrheits-)Willen der Bevölkerung erfragen, um diese bei der Planung zu berücksichtigen, was jedoch nicht zwingend ist. Runde Tische signalisieren einen Dialog auf ›Augenhöhe‹ – Entscheidungsgremien sind sie jedoch in der Regel nicht, sondern ein Organ, um Meinungen und Ideen zu erfahren. Was mit solchen Anregungen geschieht, bleibt auch hier vollständig in der Hand der Planenden.

Erst bei der partiellen Machtübergabe ändert sich dies. Nun bekommen die Bürger*innen tatsächliche Machtbefugnisse. Möglich wäre z. B. die Einsetzung eines Delegiertengremiums der Anwohner*innen, Nutzer*innen und Verwaltung. Verständigen sich diese z. B. auf ein Mehrheitsverfahren in der Abstimmung, wird ein Teil der Machtbefugnisse von den bisherigen Machthabenden abgegeben.

Geteilte Macht gibt es erst, wenn beide Seiten – Planende wie Verplante – gleiche Machtbefugnisse haben. Die höchste Form der Mitbestimmung ist die Bürgermacht. Hier gehen sämtliche Machtbefugnisse von den bisherigen Machthabern an die Bürger*innen über. Ein typisches Bespiel sind kommunale Volksabstimmungen, in denen die Bürger*innen auch gegen den Willen der Kommunen Entscheidungen treffen und durchsetzen können.

Die Beteiligungsleiter zeigt Indikatoren des Qualitätsgrades der jeweiligen Beteiligungsform. In der Praxis können natürlich auch Mischformen und Grauzonen auftreten. Sicher ist, dass es verschiedene Grundarten des politischen Engagements gibt. Eine grobe Unterteilung kann erfolgen in Engagement in Parteien, Engagement in sozialen Bewegungen und weiterem bürgergesellschaftlichen Engagement, wobei Parteien und soziale Bewegungen natürlich auch Teile der Bürgergesellschaft sind. Wie aber auch schon in jungen Jahren Partizipation gelingen kann, zeigen die Überlegungen im grauen Textfeld.

Partizipation von Jugendlichen – Praxiskriterien für die Soziale Arbeit

Die UN-Kinderrechtskonvention besagt in Artikel 12, dass alle Kinder und Jugendlichen ein Recht darauf haben, ihre Meinungen frei zu äußern und dass diese auch angemessen zu berücksichtigen seien. In der Sozialarbeitswissenschaft wurde daraus konsensual ein Recht auf Beteiligung von Kindern und Jugendlichen abgeleitet. Wie kann dieses Recht jedoch in der Praxis umgesetzt werden? Zahlreiche Projekte der Sozialen Arbeit bieten dazu entsprechende Angebote an. Der Anspruch an sich geht jedoch darüber hinaus und richtet sich auch an die Umsetzung dieses Rechts in Regelstrukturen, z. B. der Schulen oder auch der Sozialen Arbeit.

Sturzenhecker widmet dieser Frage einen interessanten Aufsatz (Sturzenhecker 2006). Er beginnt seine Argumentation mit einem Paradox. Ziel der Beteiligung sei die Selbstbestimmung der Jugendlichen. Nur: »Den Befehl: Sei selbstbestimmt! kann man nicht befolgen. Jugendhilfe gerät also in einen Widerspruch: Sie will Mündigkeit eröffnen, hat es aber mit Unmündigen zu tun, die sie nicht mündig ›machen‹ kann, ohne gegen die Forderung der Selbstbestimmung zu verstoßen« (Sturzenhecker 2006, S. 6). Wie kann damit umgegangen werden? Der Autor plädiert dafür, trotzdem den Schritt der Beteiligung zu wagen, Chancen der Partizipation zu ermöglichen, da man Demokratie nur lerne, indem man sie anwende, und dabei besondere *Quali-*

tätskriterien zu beachten. Diese unterteilt er in Struktur- und Prozessqualitäten.

Unter *Strukturqualität* versteht der Autor vor allem die formale Absicherung der Beteiligung. Konkret geht es ihm dabei um folgende Aspekte:

- Die Rechte der Kinder und Jugendlichen müssen strukturell verankert sein.
- Die Beteiligungsverfahren müssen zielgruppenorientiert ausgewählt und praktisch zugänglich sein.
- Die Beteiligungsverfahren sollen schrittweise neue Möglichkeiten der Partizipation eröffnen, ohne dabei jedoch die Kinder und Jugendlichen zu überfordern. Dazu braucht es eine besondere Sensibilität der Fachkräfte.
- Es braucht angemessene personelle und finanzielle Ressourcen.
- Alle Informationen müssen öffentlich zugänglich sein.
- Partizipation geht nur, wenn es auch reale Entscheidungsoptionen gibt. Diese müssen offen sein für Ideen der Kinder und Jugendlichen.
- Das Verfahren muss dokumentiert, evaluiert und selbstkritisch von den Fachkräften der Sozialen Arbeit ausgewertet werden.

Diese Kriterien der Strukturqualität sollen mit Merkmalen der *Prozessqualität* kombiniert werden. Zu ihnen zählt Sturzenhecker:

- Die Erwachsenen sollen mit den Kindern und Jugendlichen auf ›Augenhöhe‹ kommunizieren und deren Positionen wertschätzen.
- Trotz der Unterschiede z. B. im Alter soll ein Höchstmaß an Gleichheit im Entscheidungsprozess verwirklicht werden.
- Die Kinder und Jugendlichen sollen in ihrer Artikulation unterstützt werden.
- Der Prozess muss ergebnisoffen gestaltet sein. Konflikte sind dabei nicht störend, sondern hilfreich zur Klärung von Positionen und Aushandlung von Positionen. Eine Moderation ist dabei hilfreich.
- Scheitern ist erlaubt. Die Erwachsenen gehen in ihrem Engagement mit gutem Beispiel voran.
- Die Beteiligung ist freiwillig.

Diese Kriterien eignen sich in ihrer Kombination sehr gut, um Partizipation von Kindern und Jugendlichen angemessen zu ermöglichen.

5.2.1 Engagement in Parteien

Parteien sind in der repräsentativen Demokratie ein wohl unverzichtbarer Bestandteil des politischen Prozesses (▶ Kap. 3.3.2). Laut Grundgesetz wirken sie an der politischen Willensbildung mit. In Parteien sammeln sich Bürger*innen, um dauerhaft am politischen Prozess teilzunehmen. Parteien stellen politisches

Personal für Wahlämter und sind angehalten, regelmäßig an Wahlen teilzunehmen. Der innere Aufbau von Parteien muss dabei demokratischen Prinzipien entsprechen. Hinzu kommt die Notwendigkeit, sich ein Programm zu geben.

Entgegen einem weit verbreiteten Irrtum werden Parteien von niemandem ›zugelassen‹. Bürger*innen können jederzeit neue Parteien gründen, solange die Neugründungen sich an die Vorgaben des Parteiengesetzes halten, welches u. a. eine Satzung, Mitgliederversammlungen und einen von den Mitgliedern gewählten Vorstand bestehend aus mindestens drei Personen vorsieht. Das konkrete Vorgehen bei einer Parteigründung kann auch auf der Internetseite des Bundeswahlleiters eingesehen werden (vgl. https://www.bundeswahlleiter.de/parteien/parteigruendung.html). Eine ideologische Zulassungsprüfung gibt es nicht, allerdings können verfassungswidrige Parteien nach Antrag wahlweise des Bundestags, Bundesrats oder der Bundesregierung durch das Bundesverfassungsgericht verboten werden. In der Geschichte der BRD erfolgte dies bisher jedoch lediglich erst in zwei Fällen. So wurden 1952 die rechtsextreme Sozialistische Reichspartei Deutschlands und vier Jahre später die Kommunistische Partei Deutschlands verboten.

Über die Mitgliedschaft entscheiden die Parteien selbst unter Maßgabe des Parteiengesetzes. Eine Partei, die beispielsweise nur Frauen oder Männer zuließe, würde gegen das Gleichheitsgebot des Grundgesetzes verstoßen. Anders ist dies bei Menschen ohne deutsche Staatsbürgerschaft. Die Übernahme eines Wahlamtes setzt die Staatsbürgerschaft voraus. Bezüglich der Mitgliedschaft in Parteien gibt es unterschiedliche Regelungen. Die SPD beispielsweise setzt keine deutsche Staatsbürgerschaft voraus. Die CDU hingegen beschränkt ihre Mitgliedschaft auf Bürger*innen der Europäischen Union. Beide Regelungen sind legitim und zulässig.

Die Mitgliedschaft in einer Partei ist formal unkompliziert. Es reicht ein schriftlicher Antrag auf Mitgliedschaft, der auch online erfolgen kann. Über die Mitgliedschaft entscheidet dann die Partei. Zumeist werden nach Einkommen gestaffelte Mitgliedsbeiträge erhoben, die wiederum zur Hälfte beim Steuerausgleich angerechnet werden können. Mit der Mitgliedschaft werden die Rechte und Pflichten gemäß der jeweiligen Satzung anerkannt. Bei erheblichen Verstößen gegen die Satzung kann ein parteiinternes Ausschlussverfahren eingeleitet werden.

Parteien sind in Deutschland zumeist dezentral organisiert. Zumindest größere Parteien verfügen über regionale und lokale Gremien. Sie sind der übliche Anlaufpunkt für Neumitglieder. Selbst Kleinstparteien gründen in der Regel schon früh Landesverbände, aus denen sich dann der Bundesverband zusammensetzt. Die politische Willensbildung erfolgt gemäß der Satzung von unten nach oben. In der gelebten Praxis ist das nicht immer so. Ein Beispiel aus dem Winter 2016/17 soll dies verdeutlichen:

Beispiel

Die SPD sucht für den Bundeswahlkampf 2017 einen geeigneten Spitzenkandidaten bzw. eine -kandidatin. Gemäß ihrer Satzung müssten nun die Ortsverbände der SPD aufgerufen sein, in ihren Reihen nach geeigneten Personen zu suchen. Übliche Praxis ist jedoch, dass der oder die Parteivorsitzende ein »Vorschlagsrecht« hat, dem die Partei in Form des Bundesparteitages später folgt. Laut Satzung erfolgt die Meinungsbildung von unten nach oben, in der Praxis ist es hier entgegengesetzt und wird erst anschließend per Beschluss legitimiert, was formal korrekt ist, der Idee nach aber kritisch gesehen werden kann.

In Parteien gibt es in der Regel eine Vielzahl an Mitwirkungsmöglichkeiten. Sie reichen von der aktiven Teilnahme an Mitgliederversammlungen auf der untersten Ebene über die Kandidatur für Ämter in der Partei oder für öffentliche Ämter, bei denen die Partei Wahlvorschläge unterbreitet und ihre Kandidat*innen dann z. B. durch Wahlkämpfe unterstützt. Viele Parteien bieten auch thematische Arbeitsgruppen oder themenübergreifende Gruppen – sogenannte Strömungen oder Flügel – an. Hinzu kommen formale Ämter im Rahmen der jeweiligen Vorstandsarbeit oder auch in der Schiedsgerichtsbarkeit der Parteien.

Die Frage einer Mitgliedschaft in einer Partei muss jeder und jede für sich individuell beantworten. Wer sich politisch ernsthaft engagieren will, findet hier viele Möglichkeiten der Beteiligung. Klar ist auch, dass ohne Parteien die bundesrepublikanische Idee der repräsentativen Demokratie im Sinne des Grundgesetzes kaum denkbar ist. Sie sind somit existentiell. In Teilen der Bevölkerung haben Parteien dennoch einen miserablen Ruf. Ihre Strukturen gelten als verkrustet, wenig innovativ, abwehrend gegen neue Impulse und zeitfressend im Alltag. Viele Parteien reagieren auf diese Kritik mit Reformversuchen – bisher jedoch ohne durchschlagenden Erfolg. Vor allem schreckt viele Interessent*innen wohl auch die Kultur der langen Bindung. Tatsächlich gibt es in vielen Parteien große Vorbehalte gegen Menschen, die im Laufe ihres Lebens die Partei gewechselt haben. Ihnen fehle dann der nötige ›Stallgeruch‹. Objektiv ist das nur beschränkt nachvollziehbar. Zum einen verändern sich die politischen Einstellungen der Menschen im Laufe ihres Lebens, zum anderen auch die Programme und die reale Politik der Parteien. Warum soll dann ein Wechsel ausgeschlossen sein? Für angehende Sozialarbeiter*innen können Parteien ein Eingangstor zu den Schaltstellen und Maschinenräumen der Macht sein, in dem über die Kontexte Sozialer Arbeit entschieden wird. Auch hier gilt: Wer sich beteiligt, kann verlieren. Wer sich nicht beteiligt, überlässt anderen die Entscheidung.

5.2.2 Neue Soziale Bewegungen

Politik ist nicht an Parteien gebunden. Viele Themen und besonders gesellschaftliche Missstände motivieren Millionen Bürger*innen zum politischen Handeln. Deutlich wurde dies z. B. im Jahr 2015 angesichts der Zuwanderung einer Dreiviertelmillion Menschen aus Kriegs- und Armutsgebieten. Natürlich diskutierten Parteien über politische Konsequenzen. Im Begriff der »Willkommenskultur« spiegelte sich jedoch vor allem das konkrete Engagement Hunderttausender wider. Es wurde zumeist spontan gezeigt – gleichzeitig an Hunderten von Orten ohne zentrale Steuerung, in sich mit durchaus widersprüchlichen Ansätzen und Methoden und dennoch einig – dass die Formulierung der Kanzlerin Merkel »Wir schaffen das« vor Ort mit Leben erfüllt werden kann.

Damit erfüllten die Initiativen der Willkommenskultur viele Kriterien einer Neuen Sozialen Bewegung. Diese kennzeichnet die Gleichzeitigkeit aus vermeintlichem Chaos und Wildwuchs an Strukturen. Ihre Gemeinsamkeit besteht im gleichlautenden Ziel: gesellschaftlicher Wandel und dazugehörige politische und soziale Forderungen und Aktionen. Diese können wahlweise gegen staatliche Entscheidungen gerichtet sein oder diese auch unterstützen. Häufiger ist jedoch eine kritische Distanz zur Regierung und zum staatlichen Handeln. Bürger*innen nehmen dann in unterschiedlichen Orten gleichzeitig, ohne zentrale Steuerung, untereinander dann aber oft doch schnell vernetzt, das politische Heft selbst in die Hand. Sie protestieren gegen vermeintliche Missstände oder ersetzen staatliches Handeln, wenn dieses aus der Sicht der Aktivisten zu spät, zu langsam oder auch gar nicht kommt. Neue Soziale Bewegungen sind damit ein ›klassischer‹ Bestandteil einer aktiven Bürgergesellschaft. Sie entwickeln dabei oft eigene Geschichten, Selbstbilder und auch ästhetische Symboliken.

Soziale Bewegungen leben – wie der Name schon suggeriert – von der Bewegung. Ist das Problem, dass die Motivation auslöste, beseitigt oder das ursprüngliche Thema nicht mehr relevant, erlöscht der Elan der Beteiligten und die soziale Bewegung wird zur Geschichte. Sie haben somit immer einen Anfang und ein Ende. Dabei durchlaufen sie nicht selten auch Organisationsstufen der Professionalisierung. Beispielsweise gründeten sich aus der neuen Umweltbewegung der 1970er und 1980er Jahre professionelle Organisationen wie »Greenpeace« oder der »BUND«. Diese Organisationen verstetigen das vorherige Engagement, geben auch Aktivist*innen Lohnarbeit und schaffen nachhaltig Öffentlichkeit wie Praxis für die jeweiligen Themen. Nicht unüblich ist auch der Versuch einer Formierung als Partei als ›zusätzliches Standbein‹ der Bewegung in den Parlamenten, um so die jeweiligen Themen und politischen Forderungen in den Gesetzgebungsprozess oder sogar in Regierungshandeln umzusetzen. Ein jüngeres Beispiel dafür war die Gründung der Piratenpartei zunächst in Schweden, dann auch mit zwischenzeitlichem Erfolg in Deutschland. Den Ursprung legten Internetaktivist*innen, die Sorge hatten, dass aus ihrer Sicht falsche politische Entscheidungen die bisherigen Freiheiten des Internets einschränken könnten. Sie organisierten sich im Netz, protestierten dort, vernetzten sich, wurden so zur Bewegung und versuchten sich dann in der Gründung einer Partei.

Grob lassen sich dabei zwei Gruppen von Sozialen Bewegungen unterscheiden:

a. Gruppenspezifische Bewegungen wie die Frauen- oder Arbeiterbewegung
b. Themenspezifische Bewegungen wie die Anti-Atom- oder Umweltbewegung

Die gemeinsame Klammer der gruppenspezifischen Bewegungen ist die Forderung nach Emanzipation einer größeren Bevölkerungsgruppe aus für unfair gehaltenen Ungleichheitsstrukturen heraus: Die europäische Arbeiterbewegung war beispielsweise eine Gegenbewegung, die quasi zeitgleich mit der Industrialisierung und damit dem Aufblühen einer neuen Entwicklungsstufe des Kapitalismus entstand. Der Gegensatz zwischen Kapital und Arbeit zeigte sich besonders drastisch in den Arbeitersiedlungen rund um die neu entstandenen Produktionsfabriken. Zeitgleich mit der Entfremdung der Arbeitenden von der Arbeit durch Arbeitsteilung in der Fabrikproduktion entstand eine Massenverelendung der Arbeiterklasse, ihrer Familien und Kinder. Die Gründung und der Zusammenschluss in Betriebsgemeinschaften, später auch Gewerkschaften und Parteien, diente dem Ziel, der arbeitenden Klasse menschenwürdige soziale wie politische aber auch kulturelle Lebensumstände zu gewährleisten. Es ging um eine Befreiung von konkreter Not genauso wie darum, die Freiheit zu schaffen, die eigenen Lebensumstände wie die ihrer Familien und besonders auch der Kinder selbst zu gestalten. Die so begründete Arbeiterbewegung war somit in ihrer Geschichte nie alleine eine politische Bewegung. Mit ihren sozialen Projekten, wie der Arbeiterwohlfahrt, kulturellen Bildungsansprüchen, sichtbar z. B. in der langen Tradition der Büchergilde Gutenberg, aber auch in ihren Sport- und Freizeitangeboten, umfasste die Arbeiterbewegung zahlreiche Angebote zur sozialen Integration, die weit über die primär politische Arbeit der Parteien oder der unmittelbaren Interessenvertretungen in den Gewerkschaften hinausging.

An der Arbeiterbewegung lässt sich so einerseits die mögliche Vielfalt sozialer Bewegung exemplarisch verdeutlichen. Anderseits zeigt sie auch die zeitlichen Begrenzungen des Phänomens. Schließlich kann heute nur noch sehr eingeschränkt von einer Arbeiterbewegung gesprochen werden. Zwar haben viele Institutionen überlebt, es fehlt jedoch in der Regel ein Bewusstsein darüber, womöglich noch Teil einer Bewegung zu sein. Vielmehr ist sie z. B. in den Gewerkschaften oder in der SPD eher noch kulturelles Erbe und z. T. auch nur noch irritierende Tradition, wenn nicht sogar Folklore, wenn die alten Lieder so gar nicht mehr zu den Herausforderungen der Moderne passen wollen.

Themenspezifische Bewegungen starten häufig mit einem konkreten, nicht selten auch hoch emotionalen Ziel und einer entsprechenden Radikalforderung (»Rettet die Wale«, »Rettet den Wald« oder »Atomkraft – Nein Danke«). Sie erleben dann Phasen der Mobilisierung, um anschließend auf Kerngruppen zu schmelzen, die dann jedoch erneut mobilisieren, wenn das jeweilige Thema aufgrund einer Aktualisierung wieder auf der Tagesordnung erscheint.

Interessant sind an ihrer Geschichte zwei weitere Aspekte: Nicht selten entstehen aus ihnen bleibende Ideen, die sich aus der Diskussion ergeben, wie denn das konkrete Ziel tatsächlich auch erreicht werden kann. Bei der Umweltbewegung ist das z. B. die Idee der Nachhaltigkeit als politische Idee und Zielsetzung, um die vermeintliche Unvereinbarkeit aus Ökonomie und Ökologie zu überwinden und Ökologie sogar zum Motor ökonomischer Entwicklungen, aber auch als Ziel des Wirtschaftens zu definieren. Ein anderes Beispiel ist die sogenannte »Energiewende«. Sie entstand zunächst ebenfalls aus Diskussionen in der Anti-Atom-Bewegung und versuchte, drei Ziele – den Wunsch nach einem Ende der friedlichen wie militärischen Nuklearwirtschaft, Schaffung einer Perspektive der Energieversorgung angesichts der Endlichkeit fossiler Energieträger wie Kohle, Gas und Öl sowie die Reduzierung des Klimawandels – miteinander zu verbinden. Daraus entstanden die Ideen, vor allem natürliche Energiequellen wie Sonne, Wind und Wasser einerseits zu nutzen, Energieverbrauch zu reduzieren und andererseits die Energiegewinnung zu dezentralisieren.

5.2.3 Selbstgründungen

Eine einfache, aber verantwortungsvolle Option sich zu engagieren, ist auch die Gründung einer eigenen Organisationsstruktur. Sie hat den Vorteil, dass die eigenen Ideen und Ansätze passgenau entwickelt werden können. Der Gestaltungsspielraum ist bei einer Eigengründung sehr hoch, damit verbunden jedoch auch die Verantwortung z. B. für finanzielle Aspekte der Struktur.

Die Vereinsstruktur ist noch immer der ›Klassiker‹ für viele Bereiche der Sozialen Arbeit. Viele Förderprogramme z. B. auf Bundes- oder Landesebene berechtigen nur als gemeinnützig anerkannte Körperschaften zur Antragstellung.

Eine Vereinsgründung ist einfach und an eindeutige Bedingungen gekoppelt. Es braucht mindestens sieben erwachsene Gründungsmitglieder und eine Einladung zu einer Gründung. Auf ihr muss der Verein offiziell, durch Unterschriften unter das Protokoll besiegelt, als Verein gegründet werden. Nötig ist ferner ein Beschluss über eine Vereinssatzung sowie mindestens die Wahl eines Vorsitzes. Zumeist wird jedoch ein Vorstand inklusive einer Beauftragung als Kassenwart und -prüfer beschlossen. Das Gründungsprotokoll muss notariell beglaubigt werden. Der Notar wiederum beantragt die Aufnahme des Vereins ins Vereinsregister des örtlichen Amtsgerichts. Bescheidet dieser die ordnungsgemäße Gründung und eine rechtlich abgesicherte Satzung, darf sich der Verein »e. V.« nennen, das bedeutet »eingetragener Verein«. Erst dann kann beim örtlichen Finanzamt für Körperschaften die Gemeinnützigkeit mit einem formlosen Antrag unter Beifügung der Satzung, des Gerichtsbescheides und des Gründungsprotokolls beantragt werden. Vereinszwecke, die als gemeinnützig anerkannt werden, finden sich in den §§ 52 bis 54 der Abgabenordnung. Bewilligt das Finanzamt die zunächst unter Vorbehalt gegebene Gemeinnützigkeit, bleiben die Einnahmen für den unmittelbaren Vereinszweck (z. B. Mitgliedsbeiträge, Spenden) steuerbefreit. Dies gilt nicht für alle weiteren Einnahmen.

> **Beispiel**
>
> Ein gemeinnützig anerkannter Fußballverein hat zwei aktuelle Einnahmen: Ein Spender gibt Geld für neue Trikots und Bälle. Diese Spende bleibt steuerfrei, da sie unmittelbar auf den Vereinszweck zielt. Bei einem Fest verkaufen die Spieler Bier und Würstchen. Diese Einnahme ist nicht unmittelbar mit dem Vereinszweck verbunden und muss oberhalb einer Freigrenze besteuert werden.

Das Beispiel lässt erahnen, dass die formale Umsetzung der Vereinstätigkeit für Nicht-Jurist*innen und Nicht-Steuerexpert*innen nicht immer einfach ist. Vor allem bei größeren Umsätzen ist deshalb besondere Vorsicht geboten. Bei der Gründung helfen häufig auch die jeweiligen Justiz- und Finanzministerien mit kostenlosen Mustersatzungen und Steuertipps für Anfänger, die im Internet frei verfügbar sind.

5.2.4 Beteiligungsprojekte

Eine vierte Form der Stärkung der Beteiligung erfolgt über gezielte Beteiligungsprojekte. Nanz und Fritsche (2012) beschreiben in ihrem Handbuch die Vielfalt der Ansätze und Methoden.

- Die *Planungszelle* zielt auf konkrete Planungsvorhaben und damit verbundene Empfehlungen aus Sicht der Bürger*innen. In der Regel wird dabei eine Gruppe zufällig ausgewählter und freiwillig teilnehmender Anwohner*innen damit beauftragt, sich mit einer konkreten, kommunalen Planung oder Fragestellung umfassend zu beschäftigen und darauf aufbauend der Kommune Ideen und Handlungshinweise aus ihrer Sicht zu geben. Die Idee dabei ist, das besondere Wissen und die Sichtweise mittelbar Betroffener schon frühzeitig in die eigene Planung zu integrieren.
- Ein anderes Modell ist der sogenannte *Bürgerhaushalt*. In diesem Fall lädt die kommunale Verwaltung alle Bürger*innen ein, Empfehlungen für die Vergabe von Mitteln aus dem Topf für freiwillige Ausgaben auszusprechen. Das kommunale Parlament hört sich die Vorschläge an, sichtet sie und versucht, sie umzusetzen. Dabei gibt sie öffentlich Rechenschaft über ihre Entscheidungen.
- Im *Bürgerpanel* werden in regelmäßigem Abstand repräsentative Befragungen der Bevölkerung zu aktuellen kommunalen Themen durchgeführt. Deren Ergebnisse werden öffentlich präsentiert. Die Macher*innen versprechen sich dadurch eine engere Verbindung zwischen den Bürger*innen, der kommunalen Politik und Verwaltung.
- *Mediationen* dienen der Konfliktlösung. Alle Konfliktpartner*innen einigen sich dabei auf einen unabhängigen und von allen Seiten akzeptierten Mediator. Dieser hört alle Konfliktpartner*innen an, erfasst deren Interessen und Anliegen und hört gegebenenfalls weitere Expertenmeinungen. Darauf aufbauend entwickelt er einen Lösungsvorschlag des Konflikts und hofft auf dessen Akzeptanz und Umsetzung.
- *Open Space Konferenzen* eignen sich zur Findung neuer, kreativer Ideen für kommunale Vorhaben aus der Mitte der Gesellschaft. In der Regel gibt es nur ein Leitthema oder eine Leitfrage, und alle Teilnehmenden sind dazu aufgerufen, dazu passende Ideen, Projekte und Zielsetzungen vorzuschlagen.
- *Zukunftswerkstätten* behandeln ebenfalls oft kommunale Anliegen. Die Teilnehmer*innen behandeln darin ein Thema in drei Schritten: Im ersten Schritt wird anhand der vorliegenden Erfahrungen Kritik am Ist-Zustand geübt und gesammelt. Im zweiten Schritt – genannt Phantasiephase – sind alle aufgerufen zu überlegen, wie ein idealer Zustand aussehen könnte. In der letzten

Phase wird dann gemeinsam beraten, welche Handlungsschritte dazu geeignet sind, den Ist-Zustand in Richtung Ideal-Zustand zu verändern.
- *Jugendforen* bieten oft ein unkompliziertes Treffen von Jugendlichen und professionellen Politiker*innen oder kommunalen Spitzen. Jugendliche sollen hier ihre Meinungen und Ideen unmittelbar und direkt äußern können.

Allen vorgestellten Projekten ist eigen, dass sie nicht auf langfristiges und dauerhaftes Engagement setzen. Sie sind vielmehr Methoden zur Strukturierung zielgenauer und oft auch projektgerichteter Teilnahme mit einem klar definierten Anfang und Ende. Die Qualität der Beteiligung geht dabei zumeist über die Stufe der Konsultation nicht hinaus.

5.2.5 Onlinebasierte Verfahren und Kampagnen

In den letzten Jahren haben onlinebasierte Beteiligungsverfahren massiv an Bedeutung gewonnen. Auch diese lassen sich wieder in mehrere Bereiche unterteilen.

Klick-, Teil- und Like-Beteiligung

Die einfachste Methode ist die eigene politische Äußerung bzw. Unterstützung und Verbreitung politischer Positionen, Texte und Statements in den Angeboten der sozialen Medien, die von großen kapitalorientierten Unternehmen wie z. B. Facebook zur Verfügung gestellt werden. Die Beteiligung konzentriert sich hier auf einen Beitrag zum politischen Diskurs, in der Hoffnung, auf diese Weise die politische Kultur und Stimmung im eigenen Sinne mitprägen zu können. Mit den Veränderungen des Medienkonsums in der jüngsten Generation geht auch eine Veränderung der politischen Sozialisation einher. Onlineangebote ersetzen hier vielerorts frühere Tageszeitungen, oft aber auch direkte Gespräche. So ist eine indirekte Wirkung auf der Ebene politischer Einstellungen und Diskurse durchaus möglich. Sicher ist aber, dass damit keine direkte, unmittelbare Beteiligung auf einen politischen Prozess verbunden ist. Eine exakte Wirkung ist weder absehbar noch vorgesehen.

Liquid Democracy

Im Gegensatz zur Klick-, Teil- und Like-Beteiligung geht es in der Liquid Democracy um unmittelbare Mitbestimmung mit der Idee, dass im ›Schwarm‹, das heißt in der Masse der Beteiligung, des dezentralen Internets, vernünftige Lösungen für politische Probleme und zukunftsträchtige Ideen zu finden seien. Entwickelt und eingeführt wurde es im Kontakt der europäischen Piraten-Parteien. Die Idee orientiert sich an den Modellen der direkten Demokratie. Jeder und jede soll darin die Möglichkeit haben, an allen Programmpunkten und Entscheidungen der Partei mitzuwirken – unabhängig von Posten, Ämtern und

Mandaten. Die Praxis basiert auf einer speziell entwickelten Software, zu der alle Pirat*innen online Zugang bekommen. In ihr kann jeder und jede eine politische Position, einen Programmpunkt oder Antrag einstellen. In der Theorie beteiligen sich nun möglichst viele Pirat*innen an der Diskussion der Vorlage, fügen Verbesserungen ein, schlagen Alternativen vor, kommentieren und entwickeln so im Diskurs die Vorlage weiter, bis sie entscheidungsreif ist. Anschließend sind alle Teilnehmenden aufgefordert, über die so ›im Schwarm‹ entwickelte Vorlage abzustimmen. Erhält sie die Mehrheit der Beteiligten, so gilt sie als Position der Partei. Mandatsträger*innen sind dann aufgefordert, im Zweifel auch gegen den eigenen Willen diese Position öffentlich zu vertreten und z. B. entsprechende Anträge in den jeweiligen Parlamenten zu stellen.

In der Praxis erwies sich die Liquid Democracy sowohl innerhalb der Piratenparteien als auch jenseits davon z. B. auf kommunaler Ebene im ländlichen Raum als weniger nützlich als theoretisch erwartet. Vor allem mangelte es an aktiver Beteiligung. Das Verfahren verlangt ein hohes Maß an Zeit und Einsatz aller Beteiligten. Daran fehlte es in der Praxis zu oft. Weiterhin weigerten sich z. T. auch Mandatstragende der Piraten ausgearbeiteten Initiativen zuzustimmen, wenn sie selbst diese für falsch hielten. Dabei konnten sie auf die im Grundgesetz geschützte Freiheit des Mandats verweisen, was jedoch der radikalen Form der Liquid Democracy offen widersprach.

Onlinepetitionen und Kampagnenforen

Ein relativ junges Phänomen sind professionelle, onlinebasierte Kampagnen- und Petitionsforen. Sogar der Bundestag bietet derweil diese Möglichkeit direkt auf seiner Homepage an. Hintergrund ist Art. 17 GG, in dem es heißt: »Jedermann hat das Recht, sich einzeln oder in Gemeinschaft mit anderen schriftlich mit Bitten oder Beschwerden an die zuständigen Stellen und an die Volksvertretung zu wenden.« Früher mussten dazu Briefe verfasst werden, heute gibt es eine standardisierte Vorlage. Der Bundestag richtet dazu einen eigenen Petitionsausschuss ein, der verpflichtet ist, alle Petitionen zu behandeln und dem Eingebenden schriftlich ein Ergebnis dieser Diskussion mitzuteilen. Kein Anrecht gibt es auf eine mündliche Verhandlung oder gar persönliche Vorstellung des Anliegens im Ausschuss. Allerdings verhandelt der Petitionsausschuss aus eigenem Antrieb in der Regel Petitionen, denen sich innerhalb eines Monats über 50.000 Menschen anschließen, öffentlich und im Beisein des Antragstellers.

Die Erfolgsaussicht einer Petition lässt sich nur schwer vorhersagen. Gute Chancen haben Einzelfallentscheidungen, so die jeweilige Rechtslage diese z. B. in Ausnahmefällen zulässt. Ohne Aussicht auf Erfolg sind offensichtlich rechtswidrige Anliegen. Manchmal gelingt es über Petitionen auch, grundsätzliche politische Debatten z. B. zu neuen gesellschaftlichen Entwicklungen anzuregen. Diese werden dann aber nicht im Petitionsausschuss abschließend behandelt, sondern zumeist von den dortigen Mitgliedern in ihre Fraktionen und Parteien weitergetragen und finden so im Idealfall ihren Weg in den politischen Diskurs.

Ein ähnliches Ziel verfolgen auch professionelle Kampagnen- und Petitionsplattformen wie »change.org« und andere. Ihre Methode transformiert die frühere Unterschriftensammlung ins Netz. Auch hier kann jeder und jede sein und ihr jeweiliges Anliegen formulieren und online Unterstützung suchen. Die zentrale Idee dabei ist, dass vor allem ein Maximum an Öffentlichkeit die jeweiligen Entscheidungsträger*innen dazu animiere, auf die jeweilige Petition zu reagieren und im idealen Fall auch umzusetzen. Spannend ist dabei, dass es den Plattformen gelingt, nationale Begrenzungen zu überwinden und auch international für politische Themen oder Anliegen zu trommeln. Das ist ein wichtiger Fortschritt hin zu einer internationalen Öffentlichkeit für Themen und Probleme, die in einer globalisierten Welt nicht mehr national gesteuert oder gelöst werden können. Ein tatsächliches Mitentscheidungsrecht ist damit jedoch wieder nicht verbunden. So kann z. B. kein Entscheidungsträger dazu verpflichtet werden, auf solche Kampagnen überhaupt zu reagieren. Er kann nur indirekt gedrängt werden.

Zu erwähnen sind auch die zahlreichen Twitter- und Facebooknutzer*innen. Der ehemalige Präsident der USA, Barack Obama, war einer der ersten Politiker, dessen Wahlkampf ganz wesentlich auch online geführt wurde. Sein Nachfolger Donald Trump nutzt derweil vor allem die Kurznachrichtenoption bei Twitter zur Präsentation politischer Stellungnahmen und Vorgaben. Der Vorteil liegt darin, dass Politik unmittelbar an die interessierte Öffentlichkeit kommuniziert werden kann. Der Nachteile ist, dass Informationen nicht wie in seriösen Printorganen auf ihre Richtigkeit geprüft, sortiert oder auch kommentiert werden. So bildet sich im Netz ein Flickenteppich aus Lügen, Halbwahrheiten und als Tatsachen getarnte Meinungen und prägt vor allem die Meinungsbildung derjenigen, die sich nahezu ausschließlich über diese Dienste informieren. Umso wichtiger sind deshalb Plattformen, die »Fake News« als solche enttarnen oder, wie z. B. »abgeordnetenwatch.de«, einen kritischen Blick auf die reale Politik werfen.

Chancen und Grenzen

Onlinebasierte Verfahren erweitern und erleichtern die Möglichkeiten politischer Beteiligung z. T. auch über Grenzen hinweg. Das ist ihr großer Vorteil. Ihr Nachteil ist die fehlende unmittelbare Anbindung an politische Entscheidungsprozesse. Diskurse prägen zwar Entscheidungen mit, Gesetze werden aber weiterhin im Parlament beschlossen und können auch diskursiven Mehrheiten entgegenstehen. Bisher können die Verfahren vor allem Diskurse prägen und öffentlich Druck ausüben. Beides kann Entscheidungen indirekt beeinflussen, es kann aber auch ignoriert werden und die Beteiligung so leicht in den Weiten des Internets wirkungslos verschwinden.

5.3 Demokratiediagnosen und aktuelle Problemstellungen

Ein elementarer Bestandteil der meisten Demokratien scheint auch deren Diagnose als ›schwach‹ oder ›gefährdet‹ zu sein. Nicht selten gibt es auch Untergangsvorstellungen. Ein Grund dafür könnte, aus der Theorie abgeleitet, die eingangs erwähnte Prämisse (▶ Kap. 5.2) sein, dass jede Demokratie Grundlagen benötigt, die sie selbst nicht automatisch garantieren kann (vgl. Böckenförde 1976, S. 60). Hierin ist immer eine paradoxe Spannung enthalten. Die empirische Entwicklung zeigt, dass einige Zeitdiagnosen zur weltweiten Verbreitung zu optimistisch waren.

5.3.1 Empirische Studien

Ende der Geschichte oder die Ausbreitung der Demokratie

Mit dem Zusammenbruch des Warschauer Pakts unter Vorherrschaft der Sowjetunion und den Eindrücken der Vereinigung zur neuen Bundesrepublik Deutschland formulierte der amerikanische Politikwissenschaftler Fukuyama seine Idee vom vermeintlichen »Ende der Geschichte« (Fukuyama 1992). Er meinte damit, dass sich die westliche Vorstellung und Verbindung von Demokratie, Menschenrechten, liberaler Staatsform und kapitalistischer Wirtschaftsweise als »Sieger« der Systemauseinandersetzung mit den kommunistischen und sozialistischen Staaten erwiesen hätte. Er leugnete nicht die Existenz autoritärer Herrschaftsformen, sah aber optimistisch in die Zukunft und meinte, dass sich die oben genannte westliche Herrschaftsform als so überlegen erwiesen hätte, dass sie sich perspektivisch in den meisten Ländern der Welt durchsetzen würde. In den 1990er Jahren schien sich diese Diagnose zunächst zu bestätigen. Vor allem in Osteuropa ersetzten Demokratien autoritäre Herrschaftsverhältnisse. Jüngere Studien (vgl. Bertelsmann Stiftung 2016) zeigen eine Trendwende. Sie verweisen auf eine Zunahme autoritärer Herrschaftsformen einerseits und eine Einschränkung demokratischer Rechte und Standards innerhalb demokratischer Regime andererseits. Vor allem zwei Tendenzen vermochte Fukuyama noch nicht zu sehen: den Aufstieg Chinas sowie das Problemfeld aus Demokratieentleerung und religiösem Fundamentalismus.

Das Chinesische Modell und seine Folgen für die Demokratie

In China regiert bis heute gemäß seiner Verfassung die kommunistische Partei in einem de facto Einparteienregime. Die Wirtschaftsverfassung wird offiziell als sozialistisch bezeichnet. Die Menschenrechtslage in China ist sehr problematisch, ökonomisch prosperiert das Land jedoch mit den üblichen Schwankungen und wird voraussichtlich in wenigen Jahren die USA als wirtschaftlich stärkste Nation der Welt überrundet haben. Was hat das mit Demokratie zu tun? Direkt natürlich nichts, indirekt sehr viel. Noch vor etwa 10–20 Jahren galten eine liberal-kapitalistische Wirtschaftsweise und eine demokratische Staatsform als quasi untrennbar. Das ist heute anders. Kapitalistische Wirtschaftssysteme können auch in autoritären politischen Systemen höchst effektiv und erfolgreich wirken. So ist mit der Ausbreitung des Kapitalismus keine Ausweitung der Demokratie mehr verbunden, und autoritäre Herrscher wissen seitdem, dass ein erfolgreiches Wirtschaften auch ohne Demokratisierung möglich ist. Damit verbunden ist eine Zunahme hybrider Regierungsformen, in denen z. B. in der Verfassung freie Wahlen vorgesehen sind. In der politischen Realität wird aber die Opposition massiv unterdrückt, Regierungspartei und Staat verschmelzen miteinander. Bei hybriden Regierungsformen fällt eine klare Zuordnung als »demokratisch« oder z. B. »diktatorisch« schwer. Sie umfassen zumeist mehrere Elemente unterschiedlicher Regierungsformen und befinden sich im Prozess wahlweise in der einen oder anderen Richtung.

Demokratieentleerung und religiöser Fundamentalismus

Spätestens mit den Anschlägen islamistischer Terroristen aus dem Netzwerk von al-Qaida am 11. September 2001 auf verschiedene Ziele in den USA, rückte die Auseinandersetzung mit religiösem Fundamentalismus und Terrorismus auf die internationalen Tagesordnungen. Die US-Amerikaner*innen erklärten den Terrorist*innen den Krieg und begründeten so militärische Interventionen und Kriegseinsätze u. a. in Afghanistan, Irak und Syrien. Parallel formte sich mit dem »Islamischen Staat« (IS) eine neue terroristische Bewegung, deren Anhänger*innen und Sympathisant*innen seitdem in vielen Städten der westlichen Welt gezielte Bombenanschläge und Mordattacken unternahmen. Ihre Ziele sind einerseits der Ausbau ihres vermeintlichen »Kalifats«, eines Gottesstaates auf islamischer Rechts- und Traditionsgrundlage. Andererseits erklären sie dem »Westen« und seinen Werten offen den Krieg und wollen mit den Anschlägen die westlichen Gesellschaften gezielt verunsichern und schwächen. Obwohl der IS derweil deutlich Einfluss und Territorium verliert, lebt die Idee an sich fort und Nachahmungen sind überaus wahrscheinlich.

Für alle Demokratien ist Terrorismus eine ernsthafte Herausforderung. Vorstellungen der Sicherheit müssen mit den Idealen der Freiheit in ein Gleichgewicht gebracht werden. Manchmal müssen auch demokratische Rechte eingeschränkt werden, um andere demokratische Rechte zu schützen. Dies betrifft z. B. Rechte der Polizei, in begründeten Verdachtsfällen, z. B. bei schweren Straftaten, unter Genehmigung eines Gerichts in private Wohnungen eindringen zu dürfen.

Zu beobachten ist seit 2001 eine deutliche Verschiebung der Diskurse in den demokratischen Rechtsstaaten. In vielen Ländern wurden verschiedene Anti-Terror- und Sicherheitsgesetze entwickelt oder massiv verschärft. Die Bandbreite der eingeleiteten Maßnahmen reichte von moderaten Veränderungen der Polizei- und Strafgesetze bis hin zu Einreisestopps aus muslimischen Ländern, der systematischen Erfassung privater Daten und deren Sammlung und persönliche Profilierung durch Geheimdienste.

Liberale Grundrechte wurden durch diese Entwicklung oft beschnitten oder eingeschränkt. Kritiker*innen dieser Entwicklung bezeichnen diese Tendenz als Demokratieverlust (vgl. beispielhaft Leutheusser-Schnarrenberger 2017). Befürworter verweisen hingegen auf ein Bedürfnis nach Sicherheit, ohne das die Legitimation der Demokratie schnell zu sinken drohe. Auch hier ist wieder ein Bedarf an politischer Aushandlung erkennbar.

5.3.2 Begrenzung demokratischer Handlungsfreiheit

Die Demokratie wird von dem Gedanken getragen, dass die Menschen wesentliche Entscheidungen für das Gemeinwesen tatsächlich mitgestalten, dass sie sich zwischen alternativen Vorstellungen entscheiden und vorher darüber öffentlich debattieren können. Diese Idealvorstellung der Demokratie wird von zwei Seiten her bedroht.

Die eine Seite hängt mit der Globalisierung der Wirtschaft zusammen. Große Kapitalunternehmen operieren längst nicht mehr in nationalstaatlichen Grenzen. Sie sind flexibel, verfügen über zahlreiche Absatzmärkte und können ihre Produktionswege internationalisieren. Der Nationalstaat verliert damit an Macht zur Regulierung der Wirtschaft, und das hat Folgen für die Demokratie. Wesentliche Bereiche der Gesellschaft entziehen sich so der nationalstaatlichen Steuerung. Das bedeutet, dass wichtige Bereiche für das Gemeinwesen, z. B. die Gestaltung der Arbeitsverhältnisse oder der Verbleib von Wirtschaftsbetrieben, nicht demokratisch verhandelt werden können. Im Gegenteil drohen oft große Unternehmen sogar nationalstaatlichen Regierungen mit dem Verlust von Arbeitsplätzen, Wirtschaftsleistungen oder (seltener) Steuereinkommen und nehmen so großen Einfluss auf Entscheidungen, die sich damit dem demokratischen Handeln zu entziehen drohen. Ein gängiges Beispiel dafür war die Bankenrettung nach der Weltwirtschaftskrise im Jahr 2008. Während in den Jahren vorher die Gewinne der Banken privatisiert wurden, mussten die Nationalstaaten unter der Drohung, mit dem Wegfall von Banken würde das gesamte Wirtschaftssystem zusammenbrechen, die Banken mit Milliardensummen retten. Die Verluste zahlten somit nicht die Verursachenden, sondern die Steuerzahler*innen. Mehrheitsfähig dürfte im Falle einer offenen Abstimmung in der Bevölkerung eine solche Politik kaum gewesen sein.

Ein anderer Fall betrifft den Zustand vieler Kommunen. Zahlreiche Städte, z. B. im Ruhrgebiet sowie Gemeinden in strukturschwachen Regionen in Ostdeutschland, sind so hoch verschuldet, dass sie de facto zwangsverwaltet werden oder sie verfügen nicht einmal über die Mittel, um ihre Pflichtaufgaben noch erfüllen zu können. Für sie gilt: Es fehlt das Geld für eigene, über die unmittelbaren Pflichtaufgaben hinausgehenden Projekte oder Initiativen. Die kommunale Politik verwaltet hier nur noch den gesetzlichen Zwang und verfügt über kaum noch eigene Spielräume, über die sie frei entscheiden könnte. Auch ein solcher Zustand ist dem oben skizzierten Demokratiegedanken abträglich.

Ungleichheit als Bedrohung der Demokratie

Einen grundlegenden Gedanken zum Funktionieren einer Demokratie entwickelte der Staatsrechtler Hermann Heller bereits im vorletzten Jahrhundert (vgl. Heller 1889). Für ihn braucht Demokratie ein Mindestmaß an sozialer Homogenität, um die nötige Aushandlung und Kompromissfindung auch über Klassen- und Milieuunterschiede hinweg zu ermöglichen. Wenn die Unterschiede in der Bevölkerung so groß würden, dass Schichten oder Klassen nicht mehr in der Lage seien, miteinander zu kommunizieren, oder sogar so verfeindet seien, dass sie auf die Ausgrenzung, wenn nicht sogar Vernichtung des jeweils anderen pochten, werde der für die Demokratie nötige Austausch von Argumenten und das Aushandeln von gemeinsamen Lösungen unmöglich. Niemand kann jedoch mit Sicherheit bestimmen, wieviel Ungleichheit eine Demokratie verträgt. Einige Autor*innen betonen geradezu auch die Notwendigkeit einer Ungleichheit, da sie die damit verbundenen Konflikte als Antriebskraft für Innovation und Fortschritt betrachten (vgl. Dahrendorf 1994). Weitgehend unstrittig ist nur, dass ein »Trend verschärfter sozialer Ungleichheit« (Wehler 2013, S. 13) seit Jahren auch in Phasen des Wirtschaftsaufschwungs zu beobachten ist. Bekannt und wissenschaftlich belegt ist der Zusammenhang zwischen Arbeitslosigkeit und Wahlbeteiligung sowie zwischen Einkommen und Engagement. Ist die Arbeitslosigkeit in einer Kommune sehr hoch, nimmt dort in der Regel die Wahlbeteiligung deutlich ab. Und gesellschaftliches Engagement hängt mit Bildung und zumeist auch mit dem Einkommen zusammen. In Regionen mit unterdurchschnittlicher Bildung und hoher Armut ist das bürgergesellschaftliche Engagement zumeist niedriger als in prosperierenden Regionen.

5.3.3 Postdemokratie oder Parteienstaat

Leben wir in einer Postdemokratie ...

Eine der meist diskutiertesten Diagnosen jüngeren Datums zum Zustand der Demokratien stammt von dem britischen Politikwissenschaftler Colin Crouch (2008). Er sieht westliche Staaten wie Großbritannien oder die Bundesrepublik Deutschland auf dem Weg zu einer »Postdemokratie«. Seine Kernthese lautet: Hinter demokratischen Kulissen gebe es schon lange keine Volkssouveränität mehr, sondern eine gezielte Steuerung durch ökonomische Lobbygruppen. Ihr Einfluss sei so bestimmend geworden, dass von einer »Demokratie« im ursprünglichen Sinne keine Rede mehr sein könne. Er macht diese These u.a. an Wahlkämpfen fest. Sie würden bestimmt durch Reklamefirmen, die die Themen auf Druck der Lobbyist*innen setzten und der Bevölkerung vorgaukelten, dies seien ihre Interessen oder Vorstellungen.

> **Postdemokratie**
>
> »Der Begriff bezeichnet ein Gemeinwesen, in dem zwar nach wie vor Wahlen abgehalten werden, Wahlen, die sogar dazu führen, daß Regierungen ihren Abschied nehmen müssen, in dem allerdings konkurrierende Teams professioneller PR-Experten die öffentliche Debatte während der Wahlkämpfe so stark kontrollieren, daß sie zu einem reinen Spektakel verkommt, bei dem man nur über eine Reihe von Problemen diskutiert, die die Experten zuvor ausgewählt haben.« (Crouch 2008, S. 10)

In der politikwissenschaftlichen Debatte wurden diese Thesen kontrovers diskutiert. Die wenigsten Autoren (vgl. dazu das Forschungsjournal Neue Soziale Bewegungen 4/2006) teilten die Thesen in ihrer Radikalität. Unbestritten blieb jedoch, dass viele Einzelthemen zu problematisieren sind, u. a. die Bedeutung von Lobbyismus, die Ökonomisierung des Sozialen und des Politischen, die Machart moderner Wahlkämpfe sowie die Loslösung des politischen Systems von anderen kommunikativen Systemen und damit seine schwächer werdende Anbindung an die Bevölkerung vor dem Hintergrund demokratischer Werte.

... oder in einem Parteienstaat?

Eine andere kritische Zeitdiagnose betrifft vor allem den Zustand und die reale Politik der Parteien in der Bundesrepublik. Ihr Auftrag gemäß Art. 21 GG klingt zurückhaltend. Danach wirken sie lediglich an der politischen Willensbildung des Volkes mit. Das klingt nach einem abendlichen Volkshochschulkurs zur politischen Bildung. Kritiker*innen widersprechen diesem Bild und entwickeln den Begriff des »Parteienstaats«. Einer der lautesten Vertreter dieser Position ist der Wissenschaftler Herbert von Arnim. Er trägt seine Position wie folgt vor: »Überall sind die Parteien an die Stelle des Volkes getreten. Sie haben den Staat und große Teile der Gesellschaft ihrem Kräftespiel, ihren Interessen und Bestrebungen unterworfen und ihn auf diese Weise innerlich gewandelt und von einer Demokratie zum Parteienstaat gemacht« (von Arnim 2017, S.243). Parteien erscheinen in seiner Argumentation gesteuert von einer politische Klasse als ein von der sonstigen Bevölkerung getrenntes und abgeschlossenes System. Konkret kritisiert er vor allem folgende Aspekte:

- das über die Jahre immer größer gewordene System der staatlichen Parteienfinanzierung, von dem alle etablierten Parteien profitieren;
- ein System der Ämterpatronage, in dem Parteien zunehmend versuchen, alle Schaltstellen vor allem der Medien, der Justiz und des sonstigen öffentlichen Dienstes mit Parteifreund*innen zu besetzen, um so auch nötige Kontrollen und die Gewaltenteilung einzuschränken;
- das Problem, dass das Parlament auch über jene Gesetze beschließt, von denen ausschließlich die Parlamentarier*innen selbst und damit auch ihre Par-

teien profitieren. Gängiges Beispiel sind die Diäten – das sind de facto die Gehälter plus Sachmittel – der Abgeordneten sowie die konkrete Ausformung der Wahlgesetze, die es z. B. kleineren Parteien und damit der Konkurrenz erschwert, in die Landesparlamente zu kommen.

Der Grundtenor dieser Kritik ist nicht neu. Bereits 1992 kritisierte der damalige Bundespräsident Richard von Weizäcker die zunehmende Differenz zwischen Auftrag und Praxis der Parteien (vgl. Die ZEIT vom 19.06.1992) Den Sozialwissenschaftlern Scheuch gelang am Beispiel der Stadt Köln auch eine eindrucksvolle Lokalstudie, die sich mit zentralen Aspekten der Kritik von Arnims deckte (vgl. Scheuch/Scheuch 1992).

Der Mainstream der Parteienforschung bestreitet nicht zentrale Probleme des Parteiensystems, vermeidet aber die klare Trennung zwischen Parteien auf der einen und der Gesellschaft auf der anderen Seite, betont die Kontrollfunktionen der Medien und der Justiz, die weitere Auswüchse verhinderten und unterstützt zahlreiche Reformvorschläge, die auch innerhalb vieler Parteien diskutiert und unterstützt werden. Dazu gehören:

- Zunahme direkter Wahlen z. B. von (Ober-)Bürgermeister*innen,
- Parteireformen, die mehr Mitbestimmung und eine erhöhte Transparenz von Entscheidungsverfahren versprechen,
- Forderung nach mehr Bereitschaft, Ämterübernahmen auch für Nichtmitglieder und Quereinsteigende in die Politik zu erleichtern und zu unterstützen,
- Vorschläge zu einer erhöhten Transparenz von Einnahmen der Abgeordneten sowie von Sperrfristen für Übergänge von politischen Ämtern z. B. zu Wirtschaftsbetrieben,
- Änderung von Wahlgesetzen, wie der z. B. vom Bundesverfassungsgericht derweil durchgesetzte Wegfall von Sperrhürden («5 % -Hürde») auf kommunaler Ebene.

Trotz der Durchsetzung vieler kleinerer Reformen kann der Radikalkritik an den Parteien noch nicht vollständig überzeugend begegnet werden – im Gegenteil sind Probleme offensichtlich. Andererseits ist eine repräsentative Demokratie ohne Parteien kaum vorstellbar. Eine völlige Beschneidung der Parteien zu einer Bildungsorganisation unter vielen, wie es das Grundgesetz sprachlich suggeriert, ist ohne kompletten Systemwechsel kaum denkbar. Einigkeit besteht immerhin bei den meisten, dass der öffentliche Diskurs und Streit die zentralen Mittel sein werden, um die Macht der Parteien neu zu justieren und sie in ihrem Innersten auch zu verändern.

5.3.4 Die Republik der Alten und die fehlende Beteiligung der Jungen

Eine andere Demokratiediagnose prognostiziert die zunehmende Dominanz der alten gegenüber der jüngeren Generation. Ältere würden Entscheidungen zu ih-

5.3 Demokratiediagnosen und aktuelle Problemstellungen

ren Gunsten treffen und den Jungen auf diesem Wege die Zukunft verbauen, so die zentrale, nur leicht zugespitzte These. Verantwortlich dafür sei auch das vermeintlich fehlende Engagement einer egoistischen, nur auf den eigenen Vorteil bedachten jüngeren Generation. Als zentrales Argument wird diesbezüglich meist die fehlende Repräsentation der Jüngeren in Parteien angeführt.

Ein erster Blick auf Parteimitgliedschaften scheint die These auch zu belegen. So schreibt Niedermayer (2017, S. 375) bezogen auf die größeren Parteien zum aktuellen Stand: »Betrachtet man die Grobgliederung der Altersstruktur (...), so sind auch noch 2015 in der Mitgliedschaft von CDU, SPD, CSU und der Linkspartei die Älteren (ab 61 Jahre) deutlich – bei der FDP nur leicht – überrepräsentiert, während sie in der Grünen Mitgliedschaft (...) deutlich unterrepräsentiert sind.« An Dynamik gewinnt dieser Befund noch angesichts des generellen Mitgliedertrends. Seit 1990 haben mit Ausnahme der Grünen und der erst später gegründeten AfD alle großen Parteien massiv an Mitgliedern verloren, wie folgende Tabelle zeigt (▶ Tab. 13).

Tab. 13: Mitgliederentwicklung der Parteien, Quelle: Niedermayer (2017, S. 375)

Partei	Mitgliederentwicklung seit 1990
CDU	- 45,3 %
CSU	- 23,5 %
SPD	- 54,1 %
FDP	- 68,0 %
Bündnis 90/Die Grünen	+ 49,1 %
Alternative für Deutschland	Erst später gegründet
Die Linke (vorher PDS)	- 79,0 %

Ende 1989 gehörten noch 3,6 % der Bevölkerung in der Bundesrepublik einer Partei an. In der DDR war der Organisationsgrad auch durch den Druck der Diktatur erheblich höher. Mit 2,3 Millionen Mitgliedern war alleine ein Fünftel der Wahlberechtigten in der DDR Mitglied der Staatspartei SED. Bis 2015 sank die Zahl der Parteimitgliedschaften in der gesamten Bundesrepublik Deutschland auf 1,7 % der Bevölkerung. Da damit auch alle nicht-aktiven Mitglieder umfasst sind, beteiligt sich in den Parteien nur noch eine verschwindende Minderheit der Bevölkerung. Dabei überwiegen in allen Parteien Männer. In keiner der etablierten Parteien verfügen Frauen über eine Mehrheit. Im Gegenteil, so schreibt Niedermayer in seiner Studie zu Parteimitgliedschaften, zeige sich, »dass der Anteil der Frauen an den Parteimitgliedschaften sehr unterschiedlich ist. Den geringsten Anteil weist 2016 die AfD mit 16 Prozent auf, gefolgt von der CSU mit 20 Prozent. Den höchsten Anteil haben 2016 mit 39 Prozent die Grünen zu verzeichnen, gefolgt von der Linkspartei mit 37 Prozent« (Niedermayer, 2017, S. 372).

Was sagt das nun über die jüngere Generation? Deutlich weniger, als zunächst zu vermuten wäre. Die Zahlen sagen nur, dass junge Menschen sich sehr wenig in Parteien organisieren. Unbeteiligt sind sie deswegen noch lange nicht. Sie engagieren sich anders: projektbezogen, befristet, anlass- und aktionsbezogen und weniger in festen, hierarchisch strukturierten und bürokratisch vorgefertigten Strukturen. Dies passt auch eher zu den Anforderungen einer zunehmend individualisierten Gesellschaft mit den besonderen Ansprüchen einer globalisierten Arbeitsgesellschaft an Flexibilität, Mobilität und Internationalisierung. Und es hat auch konkrete Folgen.

Parteikarrieren basieren häufig auf einem jahrelangen Engagement und den langsamen Aufstieg im eigenen Verband. Eine hohe Präsenz auf Veranstaltungen wird genauso vorausgesetzt wie eine häufige Teilnahme an Hintergrundgesprächen und informellen Sitzungen. Personen, die aus beruflichen Gründen, öfter ihren Wohnort wechseln oder zwei Wohnsitze haben, bleibt damit der ›klassische Karriereweg‹, der umgangssprachlich auch ›Ochsentour‹ genannte Aufstieg in Parteien genauso verwehrt wie Menschen mit wenig Zeit, wie z. B. Alleinerziehenden. Spannend sind diesbezüglich auch biographische Untersuchungen zu jüngeren Politiker*innen. Langguth (2012, S. 170-179) stellt in seiner Untersuchung zu jüngeren Bundestagsabgeordneten folgende Trends fest:

- Viele sind ledig. Wer früh eine Familie gründet, hat für Politik oft keine Zeit.
- Fast alle haben Abitur, und ein Doktortitel scheint attraktiv zu sein.
- Viele Abgeordnete kaschierten ihre Berufsangaben. Viele haben nie jenseits ihrer Partei gearbeitet und somit gibt es für sie auch kein »zurück« zu einem alten Beruf und alternativem Einkommen. Auffallend sei eine Häufung von Rechtsanwält*innen, Unternehmer*innen seien entgegen landläufiger Klischees eine Seltenheit bei den jungen Abgeordneten.

Der Trend geht somit zum Politikprofi mit guter Ausbildung, aber ohne Berufserfahrung jenseits seiner Partei oder damit verbundener Politikfelder. Die Freiheit der Abgeordneten stärkt eine solche Position nicht, da ihre private und soziale Situation stark vom Wohlwollen und Erfolg seiner Partei abhängt. Auch spiegelt sich so kein repräsentativer Querschnitt der Bevölkerung wider.

Viele junge Menschen schreckt ein solcher Karriereweg. Er erscheint auch unsicher, familien- und kinderunfreundlich und in der Öffentlichkeit wenig anerkannt. Hinzu kommt die Abneigung von Parteien, Quereinstiege zu unterstützen (Lorenz/Micus 2013, S. 52ff.).

5.3.5 Wandlungen in der Bürgergesellschaft

Ein gängiges Diskursthema sind auch die jeweiligen Wandlungen in der Bürgergesellschaft. Folgende Trends zeigen sich in der aktuellen Diskussion:

Wandlung der modernen Protestbewegungen

Spätestens mit den Protesten gegen den Umbau des Stuttgarter Hauptbahnhofs zeigte sich ein Wandel der sozialen Zusammensetzung von aktuellen Protestbewegungen sowie ihrer Formen. In der marxistischen Idee findet sich die Figur der unterdrückten Klasse, die sich und ihre Interessen erkenne, um darauf aufbauend ihr Menschenrecht und damit ihre Emanzipation als Klasse zu erkämpfen. Mit der aktuellen Realität hat das nichts zu tun. In seiner vergleichenden Untersuchung zu modernen Protestformen kommt das Forscherteam um Franz Walter zu folgendem Ergebnis:

> »Der Bürgerprotest ist ganz buchstäblich ein Protest von Bürgern im soziologischen Sinn. Zu Kundgebungen und Straßendemonstrationen haben sich in den letzten Jahren nicht die Deklassierten oder Marginalisierten aufgemacht, nicht diejenigen, die Opfer der ökonomischen Umstrukturierungen (…) geworden sind. Auf die Barrikaden gingen vornehmlich Bürger*innen mit hoher Bildung, ordentlichem Einkommen, vielseitigen sozialen Kontakten, anspruchsvollen Berufstätigkeiten.« (Walter, Marg, Geiges & Butzlaff 2013, S. 307)

In der Demokratietheorie wird oft betont, dass Partizipation ein Schlüssel zu einer gelungenen Demokratieentwicklung sei. Für den Zusammenhalt einer Gesellschaft gibt es in der modernen Protestkultur jedoch auch Schattenseiten und mögliche negative Auswirkungen, denn wer protestiert, braucht wie schon bei den Mitgliedschaften in Parteien Zeit und Möglichkeiten dazu. Familien beispielsweise mit kleinen Kindern finden sich in den untersuchten Fällen kaum in den Protestbewegungen wieder. Sie treten jedoch auf den Plan, wenn es konkret um ihre Kinder geht. Auf viele weitere Adressat*innengruppen der Sozialen Arbeit trifft dies ebenfalls zu. So heißt es in der oben genannten Studie: »Bildungsbürgerliche Aktivisten ziehen zusätzliche bildungsbürgerliche Neugierige und Interessenten an, die durch die Affinität in Sprache, Habitus und Argumentationsweise sich rasch zurechtfinden und wohl fühlen« (Walter, Marg, Geiges & Butzlaff 2013, S. 309). Nichtakademische Schichten schreckt das oft ab. Sie fühlen sich unwohl, deplatziert und meinen, dass ihre Rhetorik nicht reiche, und resignieren dann schnell. Die moderne Protestkultur hat somit auch eine Schattenseite, indem sie zur Konservierung und Verstärkung sozialer Ungleichheit durch die Verteidigung von Privilegien einer Bürgerschicht beitragen kann.

Gerade für Sozialarbeiter*innen ergibt sich daraus die Frage, ob sie es auch als ihren Auftrag ansieht, eine öffentliche Stimme für den Teil ihrer Adressat*innengruppen zu sein, die nicht über das soziale und kulturelle Kapital verfügen, um sich in professioneller Form in diesen Bewegungen zu engagieren.

Schwäche der ostdeutschen Zivilgesellschaft?

Eine Dauerklage betrifft die ostdeutsche Zivilgesellschaft. Erst mit der Vereinigung 1990 sei es möglich gewesen, sich demokratisch zu engagieren. Vor allem älteren Ostdeutschen fehle somit Demokratieerfahrung. Tatsächlich zeigten viele Untersuchungen (vgl. z. B. Gensicke, Olk, Reim, Schmithals & Dienel 2009) vor allem eine deutlich schwächer ausgeprägte Bürgergesellschaftskultur im Osten als im Westen. Sie zeigten aber auch Potentiale und Unterschiede auf. Ein grober Fehler wäre es, das Engagementpotential in Ostdeutschland zu unterschätzen. Es ist nur bis heute weniger primär politisch, dafür öfter auf Geselligkeit oder soziale und kulturelle Integration ausgerichtet. Auch zeigen neuere Studien deutliche Tendenzen einer Angleichung zwischen Ost und West bei gleichzeitigen Ausdifferenzierungen, die sich jedoch an sozialen und nicht an regionalen Faktoren festmachen lassen (Bertelsmann Stiftung 2016).

Die »dunkle Seite« der Zivilgesellschaft, Flüchtlingspolitik und Willkommensinitiativen

Innerhalb der zivilgesellschaftlichen Sphäre tummeln sich auch illiberale, antimoderne und undemokratische Strukturen und Initiativen. Der Politologe Roth prägte dafür den Begriff der »dunklen Seite« (Roth 2003) der Zivilgesellschaft, die sich in jüngerer Zeit in neuen Protestbewegungen und im Begriff des »Wutbürgers« widerspiegelt.

Augenfälliges Beispiel für eine Protestbewegung eines solchen neuen Typs waren die PEGIDA-Demonstrationen vor allem in Sachsen. Die thematischen Ausrichtungen dieser »Patriotischen Europäer gegen die Islamisierung des Abendlandes« waren zunächst eher diffus denn stringent und z. T. auch durchaus widersprüchlich. Beispielsweise wurden einerseits Pressevertreter*innen generell als Lügende bezeichnet. Andererseits forderten die Organisatoren gerade deren Berichterstattung über sie. Oder es entlud sich auf den Demonstrationen ein kruder Rassismus. Gefordert wurde dann jedoch ein liberales Einwanderungsrecht nach dem Vorbild Kanadas. Mehrheitlich artikulierten die Demonstrierenden Ängste oder auch eine offene Ablehnung vor allem muslimischer Zuwanderung. Sie beschimpften wüst die Vertreter*innen der größeren Parteien jenseits der AfD sowie nahezu alle Repräsentant*innen des Staates. Schnell schlossen sich der Demonstration auch bekannte Rechtsextremist*innen aus dem ganzen Bundesgebiet an, ohne dass es diesbezüglich zu einer klaren Distanzierung des Organisatorenkreises gekommen wäre.

Erste wissenschaftliche Daten zu den Demonstranten brachten z. T. überraschende Erkenntnisse. So gehe eine außerordentlich hohe Zahl der Teilnehmenden einer geordneten Beschäftigung nach (Vorländer, Herold & Schäller 2016, S. 59). Ein großer Teil verfüge zudem über einen hohen Bildungsabschluss und verdiene auch mehr als der sächsische Durchschnitt (ebd., S. 61f.). Es waren somit auch hier eher nicht die ökonomischen Verlierer*innen, die sich den Demonstrationen anschlossen. Sondern es waren vornehmlich jene, die noch etwas zu verlieren haben und genau davor Angst haben.

Parallel zur Entwicklung der PEGIDA-Demonstration erlebte die Bundesrepublik Deutschland einen massiven Zuzug von Flüchtlingen aus den Bürgerkriegsregionen des Nahen Ostens, den Balkanländern, aber auch aus den Armutsregionen Afrikas. Innerhalb der Zivilgesellschaft gab es eine bis dahin unbekannte Spaltung. Auf der einen Seite standen jene Initiativen, die im Begriff der »Willkommenskultur« zusammengefasst wurden und sich um eine menschenwürdige Behandlung und Versorgung der Flüchtlinge kümmerte. Auf der anderen Seite formierten sich an vielen Orten die Gegner*innen und Skeptiker*innen dieser Flüchtlingspolitik. Damit verbunden war ein massiver Anstieg von Gewalttaten gegen Flüchtlingsheime. Diese Spaltung der Gesellschaft in Gegner*innen und Befürworter*innen zeigte sich ferner in lokalen Untersuchungen und war einer der Gründe für den zweiten Aufstieg der AfD (Borstel & Luzar 2016). Sie profitierte davon, sich als einzige nicht eindeutig rechtsextreme Partei gegen den Kurs der Bundesregierung in der Flüchtlingspolitik gestellt zu haben.

Das Phänomen der »dunklen Seite« ist inzwischen oft beschrieben und analysiert worden. Strittig ist ihre Bedeutung für die Demokratie. Einige Autor*innen sehen darin eine ernsthafte Gefährdung der demokratischen Kultur und damit des demokratischen Staatsgefüges sowie der modernen und liberalen Gesellschaft (vgl. Funke 2017). Dem widersprechen andere Autor*innen wie Patzelt (2017). Sie sehen darin eine Angleichung an europäische Standards und eine zulässige Ausdifferenzierung im rechten und konservativen Parteienspektrum. Auch betonen sie, dass mit der neuen Sichtbarkeit des Phänomens dessen politische und gesellschaftliche Bearbeitung einfacher werde, und sehen darin weniger eine Gefahr als sogar eine Chance der Aktivierung demokratischer Prozesse.

5.3.6 Extremismus als Gefahr der Demokratie?

Auch der politische Extremismus hat eine lange Tradition. Jedoch ist noch nicht einmal sein Begriff eindeutig geklärt. Extremismustheoretiker*innen begreifen ihn vor allem als Gefährdung des Staates (vgl. Backes/Jesse 1993). Extremistisch seien Bestrebungen von rechts oder links, die sich in aktiv kämpferischer Art und Weise gegen die Grundnormen und das Gefüge des Staates richteten. Soziologische Forscher*innen kritisieren daran eine falsche Fokussierung auf den Staat und argumentieren u. a. mit den Opfergruppen rechtsextremer Gewalt. Dies seien meistens Mitglieder schwach verankerter Gruppen, wie z. B. Flüchtlinge, und eher selten Staatsbedienstete. Für sie eint extremistische Formationen eine Gewaltbereitschaft mit einer Ideologie der Ungleichwertigkeit der Menschen (Heitmeyer 1992, 13ff.). Diese meint die Einteilung aller in abgrenzbare Menschengruppen anhand biologischer, sozialer oder kultureller Merkmale, denen unterschiedliche Eigenschaften und damit Wertigkeiten zugeordnet werden.

Beide Forschungsrichtungen sind sich in ihren empirischen Studien häufiger näher, als es ihre Auseinandersetzungen vermuten lassen. So spielen eindeutig linksextreme Parteien seit Jahrzehnten überhaupt keine Rolle bei Wahlen. Als demokratiegefährdend werden Strömungen autonomer linker Militanz angesehen, zu denen es bisher jedoch nahezu keine seriöse Forschung gibt.

Im rechten Extremismus sieht die Lage etwas anders aus. Hier zeigen sich Tendenzen einer Ausdifferenzierung. Eindeutig rechtsextreme Parteien sind derzeitig eher schwach und z. B. in keinem Landtag mehr vertreten. Inwieweit die AfD sich möglicherweise zu einer homogenen rechtsextremen Partei entwickelt oder auch nicht, ist derzeitig noch offen. Der moderne Rechtsextremismus agiert jedoch schon lange als soziale Bewegung von rechts, die auf Parteien nicht angewiesen ist, um zumindest regional mobilisierungs- und aktionsfähig zu sein. Bekanntes Beispiel ist dafür die Region Vorpommern, die europaweit von Rechtsextremisten als Vorbild für soziale und ökonomische Verankerung gerühmt wird, wie Borstel und Luzar (2014) berichten.

Weitgehend unstrittig ist in der Forschung, dass extremistische Bestrebungen immer eine gewaltbereite Alternative und damit Gefährdung der Demokratie waren und bleiben.

5.4 Zusammenführung für die Soziale Arbeit

Soziale Arbeit ist eine Menschenrechtsprofession. Menschenrechte sind wiederum die Basis jeder Demokratie, somit hat Soziale Arbeit auch einen Auftrag der Demokratiestärkung und -entwicklung. Demokratie selber ist dabei kein stabiler Endzustand, sondern ein dauerhafter Prozess. Sie wandelt sich, wird gestärkt, geschwächt und offen bekämpft. Soziale Arbeit hat in den damit verbundenen Konflikten einen mehrfachen Auftrag. Sie muss die normativen Werte der Menschenrechte verteidigen und dem Einzelnen helfen, seine Rechte auch zu bekommen. In der Gemeinwesenarbeit verfügt sie aber auch über Aufgaben, Methoden und Instrumente, um Demokratie vor Ort zu leben, zu stärken und weiterzuentwickeln.

Ihre Aufgabenbereiche gehen aber auch darüber hinaus. Soziale Arbeit ist dann, wenn sie gut und professionell ist, ein Seismograph für gesellschaftliche Entwicklungen. Politik soll diese, wiederum wenn sie gut und professionell agiert, steuern und entsprechende Rahmungen geben. Soziale Arbeit kann politischen Entscheidungsträger*innen somit helfen, Problemlagen wahrzunehmen und zu analysieren. Oft wird das auch in Form kritischer Interventionen von Seiten der Sozialen Arbeit geschehen müssen.

Darüber hinaus ist Soziale Arbeit eine Form von Anwaltschaft für ihre Klient*innen, vor allem für jene, die selbst nicht die Kraft, Zeit, Lust oder Fähigkeiten haben, für ihre Rechte und Anliegen auch öffentlich einzutreten. Oft haben die Zielgruppen der Sozialen Arbeit keine eigene, starke Lobby. Soziale Arbeit kann z. B. über Maßnahmen der politischen Bildung dazu beitragen, ihre Klient*innen zu ermuntern und zu qualifizieren, sich für ihre Belange zu engagieren. Sie kann aber auch selbstständig zu den Themen ihrer Adressat*innen Stellung beziehen, Vorschläge unterbreiten und Forderungen auch gegenüber der Politik stellen. Die Organisationen der Sozialen Arbeit sind eine zentrale Stütze jeder demokratischen Bürgergesellschaft. Sie können aber auch Parteien beraten, sich in sozialen Bewegungen engagieren oder sich in Partizipationsprojekten einbringen bzw. diese selbst initiieren.

Das Einzige, was ihr kaum gelingen wird, ist, unpolitisch zu bleiben. In dem Moment, in dem sie sich als Menschenrechtsprofession begreift, entwickelt Soziale Arbeit eine politische Position, mit der sie sehr oft in Konflikt mit der vorherrschenden Politik geraten wird.

📖 Weiterführende Literatur

Crouch, Colin (2008). Postdemokratie. Frankfurt a. M.: Suhrkamp Verlag.
Embracher, Serge (2012). Baustelle Demokratie. Die Bürgergesellschaft rgergesellschaft revolutioniert das Land. Hamburg: Edition Körber Stiftung.
Nanz, Patrizia & Fritsche, Miriam (2012). Handbuch Bürgerbeteiligung. Verfahren und Akteure, Chancen und Grenzen. Bonn: Lizenzausgabe für die Bundeszentrale für politische Bildung.

6 Europapolitik

In der praktischen Sozialen Arbeit geht es meistens um die Lösung konkreter Einzelfälle. Viele meinen, es gibt konkrete Personen mit einem Bedarf und dazu passende Konzepte der Hilfe zur Selbsthilfe. Das ist einerseits richtig, greift aber andererseits zu kurz. Es beginnt mit der Frage der politischen Zuständigkeit zur Lösung sozialer Probleme. Natürlich ist es beispielsweise großartig, wenn Soziale Arbeit einem Einzelnen hilft, aus der Armutsfalle zu kommen, indem man die Person z. B. zur Schuldner*innenberatung bringt, ihr bei der Suche nach einem Job hilft usw. Armut an sich wird es jedoch weiterhin geben. Geht der Anspruch weiter, nämlich über den Einzelfall hinaus, ist es wichtig, den richtigen Ort politischer Entscheidungen und Zuständigkeiten zu kennen. Die europäische Ebene hat dabei in den letzten Jahrzehnten beständig an Bedeutung gewonnen. Viele ökonomische und zudem soziale Fragen werden heute zumindest europäisch koordiniert und z. T. auch dort entschieden. Zunehmend hängen auch Maßnahmen und Jobs der Sozialen Arbeit an europäischen Fördergeldern. Zu den politischen Grundkenntnissen für die Soziale Arbeit gehört daher auch eine Übersicht über europapolitische Fragen und Strukturen. Dabei ist es zunächst wichtig, sich über die Gründe für und gegen eine europäische Integration zu verständigen.

Alex Bogdanow und Sara Tuna sitzen in einer gemeinsamen Fortbildung und hören einer Kollegin zu, die mit folgendem Problem konfrontiert wurde: In der Familienhilfe wurde sie in ein anstrengendes Gespräch gezogen. Der Familienvater wetterte lautstark gegen die »Bonzen« da hinten in Brüssel und Straßburg. Deutschland müsse immer nur zahlen – für die »faulen Griechen« und »korrupten Italiener« und überhaupt. Niemand wisse, was die da in der EU wirklich machten. Aber »wenn dann mal eine Gurke krumm« wachse, kämen die gleich »mit einer Regelung für alle aus dem Busch gekrochen«. Das müsse aufhören – endgültig. Deutschland sei stark genug, sich um sich selbst zu kümmern. Es spreche nichts dagegen, gute nachbarschaftliche Beziehungen zu den Nachbarstaaten zu pflegen – im Gegenteil, da sei er sehr dafür. Aber man könne nicht immer für alle bezahlen und solle auch nicht mehr »fremdbestimmt« werden. Warum – will er wissen – wird deutsches Geld nicht deutschen Familien in Not gegeben und stattdessen »den Südländern« hinterhergeschmissen? Unterstützungsheischend schaute er sie an. Die Kollegin war ratlos angesichts dieser Lawine. Soll sie dem Gespräch aus dem Weg gegen oder einsteigen? Wenn sie sich traut, hilft ihr das folgende Grundwissen bei der Argumentation.

6.1 Europäische Integration – Theorie und Geschichte

Die Geschichte Europas war bis 1945 über Jahrhunderte geprägt durch kriegerische Auseinandersetzungen (vgl. Winkler 2010). Frieden war eine Ausnahme, Krieg die Normalität. Dabei waren die Kriege manchmal begrenzt auf kleinere Regionen, dennoch kannte Europa z. B. im Dreißigjährigen Krieg auch Phasen der totalen Verwüstung und Vernichtung. Ein übergeordnetes *Muster* ließ sich dabei erkennen: Immer dann, wenn die Länder des Zentrums, also derjenigen Regionen, wo heute die Bundesrepublik Deutschland und Frankreich liegen, sich stark fühlten, versuchten diese ihren Einfluss auf die Länder der Peripherie auszuweiten. Und immer dann, wenn die Länder des Zentrums geschwächt waren, drangen die Länder der Peripherie ins Zentrum vor, z. B. Schweden, die Türkei oder Russland.

Mit diesem Rhythmus war 1945 Schluss. An seine Stelle trat im Westen des Kontinents die Idee der europäischen Integration. Sie war und ist die Grundlage für eine jahrzehntelange Friedensphase in Europa zumindest zwischen den großen Staaten auf dem Kontinent. Kriege wurden zur Ausnahme und konnten auf Länderebene u. a. in der Ukraine oder in den Nachfolgekriegen auf dem Territorium des früheren Jugoslawiens begrenzt werden. Wie kam es dazu? Was sind somit die Gründe, die für eine europäische Integration sprechen? Und welche Argumente besitzen die Gegner*innen der europäischen Integration?

6.1.1 Drei Gründe für eine europäische Integration

Es gibt drei zentrale Argumentationslinien zur Begründung einer erweiterten europäischen Zusammenarbeit. Sie liegen in der Vergangenheit, Gegenwart und in der Zukunft des Kontinents.

Argument 1 – Aus der Vergangenheit

Die Europäische Union hatte ihren Ursprung im Schutt und in der Asche des Zweiten Weltkrieges, im bestialischen Morden und der Idee der totalen Vernichtung europäischer Völker – ausgelöst durch den nationalsozialistischen Angriffskrieg auf seine Nachbarn in Ost und West. Niemand kennt die genaue Zahl der Toten dieses Grauens. Wissenschaftliche Untersuchungen sprechen von mehr als fünfzig Millionen Kriegstoten, davon mindestens 26 Millionen Menschen aus der Sowjetunion, über sechs Millionen Polinnen und Polen, aber auch über sechs Millionen tote Deutsche (vgl. Kershaw 2016, S. 473ff.).

Hinzu kam mit dem Holocaust der Versuch der systematischen Vernichtung aller Jüdinnen und Juden weltweit (siehe Friedländer 2006). Auch hier kennt niemand die genaue Zahl der Opfer. Aber ca. sechs Millionen vor allem europäische Jüdinnen und Juden wurden mit exakter bürokratischer Planung und den Mitteln der technischen Moderne systematisch ermordet. Der zugrundeliegende Antisemitismus war kein deutsches Phänomen, in keinem anderen Land wurde er jedoch im Namen des Staates so mörderisch interpretiert und umgesetzt. Die Judenverfolgung als Vorlauf der Vernichtung fand dabei nicht im Stillen, sondern in aller Öffentlichkeit statt. Millionen Deutsche nicht-jüdischer Herkunft profitierten von der Vertreibung und Ermordung ihrer früheren Nachbar*innen und Freund*innen. Sie bezogen ihre Arbeitsstellen und Wohnungen oder bereicherten sich an deren Vermögen. Sie halfen mit bei der Verfolgung: als Beamt*innen, Polizist*innen, Lokführer*innen oder spitzelnde Nachbarn. Nur wenige wagten sich, dem offensiv entgegenzustellen und riskierten ihr Leben für die Menschlichkeit.

Diese dunklen Jahre der Menschheitsgeschichte endeten mit der bedingungslosen Kapitulation des »Deutschen Reiches«. Deutschland – eben noch mit dem Anspruch einer Weltmacht – existierte als Staat nicht mehr. Die Truppen der Sowjetunion, der USA, der Briten und später auch der Franzosen übernahmen als Alliierte die Kontrolle über ihre jeweiligen Zonen. Berlin teilten sie in vier Bezirke auf und versprachen eine gemeinsame Zusammenarbeit in der ehemaligen Reichshauptstadt.

Angesichts der ungeheuren Verbrechen des »Deutschen Reiches«, aber auch der jahrhundertelangen Erfahrungen des Krieges, im Angesicht der Millionen Opfer und dem langsamen Vergewissern über die Ungeheuerlichkeit der Judenvernichtung überraschen alliierte Pläne zur vollständigen und dauerhaften Unterdrückung jeden deutschen Anspruchs auf eine erneute Wiederaufnahme in den Kanon der zivilisierten Staaten nicht. Überlegungen, aus Deutschland einen reinen Agrarstaat ohne Militär, Industrie und geringer Infrastruktur zu machen, waren ernst zu nehmende Optionen. Allerdings hatten sich in der internationalen Politik derweil zwei zentrale Veränderungen ergeben.

Im August 1945 setzte das amerikanische Militär nicht wie zunächst geplant in Berlin, sondern im japanischen Hiroshima einen neuen Waffentypus, die sogenannte Atombombe, ein. Sie basiert auf Kernspaltungen und setzt in Sekunden ein Höchstmaß an Hitze, Strahlung und Druckwellen frei. Sie kann in Sekunden Großstädte auslöschen, die Menschen verbrennen zumeist oder werden in Sekunden erdrückt. Die freigesetzte Strahlung tötet auch Jahrzehnte nach dem Abwurf noch. In Hiroshima starben ca. 70.000 bis 80.000 Menschen bereits Sekunden nach dem Auftreffen der Bombe. Für zukünftige Kriegsführungen hatte dieser Waffentypus enorme Wirkungen. Die Totalität der Waffengänge wurde so noch einmal gesteigert. Vor allem für das kleine Europa hieß es aber, dass jeder Nuklearkrieg in Europa zukünftig – auch angesichts der freigesetzten radioaktiven Strahlen – den kompletten Kontinent treffen würde. Kriege zwischen Staaten mit Atombomben waren fortan nicht mehr regional begrenzbar, sondern drohten apokalyptische Ausmaße anzunehmen. Zwar verfügten zunächst nur die Amerikaner*innen über diese Waffen. Schnell zogen jedoch u. a. die Sowjetunion, Frankreich und Großbritannien nach. Kriege in Europa drohten somit zukünftig atomar geführt zu werden. Das war eine neue Bedrohungslage und verlangte nach neuen Umgangsstrategien.

Hinzu kam, dass mit dem Kriegsende auch schnell ein zentraler Systemgegensatz wieder offener zutage trat. Angeführt von der vom Krieg schwer geschädigten und ausgezehrten Sowjetunion schlossen sich in Osteuropa die Länder oft gegen innere Widerstände und unter massivem Druck zu einer sozialistischen Staatengemeinschaft zusammen. Im Sinne Marx', Engels und Lenins dominierten dort kommunistische Parteien unter der Idee der Diktatur des Proletariats. Der Kapitalismus sollte besiegt, die Wirtschaft planwirtschaftlich organisiert und die Bevölkerung in eine bessere Zeit des Sozialismus und später des Kommunismus überführt werden. Anders hingegen organisierte sich die westliche Sphäre: Unter Führung der USA dominierte hier die Idee der Marktwirtschaft, politisch umrahmt durch liberale Demokratiesysteme.

Die Trennlinie zwischen beiden Systemen verlief mitten durch Deutschland. Die Berliner Mauer wurde später zum sichtbarsten Symbol der Unvereinbarkeit beider sich feindlich gegenüberstehenden, politischen und wirtschaftlichen Ideen und Systeme. Der Anspruch beider Großmächte, der USA wie der Sowjetunion, endete nicht an deren aktuellen Grenzen, sondern beide rangen um Weltgeltung. Der Ost-West-Konflikt, der die Welt bis 1989 prägte, war schon früher geboren, jetzt wurde er aber sichtbarer und dominant.

In diesem Kontext überwanden europäische Politiker*innen eine alte Regel, nach der Kriegsgewinner dem Verlierer die Bedingungen des Friedens diktieren. Es entstand vielmehr die Idee einer Zusammenarbeit statt des Diktats. Als einer der ersten fasste diese Idee der britische Premier Churchill in seiner berühmten Rede vor Züricher Studierenden bereits im Jahr 1946 zusammen. Er sagte:

> »Und doch gibt es all die Zeit hindurch ein Mittel, das, würde es allgemein und spontan von der großen Mehrheit der Menschen in vielen Ländern angewendet, wie durch ein Wunder die ganze Szene veränderte und in wenigen Jahren ganz Europa, oder doch dessen größten Teil, so frei und glücklich machte, wie es die Schweiz heute ist. Welches ist dieses vorzügliche Heilmittel? Es ist die Neuschöpfung der europäischen Völkerfamilie, oder doch so viel davon, wie möglich ist, indem wir ihr eine Struktur geben, in welcher sie in Frieden, in Sicherheit und in Freiheit bestehen kann. Wir müssen eine Art Vereinigte Staaten von Europa errichten. Nur auf diese Weise werden Hunderte von Millionen sich abmühender Menschen in die Lage versetzt, jene einfachen Freuden und Hoffnungen wiederzuerhalten, die das Leben lebenswert machen.« (Churchill 1946)

Die Idee der späteren Europäischen Union als Antwort auf die Vergangenheit und den neuen internationalen Kontext war geboren. Entscheidenden Anteil am Versuch der Verwirklichung dieser Idee hatte jedoch die französische Regierung. Deutschland und Frankreich standen sich bis 1945 in tiefer Feindschaft gegenüber. Vor allem dem Unternehmer Jean Monnet wird eine wichtige Rolle bei der Überwindung dieses Konflikts zugeschrieben (vgl. Judt 2006, S. 186ff.). Ihn trieb auch ökonomisches Denken an. Alle Länder Europas waren zum Wiederaufbau auf Energieträger wie Kohle sowie auf Stahlproduktionen vor allem für ihre Industrieanlagen angewiesen. Im Ruhrgebiet gab es gleich beides, da bereits im Winter 1945 die Produktion dort wieder anlief. Monnets Grundgedanke war, dass die Konkurrenz um diesen Reichtum nicht der nächste Kriegsgrund werden dürfte. Er plädierte stattdessen für eine enge Zusammenarbeit und Verzahnung der Völker, um solidarisch die Güter zu verteilen.

Diese Überlegungen begründeten die Idee der europäischen Zusammenarbeit in der Vergangenheit. Auch wenn derweil Jahrzehnte des Friedens vergangen sind, bleibt doch diese Begründung – Frieden durch Zusammenarbeit statt Krieg durch Konkurrenz – bis heute gültig.

Argument 2 – In der Gegenwart

Gegenwärtig gelingt der Europäischen Union in einer Vielzahl von Politikfeldern die Entwicklung einer gemeinsamen Linie. Alle Nationalstaaten sind dem Problem ausgeliefert, dass sich mit der Globalisierung »im Dickicht des Weltmarktes (...) eine neue virtuelle Ökonomie transnationaler Geldströme herausgebildet (hat), die immer weniger an ein materielles Substrat gebunden ist, sondern sich in einem Spiel von Daten und Informationen auflösen« (Beck 1997, S. 40). Dies erschwert nationalstaatliche Regulierungen im Bereich der Ökonomie. Eine Antwort auf dieses Problem war die Bildung supranationaler Organisationen als Orte, die das Primat der Politik über die Wirtschaft wiederherstellen können. Ob der EU das gelingt, ist politische Ansichtssache und umstritten.

Der Binnenmarkt ermöglicht jedoch grenzübergreifende Freiheiten innerhalb Europas, die wirtschaftliches Handeln stimulieren sollen. Die EU wirbt dabei mit den folgenden vier Grundfreiheiten.

- *Freiheit des Warenverkehrs*: Waren können innerhalb der EU ohne Handels- und Zollgrenzen ge- und verkauft werden.
- *Freiheit des Personenverkehrs*: Man braucht keine Visa mehr, um von einem zum anderen EU-Staat zu reisen. Dies ermöglicht es auch Studierenden, in unterschiedlichen europäischen Ländern zu studieren.
- *Dienstleistungsfreiheit*: Auch wenn es hier im Detail noch unzählige Einschränkungen gibt, z. B. die Beachtung nationaler Normen im Handwerk, gilt generell das Prinzip, dass Dienstleistungen innerhalb der EU frei angeboten werden können.
- *Freiheit des Kapitalverkehrs*: Dies betrifft den Handel mit Aktien und Kapitalanlagen.

Der europäische Binnenmarkt gilt vielen Regionen der Welt als Vorbild bei der Schaffung größerer Märkte, die die Dynamik aus Angebot und Nachfrage anregen sollen.

Ergänzt wurde diese gemeinsame Wirtschaftspolitik durch die sogenannte Eurozone. Diese umfasst derweil 19 Staaten. Nach einem Anpassungsverfahren der Wirtschaftsleistungen wird in diesen Staaten mit einer einheitlichen Währung bezahlt. Das reduziert lästige und teure Umtauschverfahren bei jedem Grenzübertritt.

In anderen Politikfeldern ist die Entwicklung einer gemeinsamen europäischen Linie ebenfalls weit vorangeschritten. Dazu gehört u. a. die Agrarpolitik. Sie hat drei zentrale Säulen:

- ein gemeinsamer Binnenmarkt, der erklärt, warum in deutschen Supermärkten spanische Tomaten und holländische Gurken zu niedrigen Preisen zu finden sind,
- eine gemeinsame Abgrenzung gegenüber Produkten des Weltmarktes u. a. durch Zölle. Dies erschwert es, nicht EU-Staaten landwirtschaftliche Produkte zu günstigen Preisen innerhalb der EU anzubieten,
- gemeinsame finanzielle Unterstützungen für landwirtschaftliche Betriebe inklusive sogenannter Garantieabnahmen von Produkten auch über den konkreten Bedarf hinaus.

Es überrascht nicht, dass diese Politik oftmals kritisiert wurde. Setzt die EU doch sonst eher auf das freie Marktprinzip, wirkt sie hier streng regulierend mit z. T. bizarrer Bilanz. Sie verhindert damit u. a. die Marktteilnahme ärmerer, z. B. afrikanischer Staaten, indem deren Produkte durch die Strafzölle so teuer werden, dass sie nicht konkurrenzfähig sind. Zum anderen produzierte sie in der Vergangenheit Warenberge, die nicht verkauft, sondern sogar vernichtet werden mussten, weil sie keine Abnehmer fanden.

Positiver ist die Bilanz der europäischen Regionalpolitik. Die Europäische Union stellt hier ihren Mitgliedern nach Entwicklungskriterien finanzielle Mittel zur Förderung wirtschaftlich schwacher Regionen zur Verfügung. Besonderes Augenmerk wird dabei auf den Aufbau nachhaltiger Strukturen vor Ort und die Bekämpfung der Arbeitslosigkeit gelegt.

Fortschritte gibt es ebenfalls in der gemeinsamen Innen- und Justizpolitik. Auch hier werden Absprachen getroffen, z. B. in der Auseinandersetzung mit der organisierten Kriminalität und dem internationalen Terrorismus. Daten werden übertragen, Straffällige überführt und gemeinsame Präventions- und Interventionsansätze entwickelt.

Manchmal gelingt auch die Absprache in Bezug auf eine Koordinierung der Außen- und Sicherheitspolitik. Einfach ist dies in Bezug auf Absprachen mit Nachbarländern wie Norwegen und der Schweiz, denen Sonderbeziehungen zugestanden werden. Schwieriger ist eine gemeinsame Beteiligung an internationalen Kriseneinsätzen. Ein gemeinsames Handeln gab es dabei u. a. in den Konflikten im Kongo, Tschad sowie im Kosovo. In vielen anderen Konflikten gelang es der EU jedoch nicht, eine gemeinsame Strategie zu entwickeln.

Bei aller nötigen Kritik am Geschaffenen ist die EU doch jene Institution, die heute versucht, europäische Antworten auf die Herausforderungen der Globalisierung zu entwickeln. Für die Bürger*innen eröffnet sie nie dagewesene Freiheiten des Lebens, Handelns und Reisens.

Argument 3 – Der Zukunft zugewandt

Die dritte Begründung ergibt sich aus dem Blick in die Zukunft. Die globale Politik verändert sich rasant. China strebt auf, die zentrale neue Weltmacht zu werden. Die USA verlieren zusehends ihren Status, die einzige tatsächliche Weltmacht zu sein. Staaten wie Indien, Pakistan oder Brasilien gewinnen an internationalem Einfluss. Russland will ebenfalls zurück zur Weltbedeutung. Vor allem China zeigt dabei, dass kapitalistische Wirtschaftssysteme auch ohne demokratischen Verfassungsstaat effektiv sein können. Russland führt eine ›gelenkte‹ Demokratie vor, in der zwar Wahlen stattfinden, die Opposition und viele Bürgerrechte jedoch unterdrückt werden. Auffallend ist dabei, dass in all diesen Ländern die Bevölkerung, aber auch – im Rahmen der üblichen Schwankungen und kurzen Eintrübungen – die Wirtschaft wächst.

Für die Staaten der EU hat das Konsequenzen. Will sie auch zukünftig globalen politischen wie ökonomischen Einfluss haben, wird ihr das nur gelingen, wenn sie als vereinte Akteurin und nicht als vielstimmiges Konzert kleiner Länder auftritt.

Nun ließe sich dagegen und mit dem Hinweis auf mehr Gelassenheit argumentieren, dass Europa doch auch zu einer Art neutraler Schweiz werden könnte: Ökonomisch stark, in sich demokratisch, von klaren Grenzen umgeben und politisch neutral. Wer will sich politisch mit Russland, China oder den USA streiten? Und – nicht unwichtig – was hat das eigentlich mit Sozialer Arbeit zu tun?

Die Antwort ist einfach: Viele Themen, mit deren Folgen sich die Soziale Arbeit beschäftigt, lassen sich in einer globalisierten Welt national nicht mehr bearbeiten. Sie verlangen internationale Lösungen. Wenn Europa sich aus der globalen Politik heraushält, entscheiden die anderen Staaten über eine Regulierung oder Nicht-Regulierung des Finanzkapitalismus, der die Weltwirtschaft in der Bankenkrise 2008 an die Grenze des Ruins führte. Wenn Europa sich aus der globalen Politik heraushält, müssen andere Staaten den Klimawandel verhindern. Wird das China oder den USA gelingen? Falls nicht, werden auch die Europäer*innen die Folgen spüren. Oder wer arbeitet an einer Friedenspolitik, die die Fluchtursachen mitbedenkt? Wer erhebt aber vor allem die Stimme für Regelungen basierend auf den Werten der Aufklärung und der individuellen Menschenrechte? Wer schafft eine gerechtere Wirtschaftsordnung, die Armut und soziale Desintegration, das Massensterben von Kindern und die soziale Perspektivlosigkeit von Millionen Menschen begrenzt?

Die europäische Antwort darauf ist einfach: Wenn die europäischen Staaten auch nur bei einer dieser existentiellen Fragen der Gegenwart und Zukunft gehört werden und bei der Suche nach Lösungen als ernst zu nehmende Mitspieler betrachtet werden wollen, dann wird das nur im Verbund und in enger Zusammenarbeit der europäischen Völker als gemeinsame Stimme Europas im Chor der Staaten gehen. Unterbleibt diese Zusammenarbeit, wird Europa bei der Lösung sozialer, politischer, ökonomischer, kultureller und ökologischer Zukunftsfragen keine Rolle mehr spielen. Die Soziale Arbeit versteht sich als Menschenrechtsprofession. Ihre Themen sind global, die Auswirkungen zeigen sich konkret vor Ort – Face to Face in der Praxis z. B. in der Arbeit mit Flüchtlingen, Kriegsopfern, Armen oder Obdachlosen. Die tiefer liegenden Ursachen dieser Probleme, mit denen die Soziale Arbeit konfrontiert ist, können oft nur noch international behoben werden. Die europäische Integration scheint daher eine wichtige Voraussetzung, um bei der Bearbeitung dieser Themen globalen Einfluss zu haben.

Zusammenfassung: Gründe für die europäische Integration

Es gibt drei zentrale Argumentationsstränge, die für eine enge europäische Zusammenarbeit sprechen. Diese sind:

1. Zusammenarbeit und Kooperation als Friedensprojekt statt Krieg und Konkurrenz untereinander,
2. enge Verzahnung der europäischen Wirtschaft zum Vorteil aller sowie Europa als Freiheits- und Kooperationsprojekt,
3. Europa als Stimme einer sozialen Demokratie und der Menschenrechte bei der Lösung globaler Zukunftsfragen.

Zwangsläufig muss die europäische Integration deshalb noch lange nicht gelingen oder als richtiger Weg angesehen werden. Es gibt natürlich auch Gegner*innen der Idee eines solchen Europas. Welche Argumentationsweisen gibt es nun auf dieser Seite?

6.1.2 Gegner*innen der europäischen Integration

Es gibt heute kaum noch eine ernst zu nehmende politische Kraft, die sich gegen jede Form der europäischen Kooperation wendet. Zumeist geht es um die Art und die Qualität der Zusammenarbeit. Rechtspopulist*innen beispielweise fordern eine Auflösung bzw. den jeweiligen Ausstieg ihres Landes aus der Europäischen Union. Ihrer Ansicht nach schwäche die derzeitige Integration den Nationalstaat als zentrale Steuerungsgröße jeder Politik. Für sie ist die EU eine Form der politischen Entfremdung und Fremdbestimmung. Sie fürchten, zentrale Zukunftsthemen nicht mehr selbst gestalten zu können, und kritisieren die Auswirkungen der europäischen Integration. Exemplarisch lässt sich das bei der Volksabstimmung über den Ausstieg Großbritanniens aus der Europäischen Union (BREXIT) analysieren. Vor allem drei Themen wurden von Seiten der BREXIT-Befürworter*innen hervorgehoben (Winkler 2017, S. 185ff.).

- Kosten: Die Mitgliedschaft in einer Organisation kostet. Innerhalb der EU wird das eingezahlte Geld im Rahmen ihrer Organisation, Programme und Förderungen verteilt. Den BREXIT-Befürworterinnen schien die EU zu teuer zu sein. Ihr Land zahle zu viel ein und solle das Geld lieber national verwenden.
- Politik der Freizügigkeit: Freizügigkeit meint hier einen Raum ohne innere Grenzen, Zäune und Zölle, in dem Waren, Dienstleistungen und Personen sich frei bewegen können. Die BREXIT-Befürworter*innen hatten Angst, dadurch die Steuerung über Zuzüge, Flüchtlinge und europäische Binnenmigrant*innen zu verlieren.
- Selbstbestimmung: Großbritannien ist Atommacht und hat eine Vergangenheit als Weltmacht. Die Schätze des Towers zeigen den Besucher*innen bis heute, welche Stellung das Land einst besaß. Die BREXIT-Befürworter*in-

nen spielten immer wieder auf die Größe und Macht des Landes an. Sie betonten, dass Eigenständigkeit neue globale Macht durch neue Kooperationen ermögliche.

Vor allem in kleineren Ländern kommt oft noch die Angst dazu, von größeren Ländern wie Deutschland oder Frankreich ›gesteuert‹ zu werden. Sie pochen auf ihre Würde und ihren Stolz.

Analysiert man diese Argumente genauer, fällt auf, dass sie eine Grundidee teilen. Sie vertreten die Ansicht, dass immer noch der Nationalstaat alleine der zentrale Ort der Politik sei und nicht eine zentrale Ebene unter mehreren. Die Antwort der Anhänger*innen der Europäischen Union ist die Idee der Subsidiarität. Danach soll jede politische Entscheidung dort fallen, wo sie sinnvoll aufgehoben ist.

> **Beispiel (fiktiv)**
>
> Die Staaten der Europäischen Union verabreden eine gemeinsame Gesundheitspolitik. Jede Bürgerin und jeder Bürger soll in jedem Land Zugang zu lebensnotwendigen Gesundheitsleistungen erhalten. Wird jemand krank in einem Land fern seines Zuhauses, soll es Transporte ins eigene Land geben, die von Krankenkassen bezahlt werden. Ein solcher Beschluss kann auf europäischer Ebene gefällt werden.
>
> Auf nationaler Ebene muss es dann eine Umsetzung der europäischen Vorgaben geben. Dies kann z. B. eine Bestimmung über Krankenkassen, Gelder für Krankenhäuser, die Ausbildung von Ärzt*innen, deren Verteilung und Finanzierung sein, die auf nationaler Ebene innerhalb des Subsidiaritätsgedankens geschieht.
>
> Auf kommunaler Ebene kann daraufhin entschieden werden, wo in der Stadt das Krankenhaus gebaut werden soll, wie es an den Nahverkehr angeschlossen wird usw. Das ist die kommunale Ebene.
>
> Alle drei Ebenen gehören zusammen und setzen die große, gemeinsame Idee konkret vor Ort um. Oft ist Soziale Arbeit auf der untersten Ebene angesiedelt und wird hier mit den Folgen von Entscheidungen konfrontiert, die auf anderer Ebene getroffen wurden.

Wichtig ist auch, dass es nicht die eine Vorstellung von einer Europäischen Union gibt. Vielmehr zeigen die folgenden vier Theoriestränge, welche Vorstellungen im politischen und wissenschaftlichen Diskurs vorherrschend sind.

6.1.3 Theorien der europäischen Integration

Selbst unter den Befürworter*innen der europäischen Zusammenarbeit gibt es keinen Konsens über die Art und Methode der Integration. Wie soll Europa konkret gestaltet werden? Was ist das Ziel der Integration? Wie sieht das ›ideale‹ Europa der Zukunft aus. Vier Theoriemodelle stehen sich in der Diskussion gegenüber (Bieling 2012). Alle betonen eine Zusammenarbeit, trotzdem sind die Vorstellungen z. T. völlig konträr, wie die folgende kurze Skizze zeigt.

Föderalismus

Die Föderalist*innen denken die Vorstellung Churchills weiter. Ihr Ziel sind die Vereinigten Staaten von Europa nach dem Vorbild der Vereinten Staaten von Amerika. Dieses Europa hätte eine gemeinsame Verfassung, ein ›richtiges‹ Parlament, eine europäische Regierung mit einem europäischen Präsidenten oder einer Kanzlerin an seiner Spitze. Es wäre wie die Bundesrepublik Deutschland föderalistisch aufgebaut. Nur hießen die Bundesländer dann nicht Bayern oder Sachsen-Anhalt, sondern Deutschland, Frankreich oder Polen, die wiederum in Regionen und Kommunen unterteilt wären. Alle Nationalstaaten würden zentrale Hoheitsrechte an eine europäische Staatsebene abgeben. Europa wäre gekennzeichnet durch einen einheitlichen Sozialstaat, innere Freiheit der Waren und Menschen, ein einheitliches Wirtschaftsmodell und basierte auf gemeinsamen, in einer Verfassung verankerten Grundwerten. Es würde international mit einer Stimme sprechen und fußte so auf einem der größten gemeinsamen Wirtschafts- und Währungsräume der Welt.

Ethnopluralismus

Das Gegenmodell zu den Föderalist*innen streben die Ethnopluralist*innen an. Ihr Ziel ist ein sogenanntes »Europa der Völker«. Dieses basiert auf einer völkisch-kulturellen Konstruktion von Nationalstaatlichkeit. In Frankreich sollten dann nur Franzosen – möglichst ohne jeden Migrationshintergrund – leben, in Deutschland Deutsche, in Polen. Diese wahlweise biologisch oder kulturell voneinander strikt getrennt gedachten Volkskonstruktionen sollten ihre jeweils eigene Vorstellung von Nationalstaatlichkeit herstellen. Eine übergeordnete Koordinierung auf europäischer Ebene gebe es nicht mehr. Vielmehr sollten die Nationalstaaten Verträge untereinander schließen, wenn sie dieses wollten, und ohne dabei an nationalstaatlicher Steuerungskraft zu verlieren. Es sind vor allem Rechtspopulist*innen und Rechtsextremist*innen, die dieses völkische Modell für Europa anstreben.

Intergouvernementalismus

Bei den Intergouvernementalist*innen bleiben die Nationalstaaten handlungsbestimmend. Staaten kooperieren in diesem Modell – wenn gewollt, auch eng. Diese Zusammenarbeit kann jedoch jederzeit wieder beendet werden. Europaweite Entscheidungen sind in diesem Modell möglich, setzen aber voraus, dass immer alle Nationalstaaten zustimmen. Mehrheitsentscheidungen auf europäischer Ebene wären ein zu großer Eingriff in die Autonomie der Nationalstaaten. Es wäre ein Europa, welches nur in den Punkten zusammenarbeitet, in denen immer alle einig sind.

Neofunktionalismus

Die Neofunktionalist*innen sind die Praktiker*innen der Integration. Sie setzen auf einen schrittweisen Ausbau der Integration – ohne, dass der Bauplan ein klar benanntes Endprodukt vorweist. Es ist eine Magnettheorie, die besagt, dass Staaten, die in ersten Politikfeldern anfangen, immer enger zusammenzuarbeiten, später auch in anderen Politikfeldern zusammenwachsen werden. Ein Beispiel: Ein gemeinsamer Wirtschaftsraum, in denen Waren und Dienstleistungen frei ge- und verkauft werden können, braucht gemeinsame Regeln, z. B. zur Bekämpfung der Korruption, ähnliche Mitbestimmungsregeln in den Betrieben, infrastrukturelle Anpassungen z. B. in der Normierung von Containern usw. Das bedeutet: Wer wirtschaftlich kooperiert, wird schnell auch dazu kommen, seine Justiz-, Sozial – und Bildungspolitik aufeinander abzustimmen. Neofunktionalist*innen wissen dabei nicht, wohin der schrittweise Ausbau der europäischen Integration tatsächlich führen wird. Aber sie wissen: Es wird weitergebaut – zumindest der Theorie nach.

6.1.4 Geschichte der europäischen Integration

Wer die Probleme, Chancen und Grenzen der heutigen Europäischen Union verstehen will, kommt an einem zumindest fragmentarischen Blick in deren Geschichte nicht vorbei (vgl. Elvert 2012). Erste Grundideen finden sich dazu im sogenannten »Schumann-Plan« aus dem Jahr 1950. Robert Schumann war französischer Außenminister und inspiriert von den Ideen Jean Monnets. Der Plan sieht die Bildung einer länderübergreifenden Behörde vor, die eine gemeinsame Verwaltung und gerechte Verteilung zentraler Wirtschaftsgüter in den beteiligten Ländern organisiert und kontrolliert.

> **Regierungserklärung Robert Schumann vom 9. Mai 1950**
>
> »Europa lässt sich nicht mit einem Schlage herstellen und auch nicht durch eine einfache Zusammenfassung. Es wird durch konkrete Tatsachen entstehen, die zunächst eine Solidarität der Tat schaffen. Die Vereinigung der europäischen Nationen erfordert, dass der jahrhundertelange Gegensatz zwischen Frankreich und Deutschland ausgelöscht wird.« (Zit. n. Schmuck 2015, S. 9)

Seine erste Erfüllung findet der Plan 1951 in der Gründung der »Europäischen Gemeinschaft für Kohle und Stahl«. In diesem Vertrag einigen sich sechs Staaten (Belgien, Frankreich, Deutschland, Niederlande, Italien und Luxemburg) auf die Einrichtung einer »hohen Behörde« und eines gemeinsamen Gerichtshofs. Das konkrete Ziel ist ein gemeinsamer Markt und eine gemeinsame Verwaltung der ökonomisch ungemein wichtigen Kohle- und Stahlproduktion. Das übergeordnete Ziel lautet jedoch, mögliche neue Kriegsgründe zu verhindern, indem nicht in Konkurrenz um diese Rohstoffe und Industrieprodukte alte Feindschaften vor allem zwischen Deutschland und Frankreich neu entfachen.

Rasch wird dieser Vorläufer der Europäischen Union um zwei weitere Aspekte in den sogenannten »Römischen Verträgen« von 1955 ergänzt. Diese sehen eine Vertiefung einer europäischen Wirtschaftsgemeinschaft und eine gemeinsame Atompolitik vor. Bedeutender ist dabei die Idee der Vertiefung der Wirtschaftsgemeinschaft. Als gemeinsames Ziel wird eine Zollunion formuliert. Intern sollen zwischen den Staaten Handelsbarrieren z. B. in Form von Zöllen geschliffen werden. Es soll eine gemeinsame Außengrenze mit einheitlichen Zöllen für Waren aus anderen Staaten geben. Vorgesehen ist dabei intern eine Freizügigkeit für Waren, aber auch für alle Personen und den Kapitalverkehr. Freizügigkeit meint hier, dass die Menschen das Recht bekommen sollen, sich frei zwischen den Staaten zu bewegen und nicht z. B. Visa beantragen zu müssen. Mit dieser Vision erhoffen sich die Staaten eine dauerhafte Belebung ihrer Ökonomien durch ein Zusammenwachsen und damit eine Dynamisierung von Angebot und Nachfrage in einem vergrößerten Markt.

In den folgenden Jahren wird um die Umsetzung dieser Ziele intensiv und kontrovers, auch mit vielen Rückschritten gestritten. Stück für Stück, oft mit jahrelangen Phasen des Stillstands, wird um kleinere Fortschritte auch in Hinsicht auf eine Demokratisierung gerungen. Krisen der Integration gibt es somit schon immer, genauso wie Phasen des Fortschritts. Dass das Modell an sich erfolgreich ist, zeigen die Beitrittswünsche aus Großbritannien, Norwegen, Irland und Dänemark. Während die norwegische Bevölkerung sich im Gegensatz zu ihrer Regierung gegen einen Beitritt entscheidet, können 1973 Großbritannien, Irland und Dänemark als neue Mitglieder aufgenommen werden. Weiteren Zuwachs gibt es 1981 mit Griechenland und 1986 mit Spanien. Bei beiden südeuropäischen Ländern spielen eher politische, denn ökonomische Gründe eine Rolle. Beide Länder haben Phasen einer Militärdiktatur hinter sich. Die europäische Integration soll diese Länder auch politisch stabilisieren und damit die Demokratie in ihnen sichern, indem ihnen ökonomische Förderung versprochen wurde.

Tatsächlich wächst die Integration bis 1989 schrittweise weiter, neue Politikfelder z. B. in der Agrar- und Fischfangpolitik kommen hinzu. Ihre heutige Form erhält die EU jedoch erst in einer Phase außerordentlicher Dynamik ab 1989. Mit dem Zusammenbruch der Sowjetunion, der neuen Freiheit der Staaten Osteuropas und der Wiedervereinigung Deutschlands muss Europa neu gestaltet und organisiert werden. Vor allem Frankreich, Großbritannien und Polen drängen auf eine zusätzliche Einbindung des neuen Deutschlands in die europäische Völkerfamilie. Nicht wenige haben Angst vor einer neuen Dominanz deutscher Wirtschaftsstärke.

Die intensiven Gespräche dieser Jahre münden 1992/93 im sogenannten »Maastrichter Vertrag«. Erst hier wird die Europäische Union, wie sie heute existiert, offiziell begründet. Sie fußt auf drei Säulen.

6 Europapolitik

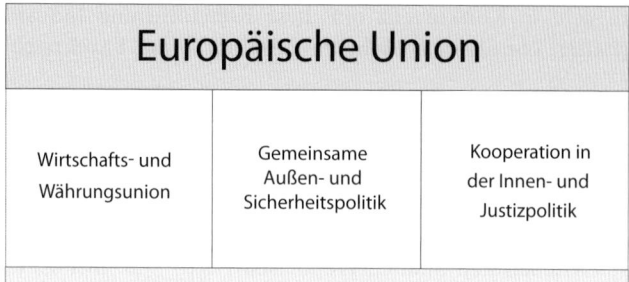

Abb. 17: Drei Säulen der Europäischen Union, eigene Darstellung

Die gemeinsame Wirtschafts- und Währungsunion zielt auf eine weitergehende Angleichung in zahlreichen Politikfeldern (u. a. Struktur-, Handels- und Agrarpolitik) sowie der Einführung supranationaler Entscheidungsverfahren in den europäischen Institutionen. Hier wird aus der Idee des gemeinsamen »Euro« ein konkreter Plan, der 2002 umgesetzt wird.

In der Außen- und Sicherheitspolitik wird ein abgestimmtes Verhalten vor allem in Krisenzeiten erhofft. Die Zusammenarbeit in der Justiz- und Innenpolitik dient u. a. der Formulierung einer gemeinsamen Asyl- und Einwanderungspolitik sowie einer Zusammenarbeit von Polizei und Justiz der Mitgliedsstaaten bei der Bekämpfung der Kriminalität.

> **Präambel der Charta der Grundrechte der Europäischen Union (Auszug)**
>
> »Die Völker Europas sind entschlossen, auf der Grundlage gemeinsamer Werte eine friedliche Zukunft zu teilen, indem sie sich zu einer immer engeren Union verbinden. In dem Bewusstsein ihres geistig-kulturellen Erbes gründet sich die Union auf die unteilbaren und universellen Werte der Würde des Menschen, der Freiheit, der Gleichheit und der Solidarität.«

Tatsächlich werden in den Folgejahren nicht alle Ziele erreicht. Besonders in der Außenpolitik beharren viele Staaten auf nationalen Sichtweisen. Nicht selten gibt es sogar völlig gegensätzliche Einschätzungen und Handlungen. Erfolgreicher verläuft die Vertiefung der wirtschaftlichen Zusammenarbeit mit der Verwirklichung des großen europäischen Binnenmarktes. Zudem wird heute in immerhin 19 Mitgliedstaaten einheitlich mit dem Euro bezahlt. Diese Währung ist damit das deutlichste Symbol für die supranationale Orientierung dieser Konstruktion. Die beteiligten Nationalstaaten geben einen wichtigen Teil der Wirtschafts-, Geld- und Finanzpolitik auf die europäische Ebene ab.

Auch in der Sicherheitspolitik gibt es erkennbare Fortschritte. Ausdruck findet dieses – bis zu seinem Zusammenbruch 2015 – im sogenannten »Dublin-Verfahren«, das eine europäische Asylpolitik nach deutschem Vorbild installierte. Auch das sogenannte »Schengen-Abkommen« gehört zu diesem Politikfeld.

Es organisiert u. a. innerhalb einiger Kernstaaten eine gemeinsame Zusammenarbeit der Polizei- und Justizdienststellen. Für die Bürger*innen ist damit der Wegfall der Grenz- und Zollkontrollen an den Nationalstaatsgrenzen verbunden.

Eine solche Dynamik bleibt nicht ohne Folgen für die Konstruktion der europäischen Institutionen. Sie müssen angepasst und neu austariert werden. Vor allem aber dringen die osteuropäischen Länder auf eine Teilnahme an der neuen Europäischen Union – alle in der Hoffnung auf Sicherheit und ökonomische Unterstützung. In ungeahnter Geschwindigkeit wird die Union erweitert. Als weitgehend unproblematisch gilt die Erweiterung 1995 um die ohnehin schon eng assoziierten Länder wie Finnland, Österreich und Schweden. Die größte Erweiterung erfolgt 2004 mit den Staaten Estland, Lettland, Litauen, Malta, Polen, Slowenien, Slowakei, Ungarn, Zypern und der Tschechischen Republik. Drei Jahre später folgen noch Rumänien und Bulgarien.

Mit dieser enormen Erweiterung von zunächst sechs auf heute achtundzwanzig Staaten gerät die innere Architektur der Europäischen Union massiv ins Wanken. Die Kernstaaten haben versucht, sich darauf im »Vertrag von Nizza« 2001 organisatorisch vorzubereiten. Er sieht eine europäische Verfassung für alle vor, scheitert jedoch in Volksabstimmungen in Frankreich und den Niederlanden. An seiner Stelle tritt der heute gültige »Vertrag von Lissabon« in Kraft. Er regelt u. a. die heutige organisatorische Konstruktion, die im Folgenden vorgestellt werden wird.

Parallel mit diesem organisatorischen Umbau gerät das europäische Schiff spätestens ab 2009 in schwere Krisengewässer, die ebenfalls im Folgenden vorgestellt werden. Ein Wendepunkt in der Geschichte der europäischen Integration stellt das Jahr 2016 dar. In einer Volksabstimmung entscheidet sich die Mehrheit der Brit*innen für einen Austritt aus der EU. Bisher wurde sie immer nur erweitert, mal rasant und dann wieder im Schneckentempo vertieft; nun mehr hat sich erstmals ein Land zum bewussten Austritt entschieden. Die Folgen dieser Entscheidung sind für alle Seiten noch nicht absehbar.

6.2 Institutionen der Europäischen Union

Das politische System der EU ist kompliziert und selbst für Expert*innen mit seinen Ausnahmen und Verästelungen oft nur schwer durchschaubar. Trotzdem ist es sinnvoll für Sozialarbeiter*innen, einige zentrale Institutionen und deren Rollen und Aufgaben zu kennen. Mit der Verlagerung vieler Themenfelder auf die europäische Ebene wächst auch die Notwendigkeit des europäischen Handelns im Sinne der Werte der Profession. Dazu muss man wissen, wo man ansetzen kann.

6 Europapolitik

> **Beispiel**
>
> Der Geschäftsführer eines großen Trägers der Sozialen Arbeit, z. B. des Deutschen Roten Kreuzes, will zusammen mit seinen Partnerorganisationen in anderen europäischen Ländern gemeinsam die Armut bekämpfen. Dazu möchten sie sich für ein Förderprogramm der Europäischen Union einsetzen, aus dem später Projekte gegen Armut finanziert werden können. Mit welchen politischen Ebenen und welchen Institutionen müssen diese Träger nun gut vernetzt sein, um Ihrer Idee eine Chance zu geben?

Die EU besteht aus einer Vielzahl von Institutionen, deren Aufgaben miteinander verknüpft sind (vgl. Weidenfeld & Wessels 2014). Für eine Strategieentwicklung entsprechend dem Beispiel müssen alle Ebenen verbunden werden. Im Einzelnen sind die in der Abbildung dargestellten relevant (▶ Abb. 18).

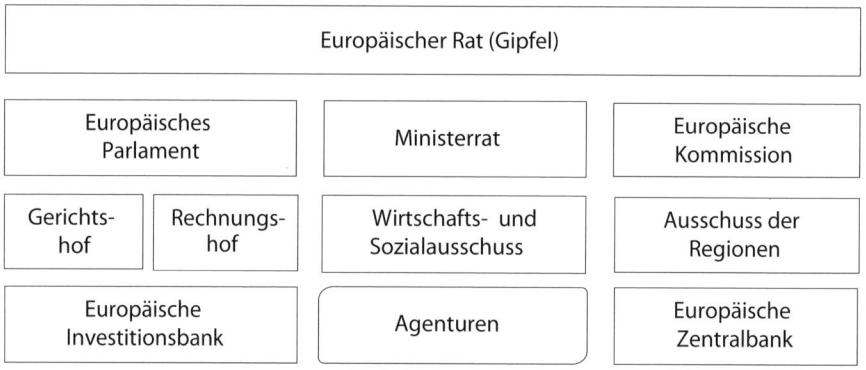

Abb. 18: Institutionen der Europäischen Union, Quelle: http://europa.eu/publications/¬resources-teachers/index_de.htm, 26.03.2018

Europäischer Rat

Der Europäische Rat (ER) nimmt formal nicht an der Gesetzgebung der EU teil und ist wohl doch die wichtigste Institution im System. Er setzt sich zusammen aus den Regierungschef*innen aller EU-Staaten – für Deutschland reist somit die Kanzlerin an. Zu seinen Aufgaben zählt die Ausarbeitung aller übergeordneten politischen Leitlinien der EU. Das Klein-Klein, also die praktische Umsetzung, übernehmen danach die anderen Institutionen. Im ER wird mit wenigen Ausnahmen im Konsens entschieden. Jeder Staat verfügt unabhängig von seiner Größe über eine Stimme. Dies ist ein Relikt aus der Gründungszeit der europäischen Integration. Nur fällt es natürlich schwerer, einen Konsens bis ins letzte Komma zwischen 28 Staatschefs zu vielen Politikfeldern zu erarbeiten als eine Absprache zu begrenzten Themen im Kreis von sechs Staatschefs zu erreichen.

Besonders in Krisenzeiten gewinnt der ER nochmal zusätzlich an Bedeutung. Er gibt die politische Richtung der EU vor, versucht eine »europäische« Stimme zu kreieren und Konsenslösungen zu organisieren.

Im Alltag der EU dominieren jedoch das Europäische Parlament, die Europäische Kommission und der Ministerrat.

Europäisches Parlament

Das Europäische Parlament (EP) setzt sich aus derzeitig 751 Mitgliedern aus allen Mitgliedsstaaten der EU zusammen. Jedes Land erhält je nach Größe zwischen 6 (z. B. Malta) und 96 (Deutschland) Sitze. Gewählt wird nach dem jeweiligen Landeswahlsystem in den Europawahlen.

Das Parlament wählt aus seiner Mitte ein 14-köpfiges Präsidium mit einem Präsidenten oder einer Präsidentin an seiner Spitze. Er oder sie repräsentiert das Parlament in der Öffentlichkeit.

Mit Stand 2017 setzt sich das Parlament aus acht Fraktionen – das sind Zusammenschlüsse sich politisch nahestehender Parteien – zusammen. Diese sind in folgender Tabelle aufgelistet (▶ Tab. 14).

Tab. 14: Fraktionen des Europäischen Parlaments (2017), Quelle: http://www.europarl.europa.eu/portal/de, 18.01.2018

Name	Zuordnung	Sitze
Fraktion der Europäischen Volkspartei	Christdemokraten, Konservative	217
Fraktion der Progressiven Allianz der Sozialdemokraten	Sozialdemokraten, Sozialistische Parteien	189
Europäische Konservative und Reformer	EU kritische Parteien und Rechtspopulisten	74
Fraktion der Allianz der Liberalen und Demokraten	Liberale	68
Vereinte Europäische Linke/Nordische Grüne	Linke Grüne	52
Grüne/Europäische Freie Allianz	Grüne Parteien	51
Europa der Freiheit und der direkten Demokratie	EU Skeptiker, Rechtspopulisten	42
Europa der Nationen und der Freiheit	Rechtspopulisten	40
fraktionslos		18

Ein klassisches Parlament in einer parlamentarischen Demokratie hat mindestens vier Funktionen:

- Gesetzgebungsfunktion,

- Kontrolle der Regierung,
- Budgetrecht (Einnahmen und Ausgaben des Staates),
- Ort der öffentlichen, politischen Debatte und Willensbildung.

Das Europäische Parlament verfügt über diese Kompetenzen nur eingeschränkt. Das EP darf keine eigenen Gesetzesvorschläge unterbreiten. Es darf lediglich eine andere Institution – die Europäische Kommission – auffordern, einen entsprechenden Vorschlag vorzulegen, der dann im EP diskutiert und beschlossen werden kann.

Das Grundgerüst der EU kann vom EP nicht alleine verändert werden. Auch dies ist Aufgabe einer anderen Institution – dem Europäischen Rat. Derweil muss es jedoch zentralen Veränderungen zustimmen und kann nicht – wie früher üblich – übergangen werden. Gleiches gilt auch für den Haushalt der EU. Er braucht die Zustimmung des EP, wird von ihm jedoch weder erarbeitet noch als Beschluss vorgelegt.

Weiterhin verfügt das EP seit dem »Lissaboner Vertrag« über einige Kontrollrechte gegenüber den anderen europäischen Institutionen. Als Ort der Debatte wird das Parlament jedoch nur sehr selten öffentlich wahrgenommen. Selbst Grundlagendiskussionen finden z. B. nur selten Platz in der europäischen Medienberichterstattung.

Europäische Kommission

Die Europäische Kommission (EK) ist im Alltag der EU die wohl entscheidende Akteurin. Jedes Mitgliedsland entsendet derzeit einen Kommissar bzw. eine Kommissarin in die Kommission, der oder die sich um ein abgestecktes Thema kümmern soll. Ihm oder ihr unterstellt sind europäische Beamt*innen in einem großen Verwaltungsapparat. Die EK entscheidet zumeist in einem kollegialen Verfahren, Vorlagen werden untereinander eng abgestimmt und damit in einem weitgehend konsensualen Verfahren beschlossen.

Die EK hat drei zentrale Funktionen:

- Sie ist die Exekutive der EU und setzt die Rechtsakte und -richtlinien durch, die der Europäische Rat und das Europäische Parlament beschlossen haben.
- Sie nennt sich »Motor der Integration«. Das bedeutet, sie alleine kann Rechtsakte, die später im Europäischen Parlament beschlossen werden können, vorbereiten.

> **Beispiel**
>
> Der Europäische Rat beschließt ein Förderprogramm gegen Jugendarbeitslosigkeit. Die Europäische Kommission ist dann aufgefordert, diese Idee zu konkretisieren, indem es dazu passende Rechtsakte vorbereitet und das Programm organisatorisch gestaltet. Diese Vorlage geht danach an das Europäische Parlament, das der Vorlage zustimmen kann oder nicht.

- Sie hat eine Kontrollfunktion und überwacht die Einhaltung der europäischen Beschlüsse. Sie kann z. B. Nationalstaaten ermahnen oder im Rahmen europäischen Rechts auch bestrafen, wenn diese europäische Regelungen brechen.

Im Alltag wird die EK oft als undurchschaubar und intransparent kritisiert. Kaum jemand kennt die Kommissare und Kommissarinnen. Ihr konkretes Handeln ist oft wenig bekannt. Manche Vorgaben erscheinen auch absurd.

Beispiel

Im Jahr 2004 verabschiedete der Landtag von Mecklenburg-Vorpommern eine aufwändige Verordnung für den Betrieb und die Instandsetzung von Seilbahnen. Tatsächlich ist das Bundesland recht flach und es gibt bis heute keine einzige Anlage dieser Art im Land. Wie kam es dann zu dieser Verordnung? Sie ergab sich aus einem Beschluss der Europäischen Kommission. Im Rahmen der Neuordnung europäischer Sicherheitsstandards für Seilbahnen wurden auch Bundesländer dazu verpflichtet, entsprechende Ausführungen zu beschließen. Bei Missachtung dieser Anforderung hätte Mecklenburg-Vorpommern ein hohes Strafgeld zahlen müssen (Spiegel online 23.06.2004).

Tatsächlich ist die EK wohl neben dem Europäischen Rat die wichtigste europäische Institution.

Ministerrat oder Rat der Union

Der Rat setzt sich aus je einer Person auf Ministerebene je Mitgliedsland zusammen, der oder die für die jeweilige Regierung Beschlüsse treffen darf. In der Praxis unterteilt er sich in mehrere Fachgebiete. Zu diesen gehören vor allem europäische Abstimmungen zu einer gemeinsamen Außen- und Sicherheitspolitik, aber auch die Bereiche Umweltschutz, Justiz, Inneres, Wirtschaft, Finanzen, Sozial-, Bildungs-, Jugend- und Kulturpolitik.

Dabei verfügt diese Institution über drei zentrale Aufgaben:

- Organisation einer europäischen Abstimmung in diversen Politikfeldern auf Fachebene unterhalb der Regierungschefs,
- Mitbestimmung in der Legislative der EU gemeinsam mit dem Europäischen Parlament,
- Kontrolle der Europäischen Kommission.

Zusätzlich ernennt der Ministerrat auch die Mitglieder des Europäischen Wirtschafts- und Sozialausschusses. In diesem sitzen Vertreter*innen der europäischen Arbeitnehmer*innen, Arbeitgeber*innen, aber auch großer Sozialträger, die die EU zu wirtschafts- und sozialpolitischen Fragen beraten sollen.

Die Entwicklung einer politischen Strategie auf europäischer Ebene ist somit kompliziert. Zum einen bedarf es einer europäischen Kooperation der Träger der Sozialen Arbeit, um wirkungsmächtig zu sein. Zum anderen gibt es nicht den einen, sondern eine Vielzahl von europäischen Institutionen, die alle für sich bedeutend und doch miteinander eng verknüpft sind. Ein europäisches Netzwerk muss alle Institutionen umfassen, um wirkungsmächtig zu werden.

6.3 Europäische Sozialpolitik

Für die Soziale Arbeit von besonderer Bedeutung ist die europäische Sozialpolitik (vgl. Kaelble 2007). Diese trifft auf zahlreiche Schwierigkeiten. Wesentlich ist: Die primäre sozialpolitische Verantwortlichkeit liegt innerhalb der EU bis heute bei den Nationalstaaten (► Kap. 4). Dort gibt es mehrere, z. T. sehr konträre Modelle, deren Vereinheitlichung bis heute nicht gelungen ist. Zu den Modellen gehören.

- das liberale Modell mit einer starken Betonung des Marktes, der Eigenverantwortlichkeit eines jeden und der Privatisierung zahlreicher Sozialleistungen bei gleichzeitig niedrigen Grundstandards für alle; Großbritannien stand u. a. für dieses Modell ein,
- das konservative Modell, z. B. in Deutschland und Frankreich, organisiert den individuellen Schutz u. a. durch große öffentliche Sicherungssysteme. Das reduziert deren Marktabhängigkeit,
- das sozialdemokratische Modell, z. B. in Schweden, mit seinen traditionell hohen Sozialleistungen, die auf ein Höchstmaß an Gleichheit in der Gesellschaft zielen und zumeist über hohe Steuersätze finanziert werden.

Strittig ist, ob es auch noch ›typische‹ Sozialstaatsmodelle für südeuropäische und osteuropäische Länder gibt oder nicht.

Europäische Sozialpolitik greift bisher nur indirekt – vor allem über Deregulierung im Rahmen der Wirtschaftspolitik – in diese Modelle ein. Das hat mehrere Gründe:

- Die Länder mit niedrigen Sozialstandards würden im Falle einer Erhöhung einen zentralen, wirtschaftlichen Standortvorteil verlieren, weil so z. B. Löhne angeglichen werden müssten.
- Die Länder mit hohen Sozialstandards müssten deren Reduzierung oder Senkung vor ihren Wähler*innen legitimieren und fürchten deren Reaktion.
- Sozialpolitik findet zumeist noch im Europäischen Rat mit dessen hohen Abstimmungsquoren bis hin zum Prinzip der Einstimmigkeit statt. Dies macht eine eingreifende Abstimmung der Sozialpolitik zuungunsten nationalstaatlicher Souveränität zusätzlich schwierig.

Dennoch gelang es, einige Leitideen einer sozialpolitischen Angleichung zu verabschieden.

> **Leitideen der Europäischen Kommission für ein soziales Europa (Auszug):**
>
> 1. **Allgemeine und berufliche Bildung und lebenslanges Lernen**
>   Jede Person hat das Recht auf allgemeine und berufliche Bildung und lebenslanges Lernen von hoher Qualität und in inklusiver Form, damit sie Kompetenzen bewahren und erwerben kann, die es ihr ermöglichen, vollständig am gesellschaftlichen Leben teilzuhaben und Übergänge auf dem Arbeitsmarkt erfolgreich zu bewältigen.
> 2. **Gleichstellung der Geschlechter**
>   Die Gleichbehandlung und Chancengleichheit von Frauen und Männern muss in allen Bereichen gewährleistet und gefördert werden; dies schließt die Erwerbsbeteiligung, die Beschäftigungsbedingungen und den beruflichen Aufstieg ein.
>   Frauen und Männer haben das Recht auf gleiches Entgelt für gleichwertige Arbeit.
> 3. **Chancengleichheit**
>   Unabhängig von Geschlecht, Rasse oder ethnischer Herkunft, Religion oder Weltanschauung, Behinderung, Alter oder sexueller Orientierung hat jede Person das Recht auf Gleichbehandlung und Chancengleichheit im Hinblick auf Beschäftigung, sozialen Schutz, Bildung und den Zugang zu öffentlich verfügbaren Gütern und Dienstleistungen. Die Chancengleichheit unterrepräsentierter Gruppen wird gefördert.
>
> Quelle: EU-Kommission. Die europäische Säule sozialer Rechte in 20 Grundsätzen dargestellt (Online)

Bislang lassen sich daraus vier Säulen der europäischen Sozialpolitik identifizieren.

Europäische Sozialpolitik			
Deregulierung durch den Binnenmarkt	EU-Grundrechtscharta	EU-weite Regulierungen	Sozialfonds

Abb. 19: Die Säulen der europäischen Sozialpolitik, eigene Darstellung

Von den Grundfreiheiten im Rahmen des europäischen Binnenmarktes sind auch sozialpolitische Maßnahmen betroffen. Diese umfassen z. B. die Freizügigkeit der Arbeitnehmer*innen sowie erste Angleichungen in der Arbeitsmarktpolitik durch den Wegfall nationalstaatlicher Sonderregelungen.

Umstritten ist dabei besonders der Aspekt der Freizügigkeit von Personen. So gibt es in Europa auch eine Binnenmigration innerhalb der EU von Armen in reichere Gesellschaften. Dies führt in den Zielländern wiederholt zu Konflikten. Exemplarisch lässt sich das an den BREXIT-Verhandlungen darstellen. So wünscht Großbritannien weiter Teil des Binnenmarkts zu bleiben, will aber keinen Zuzug von Migrant*innen mehr zulassen.

In der EU-Grundrechtscharta wurden auch sozialpolitisch relevante Grundrechte formuliert. Dazu zählen u. a. in Artikel 14 das Recht auf Bildung, in Artikel 15 das Recht zu arbeiten sowie in Artikel 35 der Gesundheitsschutz. Diese Ziele sind weitgehend unstrittig, ihre Umsetzung allerdings bei weitem noch nicht gelungen.

Bei den EU-weiten Regulierungen dominieren bisher drei größere Bereiche:

- Antidiskriminierungsverbote z. B. aufgrund des Geschlechtes, der ethnischen Herkunft oder der sexuellen Identität,
- einige soziale Absicherungen, z. B. die Idee der portablen Anrechte. So kann eine Arbeitnehmerin die sozialen Rechte z. B. in Form von Rentenansprüchen in ein anderes EU-Land mitnehmen und mit dort erzielten Rechten kombinieren,
- erste Arbeitsschutzbestimmungen, z. B. für Schwangere oder Hilfen bei der Bildschirmarbeit.

Diese Maßnahmen sind bisher eher marktbegleitend und wenig eingreifend. Sie wurden im weitgehenden Konsens der Länder beschlossen.

Der Sozialfond stellt vor allem Gelder zur Bekämpfung der Arbeitslosigkeit zur Verfügung. Er ist somit unmittelbar aktivierend in Bezug auf das Marktgeschehen.

In der europäischen Sozialpolitik wird ein Problem sehr deutlich, das in der Politikwissenschaft Mehrebenenverflechtung genannt wird. Mehrere Entscheidungsebenen müssen dabei in der Ausgestaltung eines Politikfeldes beachtet werden. Das ist kompliziert, unübersichtlich und verhindert oft einfache Lösungen.

Beispiel
In der Dortmunder Nordstadt trifft ein Streetworker auf einen mit Drogen handelnden 17-jährigen Roma aus Rumänien. Im Gespräch erklärt er, dass er lieber zur Schule gehen würde, er müsse aber Geld für seine Familie in der Heimat beschaffen, die ihn ins Ruhrgebiet geschickt hätte. Wollte der Sozialarbeiter dem jungen Mann umfassend helfen, müsste er folgende politische Entscheidungsebenen bedenken:

- Die konkrete Ausgestaltung der Bildungspolitik ist Ländersache, hier Nordrhein-Westfalen.
- Konkrete Schulpolitik (Angebote, Standorte) verantwortet die Stadt Dortmund.
- Die Kriminalität bekämpft die Polizei und Justiz. Beides ist Ländersache.
- Ob der Junge ein Recht auf soziale Unterstützung (ALG II, Kindergeld) hat, entscheidet die Bundesebene.
- Hat er ein Anrecht drauf, organisiert die Auszahlung die Kommune – hier die Stadt Dortmund.
- Will der Junge dauerhaft in Dortmund bleiben, braucht es entsprechende Regeln auf europäischer Ebene. Dies würde auch einen Familiennachzug betreffen.
- Hat der Junge ein Anrecht auf Sozialleistungen in seiner Heimat und möchte er diese in Dortmund anrechnen, braucht es eine europäische Regelung.

Schon in diesem kleinen Fall wird die Verflechtung der Politikebenen – hier EU, Bundesrepublik Deutschland, Nordrhein-Westfalen, Stadt Dortmund – deutlich.

6.4 Krisendiagnosen der europäischen Integration

Die Europäische Union befindet sich seit Jahren in einer ihrer schwersten Krisen (vgl. Illing 2013). Ein Auseinanderbrechen ist möglich. Dabei gibt es nicht die eine Schwierigkeit, sondern ein ganzes Bündel von miteinander verknüpften Problemen. Die Idee der Europäischen Union setzt drei Bereitschaften ihrer Mitglieder voraus, ohne die ein Gelingen schlicht unmöglich ist.

- Dies ist zum einen die Idee, bisherige Souveränitätsrechte des Nationalstaates an eine übergeordnete europäische Ebene abzugeben. Dazu braucht es Regeln, eine demokratische Legitimation und Transparenz.
- Zum anderen ist es die Bereitschaft der Nationalstaaten, europäische Regelungen, die gemeinsam getroffen wurden, auch tatsächlich umzusetzen. Eine Regelung, an die sich keiner hält, hat jeden Wert verloren.
- Die dritte Bedingung heißt Solidarität. Das klingt banal, ist es aber nicht. Europäische Integration kann nur gelingen, wenn starke Länder sich für schwächere einsetzen, wenn vorhandene Mittel gerecht verteilt werden, wenn kein Land und keine Gesellschaft sozial, politisch oder ökonomisch im Stich gelassen werden.

Nur wenn diese Mindestbedingungen erfüllt sind, kann ein europäisches Projekt gelingen. Wie diese Bedingungen des Gelingens herausgefordert werden, zeigt die folgende Übersicht aktueller Problemfelder.

Weltwirtschaftskrise und Europa

In Deutschland schon fast vergessen ist die Weltwirtschaftskrise in den Jahren 2008 und den Folgejahren. Ausgelöst wurde sie von Billigkrediten für Immobilien in den USA, die in immer komplizierteren Finanzpaketen im Finanzkapitalismus der Börsen, Banken, Schattenfirmen, Steueroasen und Versicherungen weltweit vertrieben wurden. Geriet bisher eine Bank in Refinanzierungsschwierigkeiten, lieh sie sich oft Geld von anderen Banken. Dies nennt sich Interbankenverkehr. Und genau dieser kam ab 2009 weltweit zum Erliegen. Keine Bank traute mehr der anderen, weil niemand wusste, ob der oder die andere morgen nicht auch zahlungsunfähig sein würde, weil in ihrem Tresor zu große Mengen ›fauler‹ Kredite liegen könnten.

Diese Bankenkrise hatte weltweit Folgen, denn Banken verleihen gegen Zinsen das Geld, was Wirtschaftsunternehmen brauchen, um zu investieren. Ohne solche Investitionen kann die Wirtschaft in der Marktwirtschaft nicht wachsen. Dies ist der zentrale Aspekt, wenn Politiker*innen von einer Systemrelevanz der Banken sprechen. Die Banken drosselten ihr Kreditwesen enorm und erhöhten Zinsen- und Sicherheitsvoraussetzungen bei der Vergabe von Krediten. Für die Realwirtschaft wurde es so schwieriger, an Kredite zu kommen. Investitionen blieben aus, die Konjunktur trübte sich ein. Hier griffen nun viele Staaten in doppelter Weise ein: Zum einen retteten sie ihre nationalen Banken vor einer Pleite und stützten sie mit Milliarden Euro und Dollar. Einige Staaten, z. B. Deutschland mit der »Abwrackprämie« für Autos, investierten zusätzlich in Konjunkturprogramme und finanzierten Soforthilfen für kriselnde Firmen und von Arbeitslosigkeit bedrohte Arbeitnehmer*innen z. B. durch die großzügige Vergabe von Kurzarbeitszuschlägen. Beides zusammen geschah zumeist auf Kredit. Das heißt, die Staaten verschuldeten sich rasend schnell, um der Krise Herr zu werden. An dieser Stelle wurde aus der Bankenkrise eine Wirtschaftskrise und daraus eine Fiskal- oder Schuldenkrise der Staaten.

Auch Staaten können sich nicht grenzenlos verschulden und müssen versuchen, ihre Einnahmen und Ausgaben in eine gesunde Balance zu bringen. Die Fiskalkrise der Staaten zwang zu radikalen Reformen. Generell gibt es zwei Optionen, wenn der Haushalt implodiert: mehr Geld einnehmen und/oder bei den Ausgaben sparen. Dieser Grundgedanke steht vor allem im Fokus der deutschen Europapolitik als »Rezept« für Krisenstaaten, die mit dem Begriff der »Austeritätspolitik« (siehe Kasten) bezeichnet wird. In der Praxis heißt dies meist, Regulierungen z. B. im Vergaberecht, bei ökologischen Beschränkungen, bei der Mitbestimmung der Arbeitnehmerinnen und Arbeitnehmer, den Löhnen, im Kündigungsschutz oder bei den Urlaubstagen zu reduzieren. Zumeist wird dieser Prozess als »nötige Strukturpolitik« bezeichnet. Sie setzt ganz im Sinne neoliberaler Doktrin auf die Hoffnung, dass eine von Einschränkungen weitgehend befreite Wirtschaft schnell wachse und Arbeitsplätze schaffe. Parallel dazu sparten viele Staaten in der Sozial-, Bildungs- und Gesundheitspolitik. Sie galt als staatlich nicht mehr in der bisherigen Form finanzierbar. Oft fanden parallel dazu Privatisierungen bisher staatlicher Leistungen statt. Betroffen von einer solchen Politik sind vor allem die sozial Schwachen, die einen solidarischen Staat zum menschenwürdigen Überleben brauchen. Spätestens an dieser Stelle wird der Zusammenhang aus der Bankenkrise mit einer sozialen Gesellschaftskrise deutlich.

Was heißt das nun in Europa? Seit 2009 befindet sich die Europäische Union im Krisenmodus. Staaten wie Griechenland, Spanien, Portugal, Irland und Italien drohte und droht z. T. noch immer die Zahlungsunfähigkeit. Sie brauchen Kredite, um die laufenden Kosten zu decken. Diese bekommen sie bei der europäischen Zentralbank gegen Vorgaben im Sinne der oben skizierten Austeritätspolitik.

Austeritätspolitik

Der Begriff kommt aus den wirtschaftswissenschaftlichen Debatten. Er meint eine bestimmte nationale Haushaltspolitik im Rahmen einer Krisensituation. Während Keynesianer*innen in der Krise dem Staat raten, Geld zu investieren und dabei auch Schulden in Kauf zu nehmen, um so die Wirtschaft zu stabilisieren, setzt die Austeritätspolitik auf Haushaltskonsolidierung als oberstes Ziel. Staaten sollen ihre Ausgaben reduzieren, um weitere Schulden zu verhindern, und Steuern erhöhen, um höhere Einnahmen zu generieren. Kritiker*innen dieses Konzeptes betonen vor allem die sozialen Folgen einer solchen Politik. Die Steuererhöhungen treffen die Bevölkerung genauso hart wie die Kürzungen staatlicher Leistungen z. B. im Sozial-, Gesundheits- oder Bildungsbereich. Hinzu kommt, dass der Wirtschaft auf diese Weise Impulse zur Regenerierung fehlen (Beck 2012).

Viele Staaten empfinden diese Vorgaben, die auch symbolisch von Beamt*innen der Europäischen Kommission (sowie des Internationalen Währungsfonds) überbracht werden, als entwürdigend. Sie hoffen auf neue Kredite der kriselnden Banken – zumeist gegen hohe Zinsen. Die Banken, deren Gier und Kurzsichtigkeit diese Krise auslösten, werden hier auf einmal zu den Gewinnerinnen der Krise. Sie bekommen Geld vom Steuerzahler und gewinnen an den Krediten, die die Staaten aufnehmen, um die Folgen der Krise zu bewältigen. Angesichts der Dimension dieses Skandals blieb der Protest der Bürger*innen nicht aus (vgl. Kraushaar 2012).

Die Europäische Union reagierte auf diesen Zyklus mit einer Vielzahl von Krisengipfeln, Schutzschirme für kriselnde Staaten wurden erarbeitet und gespannt, Abstimmungen in der Wirtschaftspolitik verabredet. Eine grundlegende Lösung der damit verbundenen Probleme war beim Erscheinen dieses Buches jedoch noch nicht in Sicht.

Soziale Krisen in Südeuropa

Die Auswirkungen der Banken-, Fiskal- und Wirtschaftskrise trafen in besonderer Weise die Länder des Südens, vor allem Spanien und Griechenland. Beide Länder erlitten eine jahrelange Rezession der Wirtschaft bei gleichzeitigen drastischen Sparkursen der jeweiligen Regierung. Die Arbeitslosigkeit erreichte nach Aussagen der europäischen Statistikdatenbank »eurostat« (http://ec.europa.eu/eurostat/de/home) in Griechenland mit 27,5 % im Jahr 2013 einen historischen Höhepunkt. In Spanien lag sie im selben Jahr mit 26,3 % nur knapp darunter. Noch schlimmer traf es die jungen Menschen. Von ihnen sind im Januar 2017 in Spanien 42,2 % und in Griechenland sogar 45,7 % arbeitslos. Auch wenn die Arbeitslosigkeit in beiden Ländern derweil rückläufig ist, sind die Folgen dennoch dramatisch. Vor allem junge, besser qualifizierte Menschen verlassen in großer Zahl die Länder wahlweise gen Norden, z. B. nach Deutschland, oder auch in Richtung Südamerika. Damit verlässt vor allem jenes Potential das Land, das für die Zukunft der Volkswirtschaften und Gesellschaft besonders wichtig wäre.

Auch politisch hatte der Sparkurs gepaart mit der Arbeitslosigkeit Folgen. In Griechenland z. B. wurden die früheren Volksparteien stark geschwächt. Heute regieren dort Linkspopulist*innen in einer Koalition mit Rechtspopulist*innen. In Spanien entstand aus einer neuen sozialen Bewegung eine linksalternative neue Partei, die kurz nach ihrer Gründung schon Bürgermeisterposten in Madrid und Barcelona gewann.

Die Ursachen für die jeweiligen Krisen waren dabei vielschichtig und es kamen interne und externe Faktoren zusammen. In den Bevölkerungen vor Ort herrschte mehrheitlich eine Position vor, die das Verschulden auch bei den eigenen Eliten und in den eigenen Systemen sah. Dennoch meldeten sich schnell Stimmen zu Wort, die die Solidarität der reichen mit den ärmeren Ländern vermissten. Sie empfanden viele Vorgaben vor allem als deutsches Spardiktat und hätten sich auch symbolische Unterstützungen gewünscht.

Die Europäische Union erhebt den Anspruch, ein soziales und demokratisches Europa zu schaffen. In den südeuropäischen Bevölkerungen verlor sie diesbezüglich viel an Glaubwürdigkeit (vgl. Winkler 2017).

Flüchtlingspolitik

Asyl- und Flüchtlingspolitik galt bis 2015 als eines jener Themenfelder, in denen der Europäischen Union Vereinheitlichungen und Abstimmungen unter den Staaten zügig gelang. Diese sahen laut Luft (2016, S. 45ff.) folgende Prämissen und Grundideen vor:

- Europa schützt gemeinsam seine Außengrenze, wobei jedes Land für ›sein‹ Territorium selbst verantwortlich ist. Die Europäische Union versprach jedoch Hilfen für besonders betroffene Länder.
- Das EU-Land, welches ein Flüchtling zuerst erreicht, ist für das jeweilige Asylverfahren verantwortlich und garantiert eine menschenwürdige Aufnah-

me und Erstversorgung. Hier wird der Flüchtling in einer zentralen Datenbank registriert.
- Zieht ein Flüchtling innerhalb Europas weiter, kann er automatisch in das EU-Land zurückgeführt werden, in dem er zuerst registriert wurde und welches für sein Verfahren zuständig ist.
- Für Flughäfen und Häfen gelten im Transitbereich verkürzte Prüfungen des Asylanliegens.
- Die EU kann externe Staaten zu »sicheren Drittstaaten« erklären. Bei diesen wird nach einer Prüfung davon ausgegangen, dass politische Verfolgungen nahezu auszuschließen sind. Auch hier kann der Flüchtling im Rahmen eines verkürzten Verfahrens abgeschoben bzw. zur Rückkehr aufgefordert werden.

Dieses Verfahren hatte Gewinner und Verlierer. In Länder ohne Außengrenzen, wie z. B. Deutschland, konnten Flüchtlinge auf legalem Wege kaum noch einreisen. Anders war dies vor allem für die südeuropäischen Länder wie Italien, Spanien und Griechenland. In ihnen kamen die meisten Flüchtlinge an. Sie hofften dafür auf Hilfen der Binnenländer. Vor allem warben sie jedoch für eine solidarischere Aufteilung der Flüchtlinge in allen Ländern Europas, was u. a. am entschiedenen Widerstand Deutschlands scheiterte.

In der Praxis zeigten sich schon vor 2015 große Probleme in der Umsetzung. Jährlich ertranken hunderte, später auch tausende Menschen im Mittelmeer beim Versuch der Überfahrt auf nicht seetauglichen Booten. Schlepperbanden der organisierten Kriminalität boten oft gefährliche Überfahrten an und entdeckten so ein attraktives wie zynisches Geschäftsmodell für sich (vgl. Luft 2016).

Auch innerhalb der EU gab es jedoch Probleme. Beispielsweise verweigerte Italien den Flüchtlingen oft jede Hilfe und ließ sie unregistriert in Bussen nach Norden weiterziehen. In italienischen Hafenstädten bildeten sich jedoch auch bettelnde und manchmal kriminelle Flüchtlingsgruppen, die ihr tägliches Essen und Trinken organisieren mussten. Der Staat verweigerte selbst das Minimum an humaner Unterstützung.

Aus Griechenland drangen immer wieder mahnende Stimmen von Sozialträgern und Menschenrechtsgruppen an die Öffentlichkeit. Unisono kritisierten sie eine inhumane Inhaftierungspraxis von Flüchtlingen in gefängnisartigen und oft völlig unzureichend ausgestatteten Einrichtungen.

Das »Dublin-Verfahren« ist im Jahr 2015/16 praktisch zusammengebrochen. Hintergrund war der massive, die europäischen Länder überfordernde Zuzug u. a. von Bürgerkriegsflüchtlingen aus Syrien. Offiziell ist dieses Verfahren noch gültig, de facto halten sich aber viele Länder nicht mehr daran. Folgende Anzeichen gibt es dafür:

- Deutschland verzichtete 2015 auf eine Rückführung der Flüchtlinge in andere EU-Staaten.
- Mehrere Länder wie Italien, Ungarn, Österreich und Griechenland verzichteten und/ oder sahen sich nicht mehr in der Lage, die Flüchtlinge zu registrieren und ihnen eine Erstversorgung zu gewährleisten.

- Mehrere osteuropäische Länder, wie z. B. Polen und Ungarn, verweigern grundsätzlich jeden Zuzug vor allem von muslimischen Flüchtlingen.

Einige Krisengipfel des Europäischen Rates beschäftigten sich damit, möglichst schnell neue Regeln für alle zu finden. Vor allem Deutschland drängte jetzt auf das, was deutsche Regierungen bis dato verweigert hatten: eine solidarische Aufteilung der Flüchtlinge basierend auf einer Analyse der Größe, Wirtschaftsstärke und Bevölkerungsdichte auf alle Länder der EU. Tatsächlich gelang ein Plan, der zumindest eine Aufteilung von etwa 140.000 Flüchtlingen nach einem solchen Verfahren innerhalb der EU vorsah. Umgesetzt wurde er jedoch nicht: trotz offizieller Zustimmung verweigerten Staaten wie Ungarn jede Aufnahme. Die Gestaltung einer gemeinsamen Flüchtlingspolitik gehört damit zu den größten Baustellen der europäischen Einigung.

Erstarken von Gegner*innen der Europäischen Union

Viele Länder der EU erleben seit Jahren ein Erstarken von Parteien und Bewegungen, die sich explizit gegen die Grundideen und -werte der Europäischen Union richten. Zwei grundliegende Tendenzen lassen sich hier festmachen:

Im Osten gelten Ungarn und Polen als Vorreiter einer explizit europakritischen Regierung, wie Vetter (2017) beschreibt. Ungarn erlebt seit 2010 einen Umbau seines politischen Systems in Richtung einer Autokratie. Mit Hilfe einer verfassungsändernden Zweidrittel-Mehrheit konnte die konservative, klerikale Partei FIDESZ des Regierungschefs Viktor Orbán das ungarische politische System entschieden umgestalten. Die neue ungarische Verfassung definiert das Staatsvolk in seiner Präambel ethnisch. Juden, Sinti und Roma können demnach keine Ungarn mehr sein. Die Pressefreiheit wurde massiv beschnitten, Stellen in der Justiz, in der Kultur, Wissenschaft und staatsnahen Wirtschaft wurden mit Orban-treuen Kadern besetzt. Die Rechte des Verfassungsgerichts wurden beschnitten und ein neues Wahlrecht eingeführt, das auf Kosten seiner demokratischen Legitimität zukünftige FIDESZ-Siege sehr wahrscheinlich erscheinen lässt. Dieser Umbau wird umrahmt mit nationalem Pathos, antieuropäischen Reden bei gleichzeitigen Einschnitten ins Sozialsystem des Landes. Ungarn gilt heute einerseits als ein Staat mit enormen Demokratiedefiziten und andererseits als explizites Vorbild u. a. für Polen.

Die Europäische Union reagierte auf diese Entwicklungen eher hilflos. Zwar kritisierte sie zahlreiche Gesetzesänderungen. Ihr fehlten jedoch passende Sanktionen. Außerdem brauchte die EU u. a. im Europäischen Rat auch die Stimme Ungarns in jenen Fällen, in denen Einstimmigkeit angestrebt wird.

Im Westen etablierten sich in vielen Staaten seit den achtziger Jahren rechtspopulistische Parteien wie der Front National in Frankreich oder die Freiheitliche Partei Österreichs (vgl. Wolf 2017). Sie erlangten Stimmenanteile zwischen 10 und 30 % und gelangten u. a. in Österreich und Dänemark auch schon in Regierungskoalitionen. Zu ihren typischen Inhalten gehört die explizite Ablehnung der Europäischen Union. Sie favorisieren das ethnopluralistische Modell (s. o.).

6.5 Zusammenführung für die Soziale Arbeit

Die EU ist nach wie vor in einer Dauerkrise. Mehrere Modelle zur Lösung ihrer Probleme werden diskutiert. Sie lassen sich anhand der Theorien zur europäischen Integration sortieren. In der Diskussion sind

- ein großer Integrationsschritt zur Not im zunächst kleinen Kreis – also einem Europa der Zwei-Schritte, worauf etwa Habermas (2008) hinweist. Zentrales Argument der Befürworter*innen ist, dass ein gemeinsamer Wirtschafts- und Währungsraum a) eine Angleichung der Sozial,- Handels-, Bildungs- und Umweltpolitiken bedürfe und b) auch demokratisch deutlicher legitimiert werden müsste. Sie plädieren deshalb im Sinne des Föderalismus-Ansatzes für einen Neustart einer Europäischen Union mit dem Ziel der gemeinsamen Staatsbildung.
- Andere sehen in der Krise bereits das Versagen der EU. Sie müsse aufgelöst werden, damit die Nationalstaaten wieder frei und jeder für sich handeln könne.
- Wieder andere setzen auf eine Politik der kleinen Schritte und »eine Fahrt auf Sicht«. Eine Aneinanderreihung von kleinen Lösungen und Krisengipfeln jeweils zu kleineren Fragen und Krisen sei immer noch besser als die Entscheidung großer Fehler.

Für die Soziale Arbeit ist immerhin eines gewiss: Viele ihrer Herausforderungen sind global bedingt. Lösungen können im Rahmen des Nationalstaats, z. B. für übergeordnete Fragen der sozialen Ungleichheit als Basis von Armuts- und Fluchtprozessen, nicht mehr entwickelt werden. Soziale Arbeit muss deshalb international werden, um lokal und konkret wirken zu können. Die Europäische Union ist dabei ein unvollendeter Schritt der internationalen Kooperation und weltweit ein bisher einzigartiges Projekt. Im Sinne der Subsidiarität berührt sie unmittelbar die Praxis der Sozialen Arbeit – selbst dann, wenn sie im Alltag weit entfernt erscheint. Sie erlässt politische Vorgaben und stellt nicht zuletzt auch Mittel zur Lösung sozialer Probleme zur Verfügung.

Weiterführende Literatur

Elvert, Jürgen (2012). Die Europäische Integration. Geschichte kompakt. Darmstadt: Wissenschaftliche Buchgesellschaft.

Illing, Falk (2013). Die Euro-Krise. Analyse der europäischen Strukturkrise. Wiesbaden: Springer VS.

Luft, Stefan (2016). Die Flüchtlingskrisechtlingskrise. Ursachen, Konflikte, Folgen. München: Verlag C. H. Beck.

7 Globale Probleme vor Ort

Gesellschaftliche Probleme haben globale Dimensionen, Ursachen wie Auswirkungen. Angemessene Lösungen verlangen globalisierte Strategien und vernetzte Akteurswelten. Das klingt einfacher, als es ist – besonders aus der Perspektive der Sozialen Arbeit. Ist internationale Politik, sind globale Probleme nicht viel zu weit entfernt von den realen Aufgaben vor Ort, um die sich Soziale Arbeit zu kümmern hat? In einer globalisierten Welt kann diese Frage für die Soziale Arbeit verneint werden. Wenn Politik und Soziale Arbeit nicht alleine Symptome kurieren, sondern sich auch an die Ursachen gesellschaftlicher Probleme wagen wollen, um diese konstruktiv und nachhaltig zu beseitigen, ist ein Einblick in Grundlagen internationaler Politik heute unerlässlich. Kaum noch eine Schwierigkeit lässt sich heute nationalstaatlich beheben. Vieles hängt mit vielem zusammen und ist nur noch international begreif- und steuerbar. Wie auch Soziale Arbeit hier eingreifen kann, wird im Folgenden skizziert. Dazu werden zunächst grundlegende Denkweisen der Politikwissenschaften angeboten, um danach anhand zweier globaler Konflikte die Bedeutung internationaler Zusammenhänge für die Soziale Arbeit zu veranschaulichen.

7.1 Theoretische Grundlagen der internationalen Politik

Bis heute sind Nationalstaaten bestimmende Akteur*innen der internationalen Politik. Hinzu kommen Zusammenschlüsse von Nationalstaaten, Bündnisse sowie international agierende Akteur*innen, die entweder von den Nationalstaaten ins Leben gerufen wurden oder Ausdruck einer international operierenden Bürgergesellschaft sind, und national und international agierende Wirtschaftsakteur*innen. Der Unübersichtlichkeit sind somit wenig Grenzen gesetzt. Theorien können hier helfen, um Struktur ins Dickicht zu bringen. In der internationalen Politikanalyse gibt es – wenig überraschend – eine breite Spannbreite theoretischer Arbeiten. Zum Verständnis für die Soziale Arbeit hilft allerdings eine maximale Reduktion auf zwei grundsätzliche Richtungen in der Debatte: die realistische und die idealistische Schule.

Realistische Schulen der internationalen Politik

In den realistischen Theorien spielen drei Kernbegriffe eine besondere Rolle: Staaten, Interessen und Macht. Die Kerngedanken lauten, dass territorial abgrenzbare Staaten jeweils eigene Interessen haben und unterschiedlich starke Machtmittel besitzen, um diese Interessen zu verfolgen. Ein Staat kann z. B. wirtschaftlich dank seiner Industrie und dem hohen Bildungsstand seiner Bevölkerung zwei Interessen haben: billige Rohstoffe für seine Industrien zu bekommen und weite Absatzmärkte für die Produktionen zu unterhalten. Zur Erreichung dieser Interessen kann er je nach eigener Potenz unterschiedliche Machtmittel und -strategien einsetzen. Dazu gehört die Kooperation mit anderen Staaten, um Handelshemmnisse für ›seine‹ Produkte, wie z. B. Zölle, zu reduzieren und dazu dem anderen Staat anbieten, ›seine‹ Produkte erfolgversprechend auf dem eigenen Markt zu platzieren. Der Staat könnte aber auch andere Staaten, z. B. jene mit großen Rohstoffvorkommnissen, überfallen, besetzen und so sein Interesse durchsetzen.

In der realistischen Schule der internationalen Politik ist Krieg immer eine, wenn auch nicht gut geheißene Option zur Durchsetzung staatlicher Interessen, auf die wiederum andere Staaten vorbereitet sein müssen. Die Staaten verlieren demzufolge ihre Interessen auch nicht, wenn sie sich mit anderen in supranationalen Organisationen zusammenschließen. Diese sind vielmehr dazu da, um die Interessen leichter durchzusetzen. Staaten können dabei unterschiedliche, friedliche wie kriegerische, ökonomische, soziale oder auch kulturelle Machtmittel einsetzen. Welche das jeweils sind, bestimmen oft die jeweiligen Staatsmänner und -frauen.

Idealistische Schulen der internationalen Politik

Im Mittelpunkt idealistischer Theorien stehen Menschheitsträume und die Wege zu deren Verwirklichung. Zumeist gibt es eine Verbindung zur Idee einer Weltgesellschaft basierend auf unteilbaren Menschenrechten und eine Vorstellung von der Option eines »ewigen Friedens«. Oft basieren sie auf expliziten Bezügen zur Philosophie Immanuel Kants, also auf einer auf Vernunft fußenden, Rechtssysteme schaffenden und Gerechtigkeit suchenden Praxis internationaler Politik. Für Kant ist der ewige Frieden dabei kein Naturzustand, sondern im Falle des Gelingens Ergebnis politischen Handelns.

Auch die idealistischen Ansätze verneinen nicht die Existenz von Staaten, Interessen und Machtmitteln. Sie gehen jedoch davon aus, dass die Menschheit ein gemeinsames Interesse an ihrer Weiterexistenz unter menschenwürdigen Bedingungen hat und staatliches Handeln darauf ausgerichtet ist, dieses Ziel zu erreichen. Zu diesen Bedingungen zählen auch Fragen der sozialen Gleichheit, des Wohlstands, der Sicherheit und der Freiheit.

Unabdingbare Handlungsoptionen sind in diesen Theorien Kooperationen und die Schaffung supranationaler Organisationen besonders der UNO als Zusammenschluss der Staatengemeinschaft. Diese Theorien betonen oft zudem die

Potentiale der Menschenrechte als gemeinsame Basis der Menschheit, einer internationalen Bürgergesellschaft zur Beteiligung der Bevölkerung sowie die Potenz der globalisierten Wirtschaft, allen Menschen nicht nur ein Existenzminimum, sondern auch ein Leben in einem Mindestmaß an Wohlstand zu ermöglichen.

Vergleich der Ansätze

Beide Theorien stehen sich nicht diametral gegenüber. Beide eint die Vorstellung, internationale Politik systemisch zu betrachten. Sie unterscheiden sich in der Einschätzung der Bedeutung der Staaten. Idealist*innen sehen deren perspektivische Schwächung, bei den Realist*innen bleiben sie handlungsleitend. Idealist*innen vertrauen auf ein positiv konstruktives und krisensicheres Eigenleben supranationaler Kooperationen und Akteur*innen. Für Realist*innen sind sie Konstrukte auf Zeit, die solange funktionieren, wie sie den Interessen der Staaten dienen. Idealist*innen vertrauen einer internationalen Bürgergesellschaft. Realist*innen sehen tendenziell eher deren Probleme, da auch in ihnen nationale Interessen handlungsbestimmend seien. Idealist*innen sehen die Möglichkeit einer Welt ohne Krieg. Die Realist*innen bezweifeln das und meinen, dass Krieg immer eine Option der Politik bleibe.

Wozu ist das nun wichtig? Spätestens bei der Diskussion von Lösungen für internationale Konflikte und Probleme wird der Punkt auftauchen, an dem Idealist*innen und Realist*innen unterschiedliche Wege aufzeigen werden. Deren Optimismus in Hinsicht auf eine ›gute Lösung‹ im Sinne der Menschenrechte unterscheidet sich oft sehr. Anhand zweier Beispiele wird dies zu zeigen sein. Das erste mag dabei zunächst überraschen. Der Klimawandel scheint doch von der Praxis der Sozialen Arbeit schon sehr weit entfernt zu sein. Auch dominieren hier Naturwissenschaftler*innen den Diskurs. Was soll das also in diesem Lehrbuch?

Das Beispiel wurde bewusst gewählt, um zu zeigen, wie komplex heute Konflikte mit globalen Dimensionen und Auswirkungen sind. Am Ende betreffen sie oft auch die Soziale Arbeit – spätestens mit Blick in die Zukunft. Das zweite Beispiel ist weniger überraschend. Flucht und Migration sind ebenfalls globale Herausforderungen, z. T. durch den Klimawandel bedingt, aber eben nicht nur. Ihre Auswirkungen auf die nationale Soziale Arbeit sind sofort sichtbar. Kommen Flüchtende ins Land, erschallt sofort der Ruf nach Sozialer Arbeit zur Erstbetreuung und Unterstützung bei der Integration. Beide Beispiele werden im Folgenden erläutert.

7.2 Konfliktanalyse 1: Klimapolitik und ihre Folgen

Die folgende Konfliktbeschreibung folgt alleine der Argumentation von Stephen Emmott (2013). Er arbeitet als Wissenschaftler in Oxford (Großbritannien) und stellte sich eine einfache Frage: Wenn spätestens im Jahr 2100 auf der Welt ca. zehn Milliarden Menschen leben werden – was werden sie essen, was trinken, welche Energie werden sie verbrauchen und welche Bedingungen für das menschliche Überleben sind damit verbunden? Alle angefügten Zahlen in seinem maximal verdichteten Büchlein sind wahlweise wissenschaftlicher Konsens oder stammen von der UNO. Sein Szenario unterteilt sich in zehn Denkschritte; sie werden unten vorgestellt.

Die Thesen Emmotts sind zwar weitgehender Konsens vieler Klimaforscher*innen. Unumstritten sind sie jedoch nicht. So zeigt etwa die kanadisch-amerikanische Journalistin Klein (2014) ein weltweites Netzwerk von Firmen, Politiker*innen sowie Wissenschaftler*innen auf, die die These, dass der Mensch für einen Wandel des Klimas verantwortlich sei, offensiv bestreiten. Einige Protagonist*innen verweisen dabei auf offene Fragen des wissenschaftlichen Mainstreams, andere vertreten offensichtlich Lobbyinteressen z. B. großer Mineralölfirmen. An dieser Stelle soll es jedoch nur um den Zusammenhang zwischen globalen Herausforderungen und der Sozialen Arbeit gehen.

Die Argumentation von Emmott

- **Schritt 1: Die reine Zahl**
  Die Menschheit wächst. Menschen gibt es seit ca. 200.000 Jahren. Das ist erdgeschichtlich eine enorm kurze Zeitspanne. Vor ca. 10.000 Jahren erreichte die Menschheit die Millionengröße, um das Jahr 1800 die erste Milliarde. Derzeitig gibt es zwischen sieben und acht Milliarden Menschen weltweit. Im Jahr 2050 werden es mindestens neun Milliarden und kurz danach, spätestens im Jahr 2100 – vermutlich aber früher – zehn Milliarden Menschen auf der Erde sein.
- **Schritt 2: Wachstumsgründe**
  Das Wachstum der Menschheit hatte eine Vielzahl von Gründen. Ein zentraler Punkt war die Ernährungsfrage. Die Jäger*innen und Sammler*innen hatten es noch schwer, satt zu werden. Die Erfindung der Landwirtschaft löste diese Phase ab. Die ersten Tiere wurden ca. 13.000 v. Chr. domestiziert, die planmäßige Zucht von Pflanzen setzte im 13. Jahrhundert ein, ab dem 15. Jahrhundert halfen zusehends Maschinen bei der Ertragssteigerung. Die letzte »grüne Revolution« erfolgte erst in den 1950er Jahren mit einer Ausweitung der Nutzflächen, dem vermehrten Einsatz vor allem chemischer Düngemittel oder von Pestiziden und Herbiziden zur Ausrottung von Schädlingen sowie dem Beginn der Massentierhaltung zur Fleischproduktion.
- **Schritt 3: Folgen der letzten »grünen Revolution«**
  Dank der »grünen Revolution« gibt es viel mehr Lebensmittel als früher, die

jedoch nicht gleich verteilt werden. Sie wurden zumindest im Westen billiger. Das schaffte Möglichkeiten des privaten Konsums z. B. von Autos, Fernsehern, Urlauben, Kleidung und Luxusgütern. Sie führt aber auch zu einem Verlust von Lebensräumen für Tiere und Pflanzen, zu einer erhöhten Schadstoffbelastung und Überfischung der Meere.

- **Schritt 4: Mobilität steigert sich**
  Mit der Zunahme der neuen Produktionen war ein Ausbau von Transportwegen und Mobilität an sich verbunden. Straßennetze wurden massiv ausgebaut. Ähnlich verhält es sich im Luftverkehr: Wurden im Jahr 1960 noch ca. 100 Milliarden Kilometer geflogen, waren es 2013 etwa sechs Billionen. Damit steigt der Energieverbrauch enorm an.

- **Schritt 5: Klimawandel durch Erwärmung**
  Parallel zu den Veränderungen in der Landwirtschaft, den neuen Produktionswegen, dem Wachstum an Produkten und der damit verbundenen Mobilität stieg der CO_2-Anteil in der Luft, die durchschnittliche Erdtemperatur erhöhte sich und die Meere erwärmten sich. Forscher*innen sprechen vom »Klimawandel«. Emmott schreibt dazu: »Das, was wir tun, und die Erde beeinflussen sich wechselseitig. (…) Eine wachsende Bevölkerung braucht mehr Wasser und mehr Nahrung. Mehr Nahrung bedeutet mehr Anbauflächen (…). Gleichzeitig muss mehr Nahrung transportiert werden« (Emmott 2013, S. 44f.). Das alles führt zu einem höheren Ausstoß von Treibhausgasen und beschleunigt so wiederum den Klimawandel. Unser Wirtschaftsmodell fußt auf billiger Energie – und das waren früher zumeist fossile Energieträger wie Kohle, Öl und Gas. Ohne sie hätte es keine industrielle Revolution und nicht unser heutiges Wohlstandsniveau gegeben.

- **Schritt 6: Wo sind neue Anbauflächen für mehr Nahrung?**
  Mehr Nahrung braucht neue Anbauflächen oder eine drastische Intensivierung auf bestehenden Flächen. Derzeitig werden ca. 40 % der Landesoberfläche agrarisch genutzt. Übrig sind vor allem Flächen, die kaum dafür genutzt werden können, nämlich: Arktis, Antarktis, Sahara, Wüsten auf Australien, Tundragebiete u. a. in Sibirien, bestehende Städte bzw. Dörfer, Straßen, Flughäfen, Naturschutzgebiete, bewirtschaftete Wälder, Regionen, in denen Bodenschätze liegen, und die Regenwälder. Neue Anbauflächen sind nicht in Sicht. Auch eine Intensivierung stößt an natürliche Grenzen. Bereits jetzt ist in vielen Regionen der Welt der Ertrag eher rückläufig.

- **Schritt 7: Wie verändert sich das Ökosystem?**
  Mit den beschriebenen Veränderungen hängt ein akutes Artensterben zusammen. Derzeitig sind nach Emmott (2013, S. 57) ca. 41 % aller Amphibienarten, 25 % aller Säugetiere und 13 % aller Vögel akut vom Aussterben bedroht. Diese Dynamik ist erdgeschichtlich nur mit dem Aussterben der Dinosaurier vergleichbar. Nun baut im Ökosystem alles aufeinander auf, z. B. über Nahrungsketten. Dieses System verändert sich rasant, ohne dass eine Folgenabschätzung auch für die Ernährung der Menschheit derzeitig möglich ist.

- **Schritt 8: Wasser wird knapp**
  Durch die veränderten Lebensweisen in Teilen der Welt und die Intensivierung der Landwirtschaft steigt der Wasserverbrauch. Es ist dabei nicht allei-

ne die Bewässerung oder das direkte Trinken von Bedeutung, sondern auch die Verwendung von Wasser in der Produktion. Für zehn Tafeln Schokolade werden, Emmott zufolge, ca. 27.000 Liter Wasser in der Herstellung benötigt, ein durchschnittlicher Hamburger braucht etwa 3.000 Liter und eine Tasse Kaffee etwa 100 Liter Wasser. Der Großteil des Wassers stammt aus unterirdischen Lagern. Diese werden schon jetzt viel schneller abgepumpt, als dass sie auf natürlichem Wege wieder aufgefüllt werden könnten.

- **Schritt 9: Offene Fragen**
  In der Debatte zum Klimawandel gibt es zahlreiche offene Fragen. Ein Beispiel: Photosynthese ist für die Atemluft existenziell. Noch nie waren Pflanzen einer so hohen CO_2-Produktion ausgesetzt wie jetzt. Niemand weiß, ob die Pflanzenwelt das dauerhaft verkraftet. Oder: Nahezu alle Beobachtungen zum Klimawandel in der Arktis übertreffen die negativsten Prognosen, die noch vor zehn Jahren aufgestellt wurden. Selbst renommierte Wissenschaftler*innen sind ehrlich: Eine exakte, sichere Prognose gibt es nicht. Das ändert jedoch nichts an der Problembeschreibung.

- **Schritt 10: Dynamik nimmt zu**
  Mit dem Bevölkerungswachstum nimmt, sollte sich der Lebenswandel nicht völlig ändern, der Bedarf an Nahrung, Wasser und Energie zu. Der Druck auf das Ökosystem wird dadurch größer und nicht kleiner, und der Klimawandel droht nochmals an Dynamik zu gewinnen. Das erscheint wie ein komplexer Teufelskreis.

Was folgt daraus? Emmott spart nicht an Prognosen. Die Herausforderungen formuliert er wie folgt:

- Der Bedarf an Nahrungsmitteln wird sich bis 2050 etwa verdoppeln.
- Das Wasser wird knapp und ungleich verteilt sein.
- Die Bodenqualität wird sich durch die intensive Landwirtschaft verschlechtern.
- Extreme Wetterereignisse wie Dürren oder Überschwemmungen, Hitze- oder Kälteperioden werden deutlich zunehmen. Sie erschweren den Anbau von Pflanzen.
- Die Mobilität und damit der Bedarf an Rohstoffen und Waren werden zunehmen. Öl und Gas stehen dafür noch lange zur Verfügung. Dies steigert wieder die CO_2-Konzentration in der Luft.
- Der weltweite Energiebedarf wird massiv steigen.

Zukunft lässt sich nicht sicher voraussagen, so dass solche Prognosen vor allem im Detail immer mit Vorsicht zu lesen sind. Im Mainstream der Wissenschaft ist jedoch der Grundtrend unstrittig: Die CO_2-Emissionen müssen so schnell wie möglich massiv reduziert werden. Längst gibt es deshalb eine intensive Debatte über mögliche Strategien des Umgangs. Sicher ist dabei, dass es eine globale Herausforderung ist, der nicht alleine national begegnet werden kann, wenn sie Erfolg haben soll. Grundsätzlich sind drei Ansätze der *Auseinandersetzung* denkbar:

1. Die Leugnung eines Problems ist meistens mit der wenig überzeugenden Position verbunden, ein sich möglicherweise doch zeigender Klimawandel sei beherrschbar, ungefährlich oder eine Erfindung des jeweiligen politischen Gegners.
2. Ein anderer Ansatz setzt auf Anpassung. Hier ist der Klimawandel eine Herausforderung, die der Mensch zu meistern hat, da er sie nicht verhindern könne. Typische Vorschläge sind der Bau neuer Deiche oder die Umsiedlung der Bevölkerung von untergehenden Inseln.
3. Ein dritter Ansatz setzt auf Prävention und Schadensbegrenzung zugleich. Der Ausstoß der Klimagase soll schnell reduziert werden, um den Klimawandel zu begrenzen, wenn auch nicht mehr zu verhindern. Ausdruck dieser Strategie ist die sogenannte 2-Grad-Zielerklärung (vgl. Schellnhuber 2015, S. 446ff.), in der sich die beteiligten Staaten zu Maßnahmen verpflichten, nach deren Umsetzung die menschengemachte Erderwärmung auf maximal zwei Grad begrenzt werden soll.

Bei der konkreten Umsetzung der beiden letzten Strategien stehen sich zwei konstruktive Lösungsstrategien einer destruktiven Option gegenüber:

Weg 1: Rettung durch Technik

Dieser Weg besteht aus fünf Teilstrategien.

- Förderung »grüner« Energie wie Wind-, Wellen- oder Wasserkraft, Solarenergie und Biokraftstoffe.
- Förderung der Kernkraft: Die Befürworter*innen wollen so den Verbrauch von Öl, Kohle und Gas reduzieren.
- Neu sind Ideen des Geoengineerings. Dies sind gezielte Eingriffe ins Ökosystem wie z. B. die systematische Düngung der Ozeane, um über Algen CO_2 zu binden oder die künstliche Verdunkelung der Atmosphäre.
- Die systematische Entsalzung an den Weltmeeren könnte Wasserprobleme reduzieren.
- Hoffnungen beruhen auch auf einer neuen »grünen Revolution«.

Keine dieser Teilstrategien ist bisher wirklich ausformuliert oder ohne Nebenwirkungen. Ihre Befürworter*innen bezeichnen sich selbst als Optimist*innen. Skeptiker*innen betonen den zweiten Lösungsweg.

Weg 2: Radikaler Umbau

Die Alternative zum ersten Lösungsweg ist ein radikaler Verzicht auf Konsum, eine revolutionäre Verhaltensänderung in weiten Teil der Welt bei gleichzeitig deutlich gerechter zu gestaltender Verteilung der Güter. Derzeit werden genug Waren produziert, um die Weltbevölkerung gesund zu ernähren. Hunger gibt es, weil diese Waren ungerecht verteilt werden. Das ließe sich ändern – wenn es denn gewollt wäre. Diese Liste an Maßnahmen ließe sich leicht ergänzen, bräuchte aber zur Durchsetzung einen weitgehenden politischen wie gesellschaftlichen Konsens. Der ist aber nicht gegeben und macht die Durchsetzung schwierig. Beginnt nämlich z. B. ein Land zunächst alleine mit umweltpolitischen Regulierungen und Einschränkungen, wäre das zwar eine Vorreiterrolle, könnte aber kurzfristig vor allem ökonomisch nachteilig sein. Andere Länder könnten möglicherweise billiger ähnliche Waren produzieren, wenn sie sich nicht an neue soziale, klimagerechte und ökologische Standards halten, und hätten so einen ökonomischen Vorteil auf dem Weltmarkt. Bewegt sich nur einer, verliert er, und die anderen haben ihm gegenüber kurzfristig einen Vorteil. Bewegt sich keiner, verlieren alle. Die Lösung wäre eine globale Kooperation, die aber nicht einfach zu realisieren ist, solange alle Angst haben, zunächst zu verlieren oder auch nur einen kurzfristigen Vorteil zu verpassen. Dieses Muster ist aus der Spieletheorie gut bekannt (vgl. Sieg 2010).

Weg 3: Die Welt der Klimakriege und Abschottung

Der dritte Weg ist im Sinne einer Menschenrechtsprofession weniger konstruktiv. Demnach werden die Folgen des Klimawandels ursächlich für neue Kriege, Massenflucht, Kämpfe um Rohstoffe, Ausbeutung von Regionen zur Produktion von Nahrung oder Sicherstellung von Wasser und Rohstoffen. Massenhafter Hungertod und Verelendung komplettieren das Bild, zu dem aber auch Gewinnerzonen zählen, die sich mit kriegerischen Mitteln ihre Fortexistenz auf Kosten des Rests der Welt sichern werden.

> **Emmotts Warnung**
>
> »Lassen Sie uns die Sache einmal so betrachten. Angenommen, wir fänden morgen heraus, dass ein Asteroid auf die Erde zurast, der nach unseren Berechnungen (…) am 3. Dezember 2073 einschlagen und bei dieser Gelegenheit 70 Prozent allen Lebens auf der Erde vernichten wird. Ich denke, wir dürften davon ausgehen, dass weltweit alle Regierungen reagieren und den gesamten Planeten in einen Zustand hektischer Aktivität versetzen würden. Jeder Wissenschaftler und jede Ingenieurin, jedes Unternehmen würde mobilisiert. (…) Nun, das ist praktisch genau die Situation, in der wir uns heute befinden, mit zwei kleinen, aber entscheidenden Unterschieden: Es gibt kein genaues Datum. Und es gibt keinen Asteroiden.« (Emmott 2013, S. 197)

Was heißt das nun für die internationale Politik?

Beide großen Theorien lassen sich bei der Diskussion nutzen. Nötig im Sinne Emmotts wären Maßnahmen der idealistischen Schulen. Es gibt ein gemeinsames Menschheitsziel: das Überleben und der Schutz des bisherigen Ökosystems.

Dazu müssen weltweit abgestimmte realitätsnahe Lösungswege diskutiert, beschlossen und umgesetzt werden. In diesem Sinne wird z. B. der Abschluss der Pariser Klimakonferenz als großer Erfolg gefeiert, weil sich dort fast alle Staaten auf gemeinsame Ziele, Strategien und Umsetzungen verpflichtet haben.

Die realistische Schule wird vor allem auf die aktuelle amerikanische Regierung zeigen. Mit der Wahl Donald Trumps 2016 haben sich die Amerikaner für einen Leugner des Klimawandels als Präsidenten entschieden. Eine seiner ersten Amtshandlungen war die Kündigung des Pariser Klimavertrages.

Tatsächlich zeigt das Problem des Klimawandels jedoch, dass bei globalen Themen immer unterschiedliche Handlungsebenen miteinander verbunden werden müssen. Diese reichen von weltweiten Abkommen bis zum Handeln jedes Einzelnen. Deutlich wird dies, wenn man eine erfolgreiche Strategie der Prävention in Kombination mit der Strategie der Anpassung durchdekliniert. Sie müssten folgende Handlungsebenen umfassen.

- **Handlungsebene 1: Internationales Abkommen aller Staaten**
  Ökonomische Berechnungen zeigen, dass eine konstruktive Klimapolitik finanzierbar wäre, wenn alle sich daran beteiligen (vgl. Edenhofer 2017, S. 52). Kurzfristig braucht es jedoch Investitionen, gemeinsame Regeln und Ziele. Ideal wäre daher eine sozial und ökonomisch ausgewogene Klimavereinbarung, die gemeinsame Ziele, Transformationswege, Aufgabenteilungen und gegenseitige Kontrollen beinhaltet.
- **Handlungsebene 2: Supranationale Organisationen und Handelszonen**
  Die Europäische Union ist ein gutes Beispiel dafür, dass die Konkretisierung der Maßnahmen auf zwischenstaatliche Ebenen heruntergebrochen werden muss. Ein Beispiel: Norwegen verfügt über viel saubere Energie aus Wasserkraft. Diese kann über Leitungen über Dänemark z. B. nach Polen und Deutschland geleitet werden. Sonnenenergie gibt es viel im Mittelmeerraum. Hier ließen sich Kooperationen mit nördlicheren Staaten schließen. Aus diesen Einzelmaßnahmen ließe sich ein europäisches Energiekonzept herleiten.
- **Handlungsebene 3: Nationale Ebene**
  Die sogenannte Energiewende in Deutschland zeigt die Bedeutung der nationalen Ebene. Hier müssen Fragen der Energiesicherheit, der Förderung von konkreten Energieträgern bis hin zu Gesetzen über den Gebrauch von Kraftwerken sowie mögliche Anreize, z. B. in der Steuerpolitik, für klimagerechtes Handeln beantwortet und beschlossen werden.
- **Handlungsebene 4: Lokale Ebene**
  Auf der lokalen Ebene folgt die konkrete Umsetzung. Werden eher Fahrräder oder Autos im Straßenverkehr bevorzugt? Wo dürfen Windräder stehen? Wie können die sozialen Folgen von z. B. Kraftwerkschließungen aufgefangen werden?
- **Handlungsebene 5: Persönliche Ebene**
  Nichts geht ohne das Handeln des Einzelnen, soll der Klimawandel begrenzt werden. Sein Handeln muss (in der Masse) klimagerecht sein. Dies kann u. a. Fragen der persönlichen Mobilität, des Konsums, der Ernährung oder der Kleidung berühren.

Das Beispiel des Klimawandels zeigt, dass globale Probleme nahezu immer ein abgestimmtes Handeln auf verschiedenen Handlungsebenen benötigen. Die Umsetzung umfasst auch zahlreiche Politikfelder, mindestens die Bereiche Energie, Verkehr, Landwirtschaft, Internationales, Soziales, Bildung, Infrastruktur, Steuern/Finanzen, Entwicklungshilfe, Wirtschaft. Zugespitzt gesagt heißt das: Fast alles hängt mit allem zusammen. Dies macht ein kooperatives Handeln über Ländergrenzen hinweg, aber auch zwischen Staaten, der Wirtschaft und den Bürgergesellschaften in den unterschiedlichen Handlungsebenen unumgänglich, wenn die Menschheit den Klimawandel begrenzen will.

Und was heißt das für die Soziale Arbeit?

Die Soziale Arbeit ist das letzte Glied in der Entscheidungskette. Sie hat mit den Folgen dieser Politik zu kämpfen: mit Geflüchteten aus Kriegsregionen, den Folgen sozialer Ungleichheit auch weltweit, mit Armut, Desintegration und den Einschränkungen der Menschenrechte. Natürlich ist sie nicht die entscheidende Profession, wenn es um Klimapolitik geht. Aber sie ist von den Folgen auch als Profession betroffen. Will sie ursächlich orientiert diskutieren und Problemlagen analysieren, kommt sie an internationalen Themen und der globalen Politik nicht vorbei. Soziale Arbeit wird immer mit den Folgen einer missglückten Politik konfrontiert werden. Sie hat mit Individuen als Adressat*innengruppen zu tun, deren Lebenslage durch die Klimafolgen bestimmt wurden. Vor allem werden es Flüchtlinge sein.

7.3 Konfliktanalyse 2: Flüchtlingspolitik

Mit dem Zuzug von Geflüchteten wurden Sozialarbeiter*innen auf einmal zu gefragtesten Akademiker*innen. »Für uns Sozialarbeiter sind Flüchtlinge oder Geflüchtete, wie die auf einmal heißen, doch eine Art Lebensversicherung und Jobgarantie«, meint *Alex Bogdanow* mit Blick auf eine entsprechende Überschrift. *Sara Tuna* erwidert: »Das ist toll, aber doch auch zynisch. Wir sind mal wieder das letzte Glied der Kette: Wenn alles schiefgelaufen ist, rufen die Politiker*innen nach Sozialer Arbeit und sagen: Nun macht mal schön, und wir wollen nichts Negatives mehr hören, weil das dann nur Wasser auf die Mühlen der Nazis wäre.« Alex Bogdanow nickt und lässt nicht locker: »Das kann doch so nicht auf Dauer weitergehen, und die Floskeln sind immer dieselben: Fluchtursachen bekämpfen, Werte verteidigen, es können nicht alle kommen, wir brauchen ein Einwanderungsgesetz und Solidarität und Integration und Bereitschaft auf allen Seiten. Ach man, das nervt, und was stimmt denn nun und wie hängt das alles miteinander zusammen?«

7.3.1 Flucht – eine erste Annäherung

Flucht, Vertreibung, Integration und Abgrenzung sind Konflikte um Heimaten und nicht wirklich neu. Schon im Alten Testament werden in den Büchern Moses die Geschichten der Flucht und der Flüchtlinge eindringlich beschrieben. Weltmächte wie die USA hätten ohne die Einwanderung von Millionen Flüchtlingen u. a. aus Europa nie eine solche ökonomische und politische Stärke entfaltet, wie sie sie heute besitzen. Auch Europa und Deutschland kennen die Geschichten der Flucht seit Jahrhunderten (vgl. Ther 2017). Noch vor etwa 200 Jahren trieb es Tausende aus purer Hoffnungslosigkeit z. B. aus dem heutigen Bayern über den Atlantik in der Hoffnung, dort eine Chance für sich und ihre Kinder auf ein menschenwürdiges Leben zu bekommen. Im heutigen Sprachgebrauch waren es »Wirtschaftsflüchtlinge«, da sie keiner politischen Verfolgung unterlagen, sondern aus ökonomischen und sozialen Interessen heraus, nämlich um dem Hunger, der Armut und der Perspektivlosigkeit zu entrinnen, ihre wenigen Sachen packten, um den Atlantik zu überqueren.

Auch in der jüngeren deutschen Geschichte gab es immer wieder Phasen der Zu- und Abwanderung. Dazu gehörten unmittelbar nach dem Krieg etwa 16 Millionen Vertriebene aus den östlichen Gebieten des früheren »Deutschen Reiches«, die im Westen ein neues Zuhause suchten. Bis zum Bau der Mauer und der Sicherung der Grenzen zwischen der DDR und der Bundesrepublik kamen bis 1961 auch jährlich Tausende Binnenmigrant*innen von Ost- nach Westdeutschland. In den 1960er Jahren setzte eine gezielte Anwerbung von Arbeitskräften, die schwere Arbeiten für geringen Lohn zu tätigen bereit waren, u. a. aus der Türkei, Italien, Griechenland und Spanien nach Westdeutschland ein. Später holten sie oft ihre Familien nach und verließen entgegen der früheren Auffassung führender Politiker*innen jener Zeit Deutschland nicht wieder, nachdem sie ihre Arbeit getan hatten. Vor allem die Großstädte Westdeutschlands prägt diese Zuwanderung bis heute. In der DDR war das anders: Zuwanderung wurde klar beschränkt auf kurze Arbeitsphasen oder Studienzeiten, die anschließende Ausweisung konsequent umgesetzt. Integration war in der DDR nicht erwünscht, im Gegenteil: die wenigen Migrant*innen lebten oft in abgesperrten Wohneinheiten und wurden selbst im Alltag, soweit es ging, isoliert (vgl. Behrends, Lindenberger & Poutrus 2003). In Westdeutschland weigerten sich die Regierungen zwar bis ins Jahr 2000 hinein, das Wort Einwanderungsland zu verwenden – de facto war es das jedoch schon seit Jahrzehnten.

Mit dem Zusammenbruch der Sowjetunion und des Warschauer Pakts stieg wiederum die Binnenmigration von Ost- nach Westdeutschland sprunghaft an. Tausende flohen über die sich öffnenden Grenzen. Hinzu kamen Migrant*innen mit deutschen Wurzeln aus der ehemaligen Sowjetunion. Parallel dazu entzündeten sich auf dem Balkan die nationalistischen Nachfolgekriege im ehemaligen Jugoslawien. Auch hier flohen Hunderttausende und davon viele nach Deutschland, so dass vor allem zu Beginn der 1990er Jahre die Zahl der Asylbeantragenden auf ca. 440.000 im Jahr 1992 anstieg (Bade/Oltmer 2005). Eine Konsequenz davon war eine Änderung des Art. 16 GG und die Installation einer neuen europäischen Flüchtlingspolitik, wie sie im Folgenden vorgestellt wird. Nach der Grundgesetzänderung sank zunächst für etwa zehn Jahre die Zahl der Flüchtlinge, die Deutschland erreichen; seit dem Jahr 2013 steigt sie mit einem Höhepunkt in den Jahren 2015 und 2016 wieder deutlich an. Gründe dafür sind u. a. Bürgerkriege im Nahen Osten, der Krieg in der Ukraine sowie die Armutsmigration aus Teilen Afrikas.

Schon diese kurze und unvollständige Zusammenstellung zeigt, dass Fluchtbewegungen keine Erscheinung der Neuzeit und keine Ausnahme in der Geschichte sind, sondern Normalität. Das folgende Basiswissen dient dem Verständnis der Phänomene.

7.3.2 Theoriebezogenes Basiswissen zur Flucht

Die wenigsten Menschen fliehen freiwillig. Zwar gibt es Sehnsucht, Fernweh und Abenteuerlust, doch zumeist liegen handfestere Fluchtgründe vor. In der Forschung spricht man diesbezüglich von Push- und Pullfaktoren. Pushfaktoren sind die Gründe, die im Heimatland zur Flucht treiben, Pullfaktoren jene Gründe, die in den Zielorten zu finden und anziehend sind.

Typische Pushfaktoren, die Flucht begründen, sind

- Kriege, sowohl innerhalb eines Landes als auch zwischen verschiedenen Ländern,
- Armut und Perspektivlosigkeit,
- Verfolgung aufgrund von Hautfarbe, sexueller Orientierung, Handikap oder Ähnliches,
- politische Verfolgung und Gefahr an Leib und Leben aufgrund politischer Handlungen zumeist in der Opposition,
- Flucht aus Diktaturen oder autoritären Staaten in Länder mit mehr Rechtssicherheit.

Die überwiegende Mehrheit aller Flüchtlinge weltweit flieht nicht weit, sondern innerhalb eines Landes – wenn es dort Schutzzonen gibt – oder in Nachbarländer. Laut UNO Flüchtlingshilfe[1] sind Ende 2016 noch 65,5 Millionen Menschen weltweit auf der Flucht (Uno-Flüchtlingshilfe, Aufruf: 08.04.2018).

Über die Hälfte von ihnen stammt aus drei Ländern: Afghanistan, Syrien und dem Südsudan. Knapp die Hälfte aller Flüchtlinge sind Kinder, und 84 % von ihnen werden in Entwicklungsländern aufgenommen. Nur eine verschwindende Minderheit erreicht die Staaten der Europäischen Union. Aufschlussreich ist auch die Liste der Länder, die 2016 die meisten Flüchtlinge aufnahmen. Deutschland findet sich in der Liste nicht. Stattdessen führen die Türkei und Pakistan die Liste an (▶ Tab. 15).

Tab. 15: Aufnahmeländer, Quelle: https://www.uno-fluechtlingshilfe.de/cdn/trk/lp/v01/

Staat	Flüchtlinge
Türkei	2.900.000
Pakistan	1.400.000
Libanon	1.000.000
Iran	974.400
Uganda	940.800
Äthiopien	791.600

Die größte Binnenmigration (▶ Tab. 16) fand in den folgenden Ländern statt:

Tab. 16: Binnenmigration, Quelle: https://www.uno-fluechtlingshilfe.de/cdn/trk/lp/v01/

Staat	Binnenmigration
Kolumbien	7.400.000
Syrien	6.300.000
Irak	3.600.000

Die Zahlen bestätigen die Theorie, nach der die meisten Menschen versuchen, innerhalb eines Landes oder in Nachbarländer zu fliehen. Die Türkei und der Libanon liegen in unmittelbarer Nachbarschaft zur Bürgerkriegsregion in Syrien. Viele Syrer*innen versuchen auch, in jeweils für sie sichere Gebiete innerhalb Syriens zu fliehen. Pakistan grenzt unmittelbar an Afghanistan, einem trotz aller militärischen Einsätze von außen weitgehend zerfallenen Staat, in dessen Alltag diverse Stammesgruppen, Milizen, marodierende Militärs und religiöse Fanatiker*innen mit westlich orientierten Demokrat*innen um regionalen Einfluss kämpfen. Überraschen mag lediglich in der Auflistung Kolumbien. Das Land befindet sich nach Jahrzehnten des Bürgerkriegs auf Friedenskurs. Gerade dieser ermöglicht aber Binnenmigration: Aus armen ländlichen Regionen wandern Menschen in die Städte, Milizen lösen sich auf, und Menschen, die bisher vor allem in den Drogenanbaugebieten mit massiver Gewalt bedroht waren, können nun entscheiden, wo sie zukünftig leben wollen und nutzen dieses zur Binnenmigration vor allem in die Städte, wo sie sich ein besseres Leben erhoffen.

Eine Flucht in die Nähe hat zumeist mehrere Gründe:

- Sie ist am einfachsten und auch mit verhältnismäßig geringen Mitteln realisierbar.
- Die Flüchtenden bleiben in der z. B. klimatisch und kulturell vertrauten Region.

7.3 Konfliktanalyse 2: Flüchtlingspolitik

- Oft finden sich dort Bekannte aus der Heimat.
- Die Nähe nährt oft auch die Hoffnung auf eine Rückkehr, z. B. nach Kriegsende, oder weil sich die sozialen oder politischen Bedingungen verbessert haben.

Hier lassen sich erste Pullfaktoren erkennen. Mit Blick auf Europa kommen jedoch weitere dazu. Attraktiv sind Staaten mit folgenden Merkmalen:

- hohes Wohlstandsniveau,
- funktionierender Rechts- und Sozialstaat,
- diverse Arbeitsmöglichkeiten,
- viel innere Sicherheit,
- stabile politische Kultur,
- gesicherte Freiheitsrechte in Bezug auf Kulturen, Religionen, sexuelle Identitäten oder politische Ansichten.

Die meisten Flüchtlinge kommen zunächst in Notunterkünften unter. Dort stellen sich als erstes Fragen des Überlebens. Integration wird erst dann ein Thema, wenn erkennbar ist, dass die Menschen kurz- oder mittelfristig nicht zurückkehren werden. Dazu ist jedoch eine doppelte Voraussetzung nötig: Die Flüchtlinge müssen sich integrieren wollen und die Aufnahmegesellschaften müssen dies zulassen oder besser noch aktiv unterstützen. Was heißt nun Integration? Gemeint ist damit vor allem die Einbindung der Neuhinzukommenden in bestehende Sozialgefüge. Integration ist damit eher ein Prozess denn ein Zustand. Hilfreich sind die Dimensionen der Integration im Theoriegebäude von Heitmeyer und Anhut (2000) Sie unterscheiden drei zentrale Dimensionen, wie die folgende Übersicht zeigt (▶ Tab. 17).

Tab. 17: Dimensionen der Integration, Quelle: stark gekürzte Darstellung nach Heitmeyer/Anhut 2000, S. 48

Dimension	Sozial-ökonomisch	Politisch-persönlich	Sozial-kulturell
Beispiele	Wohnung Nahrung Gesundheit Bildung Arbeit Perspektive auf ein selbständiges Leben Soziale Sicherheit	Mitbestimmungsrechte Meinungsfreiheit Wahlrecht Organisationsrecht Freiheitsrechte Sicherheitsgarantien	Akzeptanz der Familien, Freunde, Religion, Kultur, sexuellen Identität Zugehörigkeit zu sozialen Gruppen im Privaten
Anerkennung	Sozial-ökonomische Anerkennung	Positionale Anerkennung	Kulturelle Anerkennung

Natürlich ist eine gemeinsame Sprache die Voraussetzung jedes gleichberechtigte Zusammenleben. Integration umfasst – wie die Tabelle zeigt – jedoch deutlich mehr. In der ersten Dimension geht es um primäre ökonomische Aspekte, vor allem um ein Zukunftsversprechen, nämlich eine Chance selbstbestimmt und ohne (staatliche) Abhängigkeit sein eigenes Leben und das der Kinder gestalten zu können. Dazu braucht es die Aussicht auf eine menschenwürdige Wohnung, Gesundheitsversorgung, den Zugang zu Bildung und vor allem zum Arbeitsmarkt.

Die zweite Dimension weist darauf hin, dass die Menschen auch die Möglichkeit erhalten müssen, die Gesellschaft um sich herum mitzugestalten. Ihre Stimme muss hörbar sein. Sie brauchen die Chance, sich zu organisieren und für sich wie für andere einsetzen zu können.

Der dritte Bereich zielt auf die Privatsphäre. Es geht hier um die Akzeptanz der jeweiligen Lebensweise, der Religion und Identität. Der Mensch als soziales Wesen braucht die Einbindung in soziale Gruppen wie Familien oder Freundeskreise. Hierzu zählt auch die Möglichkeit, seine Religion ausüben zu dürfen.

Integration umfasst dieser Theorie nach sehr viele verschiedene Lebensbereiche. Misslingt sie, sprechen Heitmeyer und Anhut von Desintegration und warnen vor deren gesellschaftlichen Folgen. Ihrer Ansicht nach entwickelt jeder Mensch basierend auf den drei Säulen eine individuelle Anerkennungsbilanz. Sie schließt alle Teilbereiche und Beispiele in der Tabelle ein. Misslingt eine Einbindung in diese Teilbereiche, z.B. durch dauerhafte Arbeitslosigkeit, eine fehlende Möglichkeit der politischen Mitbestimmung oder Unterdrückung der jeweiligen Religion, führt dies zu dem Gefühl einer negativen Anerkennungsbilanz. In permanenter Verstetigung können daraus negative Verarbeitungsformen resultieren. Naheliegend ist der Griff zu Drogen, um negative Empfindungen zu betäuben oder vor ihnen zu fliehen. Möglich sind auch Formen der Resignation, Apathie und als finale Form der Suizid. Andere wiederum suchen sich Gruppen, die mit ihrer Ideologie automatische Anerkennung versprechen. Dies können z.B. Islamist*innen oder Rechtsextremist*innen sein. Islamist*innen sind nach eigenem Selbstverständnis Auserwählte und z.B. den Ungläubigen überlegen, weil sie die ›gottgegebene Wahrheit‹ erkannt haben. Ähnlich ist es bei Rechtsextremist*innen. Wer an die Überlegenheit einer ›arischen Rasse‹ glaubt und sich ihr zugehörig fühlt, meint automatisch dem Großteil der Menschheit überlegen zu sein – selbst dann, wenn sein reales Leben eher aus Alkohol, Gewalt und schlichter Geisteshaltung bestehen sollte.

> Im Studium hat sich *Alex Bogdanow* mit Theorien oft schwergetan. Mit dem Modell der Desintegration gelang ihm dank der Hilfe von *Sara Tuna* jedoch schnell eine Verknüpfung zur Praxis. Seine Klient*innen haben oft eine individuelle, negative Anerkennungsbilanz. Die Theorie erklärt ihm mit ihren drei Säulen, wo er überall ansetzen kann, um Hilfe zur Selbsthilfe anzubieten.

7.3.3 Grundideen der deutschen und europäischen Flüchtlingspolitik

Die deutsche Flüchtlingspolitik war Vorreiterin vieler europäischer Regelungen. Sie sind ohne kurzen Rückblick auf den zeithistorischen Kontext nur schwer zu verstehen. Im Grundgesetz gab es von Beginn an den Art. 16 GG, nach dem politisch Verfolgte in Deutschland Asyl genießen sollten. Dies ist somit ein Grundrecht, dass jedem und jeder politisch Verfolgten, der oder die nach Deutschland kommt, bedingungslos zusteht, und kein Gnadenakt und auch nicht an Aufnahmekapazitäten oder Ähnliches gebunden. In den Diskussionen des Parlamentarischen Rates wurde dieses Grundrecht vor allem mit Blick auf die von den Nationalsozialisten politisch Verfolgten diskutiert: Nie wieder sollten Menschen, die politisch verfolgt wurden, vor verschlossenen Grenzen stehen. Die Frage, was genau »politisch verfolgt« bedeutet, wurde dabei nur rudimentär beantwortet. Gedacht war dieses Recht nicht für Massen, sondern für Einzelne, schließlich konnte sich in den Kriegstrümmern der späten vierziger Jahre kaum jemand vorstellen, dass jemals Hunderttausende in dieses zerstörte Land fliehen würden. Somit brauchte es in der Logik jener Zeit keine Präzisierung.

Über Jahrzehnte spielte der Art. 16 GG politisch keine übergeordnete Rolle. Das änderte sich schlagartig zu Beginn der 1990er Jahre. Deutschland erlebte – wie oben beschrieben – eine Zuwanderungswelle aus sehr unterschiedlichen Regionen: aus den ehemaligen Sowjetrepubliken, dem Balkan und den Armutsregionen vor allem Afrikas. Die meisten beriefen sich auf das Asylrecht. Eine Ausnahme waren viele Zuwanderer*innen aus den ehemaligen Regionen des »Deutschen Reiches«. Sie konnten sich auf das damals geltende Staatsbürgerschaftsrecht beziehen, waren dem Gesetz nach Deutsche und wurden – so ein Familiennachweis mit deutschen Wurzeln vorlag – eingebürgert. Die Bürgerkriegsflüchtlinge waren nur selten unmittelbar und individuell politisch verfolgt. Sie flohen vor dem Krieg und konnten gemäß der Genfer Flüchtlingskonvention, die Deutschland unterschrieben hat, auch nicht zurückgeschickt werden, solange in deren Heimat der Krieg wütete. Wieder anders lag der Fall mit vielen Flüchtlingen aus Afrika. Sie hatten ebenfalls ein Recht auf Asylprüfung, offensichtlich flohen viele von ihnen aus Gründen des Hungers und der Perspektivlosigkeit in der Hoffnung, sich in Europa ein menschenwürdiges Leben aufzubauen. Der Art. 16 GG sah diese Option jedoch nicht vor. Deutlich wurde so ein Klärungsbedarf der deutschen Asylpolitik.

Begleitet wurde die Zuwanderung in lange nicht mehr bekannter Größenordnung durch zwei parallele Prozesse und Diskurse. Einerseits ächzten die Länder und Kommunen über finanzielle und soziale Lasten bei der Unterbringung und Verpflegung der Neudazukommenden. Die Behörden waren vielerorts überfordert, Verfahren dauerten sehr lange. Nicht selten zeigten sich chaotische Zustände vor Ort. Anderseits mobilisierten Rechtsextremist*innen und Rassist*innen gegen die Flüchtlinge, zündeten deren Unterkünfte an, schlugen und mordeten – manchmal sogar unter offenem Beifall der örtlichen Mitte der Gesellschaft. Eine »Willkommenskultur« wie 2015 gab es nicht. Die Bürgergesellschaft mobilisierte ab 1992 auch in Form sogenannter Lichterketten z. T. in Millionenstärke und setzte so eindrucksvolle Zeichen gegen den rechtsextremen Terror. Im parteipolitischen Diskurs der Zeit geriet zunehmend der Art. 16 GG in den Blick. Vor allem CDU/CSU und FDP forderten eine Grundgesetzänderung, die das Grundrecht deutlich einschränken sollte. Damit war die Hoffnung verbunden, dass mit einer Reduktion der Flüchtlinge auch der rechtsextreme Terror wieder zurückgehen würde, wenn dadurch die chaotischen Verhältnisse vor Ort behoben werden könnten. Die Vorgängerpartei der Linken, die PDS, sowie Bündnis 90/Die Grünen sprachen sich gegen eine Grundgesetzänderung aus. Die SPD war gespalten, zunächst dagegen und dann mehrheitlich doch bereit, eine Änderung des Art. 16 GG mitzutragen. So beschlossen CDU/CSU/FDP und die Mehrheit der SPD den Artikel in seiner heutigen Form, der zum Vorbild der europäischen Regelungen werden sollte. Was sieht diese Politik nun vor?

7.3.4 Flüchtlingspolitik

Aus Art. 16 GG wurde formal Art. 16a. Tatsächlich ist der größte Teil des Textes neu und schränkt das bisherige Recht massiv ein.

Art. 16a Grundgesetz

(1) Politisch Verfolgte genießen Asylrecht.
(2) Auf Absatz 1 kann sich nicht berufen, wer aus einem Mitgliedstaat der Europäischen Gemeinschaften oder aus einem anderen Drittstaat einreist, in dem die Anwendung des Abkommens über die Rechtsstellung der Flüchtlinge und der Konvention zum Schutze der Menschenrechte und Grundfreiheiten sichergestellt ist. Die Staaten außerhalb der Europäischen Gemeinschaften, auf die die Voraussetzungen des Satzes 1 zutreffen, werden durch Gesetz, das der Zustimmung des Bundesrates bedarf, bestimmt. In den Fällen des Satzes 1 können aufenthaltsbeendende Maßnahmen unabhängig von einem hiergegen eingelegten Rechtsbehelf vollzogen werden.
(3) Durch Gesetz, das der Zustimmung des Bundesrates bedarf, können Staaten bestimmt werden, bei denen auf Grund der Rechtslage, der Rechtsanwendung und der allgemeinen politischen Verhältnisse gewährleistet erscheint, daß dort weder politische Verfolgung noch unmenschliche oder erniedrigende Bestrafung oder Behandlung stattfindet. Es wird vermutet, daß ein Ausländer aus einem solchen Staat nicht verfolgt wird, solange er nicht Tatsachen vorträgt, die die Annahme begründen, daß er entgegen dieser Vermutung politisch verfolgt wird.
(4) Die Vollziehung aufenthaltsbeendender Maßnahmen wird in den Fällen des Absatzes 3 und in anderen Fällen, die offensichtlich unbegründet sind oder als offensichtlich unbegründet gelten, durch das Gericht nur ausgesetzt,

> wenn ernstliche Zweifel an der Rechtmäßigkeit der Maßnahme bestehen; der Prüfungsumfang kann eingeschränkt werden und verspätetes Vorbringen unberücksichtigt bleiben. Das Nähere ist durch Gesetz zu bestimmen.
> (5) Die Absätze 1 bis 4 stehen völkerrechtlichen Verträgen von Mitgliedstaaten der Europäischen Gemeinschaften untereinander und mit dritten Staaten nicht entgegen, die unter Beachtung der Verpflichtungen aus dem Abkommen über die Rechtsstellung der Flüchtlinge und der Konvention zum Schutze der Menschenrechte und Grundfreiheiten, deren Anwendung in den Vertragsstaaten sichergestellt sein muß, Zuständigkeitsregelungen für die Prüfung von Asylbegehren einschließlich der gegenseitigen Anerkennung von Asylentscheidungen treffen.

Noch immer genießen politisch Verfolgte Asyl. Die Beschränkungen finden sich in den Absätzen (2) bis (5). Inhaltlich interpretiert bedeuten die Regelungen:

- Es wird der Begriff des »sicheren Drittstaates« eingeführt. Gemeint sind damit automatisch alle Länder der Europäischen Union sowie weitere, vom Bundestag und Bundesrat gemeinsam ernannte Staaten, in denen Grundfreiheiten sowie Menschenrechte verwirklicht seien. Menschen aus diesen Ländern können sich nicht auf Art. 16a GG berufen und sind somit per Herkunft nicht politisch verfolgt.
- Weiterhin können Staaten benannt werden, bei denen eine politische Verfolgung sehr unwahrscheinlich ist. Hier können Prüfverfahren deutlich verkürzt werden.

Zusätzlich einigten sich die Länder der Europäischen Union in den sogenannten Dublin-Verfahren (Luft 2016, S. 45–84) auf einige zusätzliche Regelungen. Diese sehen im Kern vor:

- Da alle Staaten der Europäischen Union sichere Drittstaaten sind, kann es keine europäischen Binnenflüchtlinge geben.
- Der Staat, den ein Flüchtling zuerst betritt, ist innerhalb der Europäischen Union für die Prüfung eines Asylanspruches zuständig. Dort soll der Mensch registriert, menschenwürdig untergebracht, erstversorgt und sein Anspruch auf Asyl geprüft werden. Liegt kein Anspruch vor, ist dieser Staat für die Rückführung des Flüchtlings in seine Heimat zuständig. Zieht ein in einem Staat bereits registrierter Flüchtling innerhalb der EU weiter in einen anderen Staat, so soll der Flüchtling in den Staat zurückgeführt werden, in dem sein Asylverfahren geprüft wird. Alle Staaten sind zur Aufnahme ›ihrer‹ Flüchtlinge verpflichtet. Die damit verbundenen Kosten trägt jedes Land für sich. Eine solidarische Verteilung, nach welchen Kriterien auch immer, sieht das Dublin-Verfahren explizit nicht vor.
- Für Häfen und Flughäfen gelten gesonderte Regelungen. Sie sind internationales Gebiet. Flüchtlinge können dort gesammelt und ihr Anspruch noch vor

der eigentlichen Einreise in das Land der EU in einem verkürzten Verfahren geprüft werden.
- Alle Länder der EU verpflichten sich zum Schutz der EU-Außengrenzen. Hierzu können die Länder gemeinsame Initiativen z. B. durch Sendung von Grenzsoldat*innen oder Polizist*innen starten. Der gemeinsame Schutz der Außengrenzen war dabei die Voraussetzung für den Abbau der Grenzen (»Freizügigkeit«) innerhalb der Europäischen Union.

Blickt man nun auf das System vor dem Hintergrund strategischer Interessen einzelner Länder, so zeigen sich klare Gewinner und Verlierer. Gewinner sind jene Staaten, die in der Mitte der EU liegen. Besonders Deutschland ist umringt von sicheren Drittstaaten und kann von einem asylsuchenden Flüchtling nur noch legal über Nord- und Ostsee sowie per Flugzeug erreicht werden. Verlierer sind jene Staaten der europäischen Peripherie, die an zentralen Fluchtlinien liegen. Besonders gilt das für die Südländer Griechenland, Italien und Spanien. Ihnen wurden die Hauptlasten dieses Systems übertragen.

Dieses System gilt formell noch immer, wurde aber de facto 2015/16 mindestens schwer beschädigt, wenn nicht sogar aufgelöst. Folgende Faktoren sprechen für diese schwerwiegende These:

Vor allem Griechenland, z. T. aber auch Italien zeigten sich nicht mehr in der Lage, die ankommenden Flüchtlinge wie erwünscht zu erfassen und zu versorgen. Sie konnten zeitweise unregistriert innerhalb der EU weiterreisen. Damit entfällt die Grundidee der europäischen Flüchtlingspolitik. Andere Staaten reagieren darauf mit der Beendigung der inneren Freizügigkeit, bauen Grenzzäune auf, wie in Ungarn, oder führen wieder Grenzkontrollen ein, wie z. B. Österreich und Dänemark. Andere Staaten, wie Deutschland, zeigen sich bereit, Flüchtlinge, die vorher in anderen EU-Staaten waren, vorerst aufzunehmen und die Anspruchsprüfung zu übernehmen. Wiederum andere Staaten, besonders in Osteuropa, lehnen derzeitig jede Zuwanderung vor allem von Nicht-Christ*innen generell ab. Alles zusammen zeigt, dass das System an der Realität zerbricht – trotz formeller Aufrechterhaltung.

Es wundert daher nicht, dass über eine Neukonstruktion der europäischen Flüchtlingspolitik diskutiert wird. Folgende Varianten finden sich dabei in der Diskussion:

- Die Idee einer solidarischen Aufteilung aller Flüchtlinge in Europa. Hiernach sollen alle Staaten gemäß ihrer Größe und ökonomischen Situation prozentual verteilt Flüchtlinge aufnehmen. Dies scheitert bisher u. a. am Widerstand der osteuropäischen Staaten. Vor allem Deutschland, das diese Idee bis 2015 noch ablehnte, befürwortet sie nunmehr.
- Die Schließung von Abkommen mit afrikanischen Mittelmeeranrainern. Sie sollen Geld dafür bekommen, damit sie Lager für Flüchtlinge in ihren Staaten unterhalten und Flüchtlinge von einer Fahrt über das Mittelmeer abhalten. In den Lagern könnten dann Kurzprüfungen der Asylwürdigkeit stattfinden. Trotz erster Versuche scheitert dieser Ansatz u. a. daran, dass auf dem Gebiet des früheren Libyens und damit an einer der Hauptfluchtlinien kaum

noch von einer funktionierenden Staatlichkeit gesprochen werden kann. In der Praxis regieren in den Städten am Meer Warlords, islamistische Fanatiker*innen und kriminelle Banden. Es fehlen hier verlässliche Verhandlungspartner*innen.

Einig sind sich fast alle Befürworter*innen und Kritiker*innen der europäischen Flüchtlingspolitik in einem Satz: Die Fluchtursachen müssen bekämpft werden.

7.3.5 Fluchtursachen bekämpfen? – Die Herausforderung

Der Satz ist schnell gesprochen und garantiert Zustimmung über alle Parteigrenzen hinweg: Die Fluchtursachen müssen bekämpft werden. Das Problem beginnt mit der Vielfalt der Ursachen und steigert sich beim Blick auf die damit verbundenen politischen Herausforderungen. Ein Beispiel möge die Herausforderung skizzieren.

Armutsbekämpfung

Armut und Reichtum sind zwei Seiten einer Medaille. Armut kann unterteilt werden in relative und absolute Armut. Letzteres meint vor allem existentielle Sorgen wie fehlende Nahrung, fehlendes Wasser, fehlende grundlegende Behausung und fehlende medizinische Versorgung. Bei ihr geht es um Leben und Tod. Das ist bei relativer Armut zumeist anders. Gemeint sind damit Menschen, die weniger als der jeweilige Durchschnitt einer Gesellschaft zur Verfügung haben (vgl. Butterwegge 2012, S. 11ff.). Damit sinken die Chancen auf eine gleichberechtigte Teilhabe, existentiell muss diese Armut jedoch nicht sein.

Vor allem absolute Armut ist ein häufiger Fluchtgrund. Die damit verbundenen Urängste setzen Kräfte frei, die auch schwierige und risikoreiche Fluchtwege ermöglichen. Absolute Armut kann vielfältige Gründe haben.

- Klimatische Veränderungen lassen Regionen unfruchtbar werden. Pflanzenanbau ist dann kaum noch möglich und die Nahrungsgrundlage vor Ort fällt weg.
- Kriege vernichten Ernten, zerstören jede Infrastruktur und radikalisieren die Bevölkerung. Eine Folge davon kann der Zusammenbruch jeder Lebensmittelversorgung und Gesundheitsvorsorge sein.
- Staatliches Missmanagement, Korruption und Ungleichheit im Land. Ungerechte und korrupte Strukturen und gewalttätige Verhältnisse vor Ort schaffen extreme Formen der Ungerechtigkeit im eigenen Land. Wenige profitieren dort mit Gewalt auf Kosten der Mehrheit.
- Armut ist immer verbunden mit ungleicher Verteilung von Reichtum. Die reichen Staaten des Westens brauchen zur Aufrechterhaltung ihres Wohlstands u. a. billige Rohstoffe und Produktionsorte. Die Armut der einen ist somit verbunden mit dem Reichtum der anderen.

Alleine diese unvollständige Aufzählung zeigt die Dimension der Handlungsnotwendigkeiten, wenn man den Satz, man wolle Fluchtursachen bekämpfen, ernst nimmt. Dann geht es um nichts weniger als um eine neue Klimapolitik (s. o.), vor allem aber um eine Stabilisierung und Demokratisierung diverser Staaten und last, but not least um eine neue, auf gerechte Verteilung ausgerichtete Weltwirtschaftsordnung. Im Endeffekt meint dies somit eine neue wirtschaftliche Weltordnung – eine sicherlich sinnvolle, kurz- oder mittelfristig aber schwer erreichbare Zielagenda. Erinnert man sich nun an die grundlegenden Theorien der internationalen Politik, wird hier die idealistische Richtung deutlich. Möglich ist auch das Gegenteil – nämlich sich selbst in Stacheldraht einmauernde, auf Flüchtlinge schießende und gnadenlos auf den eigenen Vorteil bedachte Staaten und Gesellschaften, deren Reichtum von der Armut der anderen abhängt. Es gibt somit immer alternative Möglichkeiten, über die offen diskutiert und politisch entschieden werden muss.

> »Mich lässt das etwas ratlos zurück – diese Flüchtlingsgeschichten. Wenn das alles so kompliziert ist und miteinander verflochten. Was kann man denn nun machen? Was ist richtig und was ist falsch und was ist unser Auftrag?«, fragt *Alex Bogdanow* und erntet von *Sara Tuna* ein Achselzucken.

7.4 Zusammenführung für die Soziale Arbeit

Die Erkenntnis der Verflechtung politischer, sozialer, kultureller und ökonomischer Strukturen und Systeme erscheint zunächst nur unübersichtlich in Hinsicht auf mögliche Einflussnahme. Tatsächlich eröffnet sie aber auch Spielräume: Wenn so vieles mit vielem zusammenhängt, gibt es zur Lösung der Probleme nicht nur die eine Schraube, an der gedreht werden kann – vielmehr sind unzählige kleine Handlungen und Veränderungen nötig und möglich, die in der Masse strukturverändernd wirken können. Der Auftrag der Sozialen Arbeit sieht dabei im Kern zweierlei vor:

- das alltägliche Ringen um die Menschenrechte,
- die Hilfe zur Selbsthilfe der jeweiligen Adressat*innen, damit diese ein Leben führen können, das auf Einhaltung der Menschenrechte basiert.

Eine ständige Erinnerung an die Praxis der Menschenrechte ist bereits ein wichtiger Mosaikstein im Kampf um eine andere Weltordnung.

Eine wichtige andere Option der Sozialen Arbeit ist deren Internationalisierung und Zusammenarbeit über Ländergrenzen hinweg. Der große Vorteil der Sozialen Arbeit ist deren Praxisnähe – sie hat konkrete Erfahrungen und

Adressat*innengruppen und kann darauf aufbauend Kritik an bestehenden Zuständen üben und Vorschläge für Veränderungen unterbreiten. Gelingt es, diese Funktion von der nationalen auf eine internationale Bühne zu heben, käme an der Kritik der Sozialen Arbeit kaum ein Politiker und eine Politikerin mehr ernsthaft vorbei.

Was heißt das nun für den einzelnen, vor allem angehenden Sozialarbeiter oder die angehende Sozialarbeiterin? Konkret heißt das: Alleine kann keiner die Welt grundlegend verändern. Der Wechsel in die Politik kann eine Option für wenige sein. Wichtig ist aber: Professionelle Soziale Arbeit ist bereits ein wichtiger Beitrag für eine andere Zukunft und immer auch politisch. Besser wird sie, wenn sie sich international vernetzt. Das geht über internationale Praktika, Praxisaustausche, Konsultationen, Einladungen und Besuche. So entstehende Netzwerke verbessern die eigene Praxis – vor allem aber können sie die Basis dafür werden, dass Soziale Arbeit auch international eine hörbare Stimme zugunsten der Menschenrechte und damit für eine gerechtere und bessere Welt wird.

Weiterführende Literatur

Emmott, Stephen (2013). Zehn Milliarden. Berlin: Suhrkamp Verlag.
Luft, Stefan (2016). Die Flüchtlingskrisechtlingskrise. Ursachen, Konflikte, Folgen. München: C. H. Beck.
Ther, Philipp (2017). Die Außenseiter. Flucht, Flüchtlinge chtlinge und Integration im modernen Europa. Berlin: Suhrkamp Verlag.

Literaturverzeichnis

Arnim, Hans Herbert von (2017). Die Hebel der Macht und wer sie bedient. Parteienherrschaft statt Volkssouveränität. München: Heyne Verlag.
Backes, Uwe/Jesse, Eckhardt (1993). Politischer Extremismus in der Bundesrepublik Deutschland. Bonn: Lizenzausgabe für die Bundeszentrale für politische Bildung.
Bade, Klaus J./Oltmer, Jochen (2005). Flucht und Asyl seit 1990. Hrsg. durch die Bundeszentrale für politische Bildung/bpb: Grundlagendossier Migration. (http://www.bpb.de/gesellschaft/migration/dossier-migration/56443/flucht-und-asyl-seit-1990, 13.02.2018).
Beck, Ulrich (2012). Das deutsche Europa. Neue Machtlandschaften im Zeichen der Krise. Berlin: Suhrkamp Verlag.
Beck, Ulrich (1997). Was ist Globalisierung? Frankfurt a. M.: Suhrkamp Verlag.
Behrends, Jan C./Lindenberger, Thomas/Poutrus, Patrice G. (2003). Fremde und Fremd-Sein in der DDR. Zu historischen Ursachen der Fremdenfeindlichkeit in Ostdeutschland. Berlin: Metropol Verlag.
Bellermann, Martin (1997). Politik: Eine Einführung für soziale Berufe, Freiburg i. Br.: Lambertus.
Benz, Benjamin/Rieger, Günter (2015). Politikwissenschaft für die Soziale Arbeit. Wiesbaden: Springer VS.
Bernauer, Thomas/Jahn, Detlef/Kuhn, Patrick/Walter, Stefanie (2015). Einführung in die Politikwissenschaft. 3. Auflage. Baden-Baden: Nomos.
Bertelsmann Stiftung (2016). Transformation Index BTI 2016. Gütersloh: Bertelsmann Verlag.
Bieker, Rudolf (2011). Trägerstrukturen in der Sozialen Arbeit – ein Überblick. In: Bieker, Rudolf/Floerecke, Peter (Hrsg.). Träger, Arbeitsfelder und Zielgruppen der Sozialen Arbeit. Stuttgart: Kohlhammer, S. 13–43.
Bieker, Rudolf (2016). Verwaltungswissen für die Soziale Arbeit. Stuttgart: Kohlhammer.
Bieling, Hans Jürgen (2012). Theorien der europäischen Integration. Wiesbaden: Springer VS.
BMAS – Bundesministerium für Arbeit und Soziales (2015). Sozialbericht 2015 (http://www.bmas.de/SharedDocs/Downloads/DE/PDF-Publikationen/a230-15-sozialbudget-2015.pdf?__blob=publicationFile&v=3, 31.01.2017).
BMFSFJ – Bundesministerium für Familie, Senioren, Frauen und Jugend (2015). Fünfter Bericht zur Evaluation des Kinderförderungsgesetzes (KiföG-Bericht 2015) (http://www.fruehe-chancen.de/fileadmin/user_upload/kifoeg-2015-langfassung.pdf, 20.05.2017).
Böckenförde, Ernst-Wolfgang (1976). Staat, Gesellschaft, Freiheit. Frankfurt a. M.: Suhrkamp Verlag.
Boecker, Michael (2015). Erfolg in der Sozialen Arbeit. Im Spannungsfeld mikropolitischer Interessenkonflikte. Wiesbaden: Springer VS.
Boeckh, Jürgen/Benz, Benjamin/Huster, Ernst-Ulrich/Schütte, Johannes D. (2015). Sozialpolitische Akteure und Prozesse im Mehrebenensystem. In: Informationen zur politischen Bildung Nr. 327, Bonn: bpb, S. 54–67.
Bogumil, Jörg/Holtkamp, Lars (2013). Kommunalpolitik und Kommunalverwaltung. Eine praxisorientierte Einführung. Bonn: bpb.
Borstel, Dierk/Luzar, Claudia (2014). Demokratie leben in sterbenden Regionen? Das Beispiel Ostvorpommern. In: Sozialmagazin 5/6, S. 72–82.

Bröckling, Ulrich (2007). Das unternehmerische Selbst. Soziologie einer Subjektivierungsform. Frankfurt a. M.: Suhrkamp Verlag.

Buestrich, Michael/Wohlfahrt, Norbert (2008). Die Ökonomisierung der Sozialen Arbeit. In: APuZ 12/13, S. 17–24.

Bundesverfassungsgericht (1952). Verbotsurteil gegen Sozialistische Reichspartei vom 23.10.52. In: BVerfGE 2, S. 1ff.

Bundeswahlleiter (2018). Wahltermine (https://www.bundeswahlleiter.de/service/wahltermine.html, 27.03.2018).

Butterwegge, Christoph (2012). Armut in einem reichen Land. Wie das Problem verharmlost und verdrängt wird. Frankfurt a. M.: Campus Verlag.

Churchill, Winston: Rede an der Universität Zürich am 19. September 1946 (http://www.churchill-in-zurich.ch/site/assets/files/1807/rede_winston_churchill_deutsch.pdf, 08.04.2018).

Crouch, Colin (2008). Postdemokratie. Frankfurt a. M.: Suhrkamp Verlag.

Dahme, Heinz-Jürgen (2008). Krise der öffentlichen Kassen und des Sozialstaats. In: APuZ 12/13, S. 10–16.

Dahrendorf, Ralf (1994). Der moderne soziale Konflikt. München: DVA.

Dahrendorf, Ralf (1995). Über den Bürgerstatus, in: van den Brink, Bert (Hrsg.). Bürgergesellschaft, Recht und Demokratie. Frankfurt: Suhrkamp Verlag, S. 29-43.

Dingeldey, Irene (2006). Aktivierender Wohlfahrtsstaat und sozialpolitische Steuerung. In: APuZ 8/9, S. 3–9.

Dörre, Klaus (2009). Ende der Planbarkeit? Lebensentwürfe in unsicheren Zeiten. In: APuZ 41, S. 19–24.

Dörre, Klaus/Lessenich, Stephan/Rosa, Hartmut (2009). Soziologie – Kapitalismus – Kritik. Eine Debatte. Frankfurt a. M.: Suhrkamp Verlag.

Edenhofer, Ottmar (2017). Klimapolitik. Ziele, Konflikte, Lösungen. München: C. H. Beck.

Elvert, Jürgen (2012). Die Europäische Integration. Geschichte kompakt. Darmstadt: Wissenschaftliche Buchgesellschaft.

Embracher, Serge (2012). Baustelle Demokratie. Die Bürgergesellschaft revolutioniert das Land. Hamburg: Edition Körber Stiftung.

Emmott, Stephen (2013). Zehn Milliarden. Berlin: Suhrkamp Verlag.

Engel, Heike (2011). Sozialpolitische Grundlagen der Sozialen Arbeit. Stuttgart: Kohlhammer.

Enste, Dominik H. (2016). Bedingungsloses Grundeinkommen Vision, Fiktion oder Illusion? IW Policy Paper 11.

Esping-Andersen, Gøsta (1990). Three Worlds of Welfare Capitalism. Princeton NJ: Princeton University Press.

EU-Kommission: Die europäische Säule sozialer Rechte in 20 Grundsätzen dargestellt. https://ec.europa.eu/commission/priorities/deeper-and-fairer-economic-and-monetary-union/european-pillar-social-rights/european-pillar-social-rights-20-principles_de, 13.09.2017).

Fischer, Ute (2018). Sozialpolitische Dimensionen von sozialem Wandel und Kohäsion. In: Dannenbeck, Clemens/Thiessen, Barbara/Wolff, Mechthild (Hrsg.), Sozialer Wandel und Kohäsion. Ambivalente Veränderungsdynamiken. Reihe Sozialer Wandel und Kohäsionsforschung, Band 1, Wiesbaden: VS-Verlag, S. 61–77.

Fischer, Ute L. (2010). »Der Bäcker backt, der Maler malt, der Pfleger ...« – Soziologische Überlegungen zum Zusammenhang von Professionalität und Wertschätzung in der Kranken- und Altenpflege. In: Arbeit 19, 4, S. 239–252.

Forschungsjournal Neue Soziale Bewegungen (2006). Postdemokratie – ein neuer Diskurs? Heft 4.

Friedländer, Saul (2006). Das Dritte Reich und die Juden. Verfolgung und Vernichtung 1933–1945. Bonn: Schriftenreihe der Bundeszentrale für politische Bildung.

Fukuyama, Francis (1992). Das Ende der Geschichte. Wo stehen wir? Reinbek: Rowohlt Verlag.

Funke, Hajo (2017). Die Gefährdung ist nicht mehr zu leugnen. In: POLITIKUM 2, S. 51–55.
Gensicke, Thomas/Olk, Thomas/Reim, Daphne/Schmithals, Jenny/Dienel, Hans Liudger (2009). Entwicklung der Zivilgesellschaft in Ostdeutschland. Quantitative und Qualitative Befunde. Wiesbaden: Springer VS.
Gisevius, Wolfgang (1997). Leitfaden durch die Kommunalpolitik. Bonn: J. H. W. Dietz Nachf.
Gramsci, Antonio (1987). Gedanken zur Kultur. Köln: Röderberg.
Habermas, Jürgen (2008). Europapolitik in der Sackgasse. Plädoyer für ein Europa der abgestuften Integration, in: ders. (Hrsg.). Ach, Europa. Frankfurt a. M.: Suhrkamp Verlag, S. 96–130.
Heitmeyer, Wilhelm/Anhut, Raimund (Hrsg.) (2000). Bedrohte Stadtgesellschaft. Soziale Desintegrationsprozesse und ethnisch-kulturelle Konfliktkonstellationen. Weinheim: Juventa Verlag.
Heitmeyer, Wilhelm (1992). Die Bielefelder Rechtsextremismusstudie. Erste Langzeituntersuchung zur politischen Sozialisation männlicher Jugendlicher. Weinheim/München: Juventa Verlag.
Heller, Hermann (1889). Staatslehre. Tübingen: Mohr Siebeck Verlag.
Himmelmann, Gerhard (2004). Demokratie-Lernen: Was? Warum? Wozu? (https://www¬.pedocs.de/volltexte/2008/216/pdf/Himmelmann.pdf, 12.12.2017).
Illing, Falk (2013). Die Euro-Krise. Analyse der europäischen Strukturkrise. Wiesbaden: Springer VS.
Jann, Werner/Wegrich, Kai (2003). Phasenmodelle und Politikprozesse. Der Policy Cycle. In: Schubert, Klaus/Bandelow, Nils C. (Hrsg.). Lehrbuch der Politikfeldanalyse. München/Wien: Oldenbourg Verlag, S. 71–105.
Judt, Tony (2006). Die Geschichte Europas seit dem Zweiten Weltkrieg. Schriftenreihe der Bundeszentrale für politische Bildung. bpb: Bonn.
Jun, Uwe (2015). Parteien und Parteiensystem der Bundesrepublik Deutschland. Hrsg. durch Bundeszentrale für politische Bildung/bpb: Informationen zur politischen Bildung/izpb, Heft 4.
Kaelble, Hartmut (2007). Sozialgeschichte Europas. 1945 bis zur Gegenwart. Bonn: Schriftenreihe der Bundeszentrale für politische Bildung.
Kershaw, Ian (2016). Höllensturz. Europa 1914–1949. München, Deutsche Verlags Anstalt.
Klein, Naomi (2014). This Changes Everything: Capitalism vs. The Climate. New York: Penguin Books Ltd.
Kraushaar, Wolfgang (2012). Der Aufruhr der Ausgebildeten. Vom Arabischen Frühling zur Occupy-Bewegung. Hamburg: Hamburger Edition.
Korte, Karl-Rudolf/Fröhlich, Manuel (2009). Politik und Regieren in Deutschland. Paderborn: Schöningh.
Langguth, Gerd (2012). Lebensferne Wichtigtuer? Karriereprofile der neuen Politikergeneration, in: Braun, Stephan/Geisler, Alexander (Hrsg.). Die verstimmte Demokratie. Moderne Volksherrschaft zwischen Aufbruch und Frustration. Wiesbaden: Springer VS, S. 169–180.
Lessenich, Stephan (2012). Theorien des Sozialstaats zur Einführung. Hamburg: Junius.
Leutheusser-Schnarrenberger, Sabine (2017). Haltung ist Stärke. Was auf dem Spiel steht. München: Kösel Verlag.
Lorenz, Robert/Micus, Matthias (2013). Von Beruf: Politiker. Bestandsaufnahme eines ungeliebten Stands. Freiburg i. Br.: Herder Verlag.
Ludwig-Mayerhofer, Wolfgang/Behrend, Olaf/Sondermann, Ariadne (2009). Auf der Suche nach der verlorenen Arbeit: Arbeitslose und Arbeitsvermittler im neuen Arbeitsmarktregime. Konstanz: UVK.
Luft, Stefan (2016). Die Flüchtlingskrise. Ursachen, Konflikte, Folgen. München: C. H. Beck.
Meyer, Thomas (2009). Was ist Demokratie? Eine diskursive Einführung. Wiesbaden: Springer VS.

Meyer, Thomas (2010). Was ist Politik? Wiesbaden: Springer VS.
MFKJKS – Ministerium für Familie, Kinder, Jugend, Kultur und Sport (2016). Richtlinien über die Gewährung von Zuwendungen zum Ausbau von Plätzen in Kindertageseinrichtungen und Kindertagespflege. Runderlass des Ministeriums für Familie, Kinder, Jugend, Kultur und Sport vom 9. März 2016. In: Ministerialblatt (MBl. NRW.) Ausgabe 2016 Nr. 8 vom 24.03.2016, S. 173–192.
Müller-Gomez, Johannes/Reiners, Wulf/Wessels, Wolfgang (2017). EU-Politik. In: APuZ 37, S. 11–17.
Münch, Ursula (2008). Föderalismus in Deutschland. Hrsg. durch die Bundeszentrale für politische Bildung/bpb: Informationen zur politischen Bildung/izpb, Heft 298. Bonn.
Münchau, Wolfgang (2008). Flächenbrand. Krise im Finanzsystem. Bonn: Schriftenreihe der Bundeszentrale für politische Bildung/bpb.
Nanz, Patrizia/Fritsche, Miriam (2012). Handbuch Bürgerbeteiligung. Verfahren und Akteure, Chancen und Grenzen. Bonn: Lizenzausgabe für die Bundeszentrale für politische Bildung.
Naßmacher, Hiltrud/Naßmacher, Karl Heinz (2007). Kommunalpolitik in Deutschland. 2. Auflage. Wiesbaden: Springer VS.
Niedermayer, Oskar (2017). Parteimitgliedschaften im Jahr 2016. Zeitschrift für Parlamentsfragen 2, S. 370–396.
Niedermayer, Oskar (2016). Parteimitglieder in Deutschland: Version 2016. Arbeitshefte a. d. Otto-Stammer-Zentrum, Nr. 26, FU Berlin.
Oevermann, Ulrich (1996). Theoretische Skizze einer revidierten Theorie professionalisierten Handelns. In: Combe, Arno/Werner Helsper (Hrsg.). Pädagogische Professionalität. Untersuchungen zum Typus pädagogischen Handelns. Frankfurt a. M.: Suhrkamp Verlag, S. 70–182.
Offe, Claus (1984). Arbeitsgesellschaft: Strukturprobleme und Zukunftsperspektiven. Frankfurt a. M.: Campus Verlag, S. 291–319.
Opielka, Michael (2006). Gerechtigkeit durch Sozialpolitik? In: APuZ 8/9, S. 32–38.
Otto, Hans-Uwe/Schrödter, Mark (2009). Befähigungs- und Verwirklichungsgerechtigkeit im Post-Wohlfahrtstaat. In: Kessl, Fabian/Otto, Hans-Uwe (Hrsg.). Soziale Arbeit ohne Wohlfahrtsstaat? Zeitdiagnosen, Problematisierungen und Perspektiven. Weinheim/München: Juventa, S. 173–190.
Patzelt, Werner J. (2017). Die Selbstheilungskräfte der Demokratie. In: POLITIKUM 2, S. 56–60.
Pötzsch, Horst (2009). Die deutsche Demokratie. Hrsg. Bundeszentrale für politische Bildung, Bonn.
Roth, Roland (2003). Die dunklen Seiten der Zivilgesellschaft: Grenzen einer zivilgesellschaftlichen Fundierung von Demokratie. Forschungsjournal Neue Soziale Bewegungen 2, S. 59–73.
Schellnhuber, Hans Joachim (2015). Selbstverbrennung. Die fatale Dreiecksbeziehung zwischen Klima, Mensch und Kohlenstoff. München: C. Bertelsmann.
Scheuch, Erwin, Scheuch, Ute (1992). Cliquen, Klüngel und Karrieren: Über den Verfall der politischen Parteien. Reinbek: Rowohlt Verlag.
Schmidt, Jochen (2007). Zivilgesellschaft. Bürgergesellschaftliches Engagement von der Antike bis zur Gegenwart. Reinbek: Rowohlt Verlag.
Schmidt-Eichstaedt, Gerd (1998). Autonomie und Regelung von oben. In: Wollmann, Hellmut & Roth, Roland (Hrsg.). Kommunalpolitik. Politisches Handeln in der Gemeinde. 2. Auflage. Bonn, S. 323–337.
Schmuck, Otto (2015). Motive und Leitbilder der europäischen Einigung. In: Informationen zur politischen Bildung Nr. 279. Bonn: bpb, S. 7–17.
Schröder, Gerhard/Blair, Tony (1999). Der Weg nach vorne für Europas Sozialdemokratie (http://www.glasnost.de/pol/schroederblair.html, 03.09.2015).
Seithe, Mechthild (2013). Zur Notwendigkeit der Politisierung der Sozialarbeitenden. In: Sozialmagazin 1–2, S. 24–31.
Sieg, Gernot (2010). Spieltheorie. München: Oldenbourg Wissenschaftsverlag.

Statista (2017). Einnahmen und Ausgaben des deutschen Staates von 1991 bis 2015 (https://de.statista.com/statistik/daten/studie/164032/umfrage/einnahmen-und-ausgaben-des-deutschen-staats/, 19.04.2017).
Stender, Wolfram (2013). Modell kritischer Handlungswissenschaft. Silvia Staub-Bernasconi, Timm Kunstreich und Hans Thiersch im Vergleich. In: Stender, Wolfram/Kröger, Danny (Hrsg.). Soziale Arbeit als kritische Handlungswissenschaft: Beiträge zur (Re-)Politisierung Sozialer Arbeit. Hannover: Blumhardt Verlag, S. 95–118.
Sturzenhecker, Benedikt (2006). Partizipation – eine Anforderung an Professionalität. Jugendhilfe-Report 4, S. 6–9.
Ther, Philipp (2017). Die Außenseiter. Flucht, Flüchtlinge und Integration im modernen Europa. Berlin: Suhrkamp Verlag.
Uno-Flüchtlingshilfe: Zahlen und Fakten (https://www.uno-fluechtlingshilfe.de/cdn/trk/lp/v01/, 08.04.2018).
Vetter, Reinhold (2017). Nationalismus im Osten Europas. Berlin: CH. Links Verlag.
Volkens, Annette (2003). Zusammenfassung des PS »Policy Analyse« Politikzyklus, Phasenheuristik. Seminarprotokoll (http://userpage.fu-berlin.de/, 23.02.2018).
Vorländer, Hans/Herold, Maik/Schäller, Steven (2016). PEGIDA. Entwicklung, Zusammensetzung und Deutung einer Empörungsbewegung. Wiesbaden: Springer VS.
Walter, Franz/Marg, Stine/Geiges, Lars/Butzlaff, Felix (2013). Die neue Macht der Bürger. Was motiviert die Protestbewegungen? Reinbek: Rowohlt Verlag.
Weidenfeld, Werner/Wessels, Wolfgang (Hrsg.) (2014). Europa von A bis Z. Bonn: Wilhelm Fink.
Wehler, Hans Ulrich (2013). Die neue Umverteilung. Soziale Ungleichheit in Deutschland. München: C. H. Beck.
Weizsäcker, Richard von (1992). »Wo bleibt der politische Wille des Volkes?«. Im Gespräch mit Gunter Hofmann und Werner A. Perger. In: Die Zeit vom 19.06.1992.
Winkler, Heinrich August (2010). Geschichte des Westens. Band 1–4, München: C. H. Beck.
Winkler, Heinrich August (2017). Zerbricht der Westen? Über die gegenwärtige Krise in Europa und Amerika. München: C. H. Beck.
Wolf, Tanja (2017). Rechtspopulismus. Überblick über Theorie und Praxis. Wiesbaden: Springer VS.
WWF (Hrsg.) (2015). Das große Wegschmeißen. Berlin (http://www.wwf.de/fileadmin/fm-wwf/Publikationen-PDF/WWF_Studie_Das_grosse_Wegschmeissen.pdf, 11.09.2017).

Abbildungsverzeichnis

Abb. 1: Professionalitätsmodell 22
Abb. 2: Politikzyklus 24
Abb. 3: Übersicht über die Organisationsstruktur einer Verwaltung 38
Abb. 4: Staatsorgane im deutschen politischen System 54
Abb. 5: Föderale Struktur der Gesetzgebung 57
Abb. 6: Präsidentielles Regierungssystem (Beispiel USA) 63
Abb. 7: Beispiel für einen Parteiaufbau 69
Abb. 8: Parteienfinanzierung 69
Abb. 9: Interessenvermittlung in der modernen Demokratie 83
Abb. 10: Wege der Einflussnahme von Verbänden 85
Abb. 11: Sozialpolitik im engeren und weiteren Sinn 92
Abb. 12: Sozialstaatskonflikt 95
Abb. 13: Vor- und Nachteile direktdemokratischer Modelle der Demokratie 119
Abb. 14: Vor- und Nachteile repräsentativer Modelle der Demokratie 120
Abb. 15: Bürgergesellschaft 124
Abb. 16: Beteiligungsleiter 127
Abb. 17: Drei Säulen der Europäischen Union 164
Abb. 18: Institutionen der Europäischen Union 166
Abb. 19: Die Säulen der europäischen Sozialpolitik 171

Tabellenverzeichnis

Tab. 1: Politisches Handeln zur Durchsetzung von Forderungen 16
Tab. 2: Übersicht wichtiger Rechtsgrundlagen des Handelns
        kommunaler Ämter 31
Tab. 3: Einnahmequellen einer Gemeinde 32
Tab. 4: Verfassungsprinzipien 51
Tab. 5: Gewaltenteilung in Deutschland 52
Tab. 6: Wahlen zum Deutschen Bundestag 55
Tab. 7: Differenzen zwischen der Weimarer Republik und der
        Bundesrepublik 61
Tab. 8: Wahlen in Deutschland 64
Tab. 9: Soziale Sicherung 100
Tab. 10: Wandel des Sozialstaats 104
Tab. 11: Typen der Wohlfahrtregimes 111
Tab. 12: Modell der Demokratie 121
Tab. 13: Mitgliederentwicklung der Parteien 145
Tab. 14: Fraktionen des Europäischen Parlaments (2017) 167
Tab. 15: Aufnahmeländer 192
Tab. 16: Binnenmigration 192
Tab. 17: Dimensionen der Integration 193

Stichwortverzeichnis

A

Abgeordnete 25, 51, 54, 59, 62, 64 f., 67, 70, 72 f., 75–77, 80 f., 85 f., 144, 146
Akteur*innen 8, 16, 18, 25 f., 28, 30, 34, 37, 40, 44, 68, 82, 87, 90, 106, 108, 180, 182
Anerkennung 60, 87, 193 f.
Anfrage 74 f., 77
Arbeit 7 f., 13 f., 18–21, 26, 33–35, 37, 41, 52–54, 58, 66, 70, 73, 76–79, 85 f., 91, 96, 100 f., 103–105, 108–110, 113 f., 132 f., 141, 146, 171 f., 190, 193
Arbeiterbewegung 132 f.
Arbeitslosengeld 29, 62, 76, 96, 98–100, 102, 105, 173
Arbeitslosigkeit 24, 56, 99–104, 142, 157, 168, 172, 174, 176, 194
Armut 20, 24, 76, 88, 90 f., 97, 100, 111 f., 142, 152, 158, 166, 179, 189–191, 199 f.
Ausschuss 25, 37, 73, 75–78, 80, 85 f., 137
Austeritätspolitik 174 f.

B

Beteiligung 7 f., 15, 23, 65 f., 68, 82, 87 f., 115 f., 126, 128 f., 131, 135 f., 138, 144, 157, 182
Beteiligungsform 123, 126–128, 135–137
Bildung 18, 21, 29 f., 46, 50, 53, 58 f., 68, 79, 92, 97, 101 f., 104 f., 107 f., 142 f., 147, 150 f., 156, 162, 169, 171–173, 175, 179, 189, 193 f.
Bundeskanzler*in 51, 55 f., 74, 78, 120
Bundespräsident*in 56, 59–61, 74, 78, 82, 120
Bundesrat 52, 56 f., 61, 73 f., 82, 106 f., 130, 196 f.
Bundestag 25, 51 f., 55 f., 59–61, 64, 67 f., 72–77, 80, 86, 106 f., 120, 130, 137, 197
Bürgerbegehren 43
Bürgergesellschaft 121 f., 124 f., 128, 132, 146, 148, 150 f., 180, 182, 189, 196
Bürgerinitiativen 85, 124
Bürgermeister*in 30, 34–37, 39, 44, 126 f., 144

D

Demokratie 32, 43, 46, 49 f., 60 f., 63–65, 71, 80, 82–84, 86–88, 115–118, 120–124, 126, 128, 139–144, 147, 149–151, 163
Demokratieentwicklung 49, 66, 122 f., 139–142, 147, 149
Demokratiemodelle 32, 43, 46 f., 49–51, 61, 74, 79, 82, 84, 88, 118–123, 126, 129, 131, 136, 144, 155, 158 f., 167
Demokratiepolitik 26, 117
Desintegration 158, 189, 194
Durchsetzung 144, 181, 187

E

Eigenverantwortung 79, 97, 104 f., 114, 170
Eltern 24, 33, 86, 94, 99, 106 f.
Engagement 66, 87, 125 f., 128 f., 131 f., 136, 142, 145 f.
Entscheidung 28, 41, 44, 117, 131, 160, 165, 179
Erwerbsarbeit 53, 98, 105, 113 f.
Europa 7, 153–155, 158–163, 167, 171 f., 174–176, 179, 190, 193, 195, 198, 201
Exekutive 34, 51 f., 118, 120, 168
Existenzsicherung 23, 53, 62, 81
Extremismus 149

F

Flüchtlinge/Geflüchtete 14, 53, 56, 59, 71, 115–117, 148 f., 158 f., 176–178, 189–193, 195–198, 200 f.
Flüchtlingspolitik 115–117, 148 f., 176, 178, 189 f., 195 f., 198 f.
Föderalismus 28, 52, 54, 58 f., 64, 161, 179
Förderprogramm 80, 166, 168
Fraktion 36, 48, 66, 70, 73–77, 80, 137, 167
Fraktionssitzung 72, 77, 80 f.
Freiheit 23, 46–48, 52 f., 71, 90 f., 93, 95–97, 110 f., 113, 126, 133, 137, 140 f., 146, 155–157, 161, 163 f., 167, 172, 181, 193, 196 f.
Freiheitlich-demokratische Grundordnung 50 f.
Fürsorge 30, 58, 93, 99 f., 111

G

Gemeinwesen 15 f., 21, 68, 82, 113, 118 f., 141, 143, 150
Gerechtigkeit 13, 23, 46 f., 70, 83, 88, 90 f., 93–95, 110, 112, 181
Gewaltenteilung 47, 50–52, 54, 56, 74, 121, 143
Gleichheit 23, 46, 52, 90, 95–97, 110, 129 f., 164, 170, 181
Globalisierung 7, 102, 138, 141, 146, 156–158, 180, 182
Grundeinkommen 90, 111, 113 f.
Grundgesetz 15, 19, 30, 43, 47–50, 52–54, 58 f., 61 f., 64, 67, 73–77, 79, 84, 92 f., 117, 119, 121, 125, 129–131, 137, 143 f., 190, 195–197
Grundrechte 49 f., 52, 61, 141, 164, 172

H

Haushalt 31, 34, 37, 73, 92, 123, 168, 174 f.

I

Information 68, 75, 89, 127
Institutionen 15, 46 f., 51, 54, 76, 82, 89, 105, 133, 164–166, 168, 170
Integration 21, 33, 60, 68, 115, 125 f., 133, 148, 152 f., 158–160, 162 f., 165 f., 168, 173, 179, 182, 189 f., 193 f., 201

Interesse 8, 18, 23, 44, 57, 66 f., 84, 86, 117, 181

J

Judikative 51 f., 118
Jugendliche 15, 36, 108, 123, 126, 136

K

Kinder 17 f., 25, 53, 93 f., 99, 106 f., 113, 118, 128 f., 133, 147, 190 f., 194
Klimawandel 134, 158, 182, 184–189
Koalition 55, 61, 72, 78, 80 f., 176, 178
Kommunalpolitik 7, 26, 28 f., 32, 45, 53
Konflikt 13, 19, 56, 122, 151, 155
Konkordanzmodell 36
Konkurrenzmodell 36
Kontrolle 28, 49 f., 52, 56, 65, 73 f., 89, 98, 125, 154, 168 f.
Kooperation 38, 42, 59, 81, 83, 105, 123, 159 f., 170, 179, 181 f., 187 f.
Korporatismus 86
Krise 102, 104, 108, 141, 158, 163 f., 167, 173–176, 178 f., 201

L

Legislative 34, 51 f., 73, 118, 120, 169
Legitimität 178
Leistungserbringer 108 f.
Lobby 25, 86 f., 142, 150, 183
Lobbyismus 82, 86, 143

M

Macht 15 f., 51, 79, 112, 127 f., 131, 141, 144, 160, 181
Medien 17, 24, 33, 40 f., 45, 71, 75, 85, 88 f., 106, 121, 136, 143 f., 168
Mehrheitsprinzip 51, 119
Meinung 41, 56, 68, 85, 112, 114, 117, 127
Menschenrechte 48, 50, 53, 74, 115–117, 121 f., 125 f., 139, 150, 158 f., 181 f., 189, 196 f., 200 f.
Migration 59, 117, 172, 182, 190–192
Minister*innen 55 f., 60, 62, 75, 78 f., 81

N

Nationalstaat 95, 141, 156, 159–161, 164 f., 169 f., 172 f., 179 f.

Netzwerk 40 f., 113, 124, 140, 170, 183, 201
Neue Soziale Bewegungen 115, 131 f., 143, 176
Nichtwähler 66

O

Ökonomisierung 18, 26, 40, 108, 110, 143
Opposition 68, 74 f., 82, 115, 117, 140, 158, 191

P

Parlament 15, 24 f., 47, 51 f., 54 f., 60–62, 64–68, 70–75, 78–82, 86, 93, 119, 124, 132, 135, 137 f., 143, 161, 167–169
Parteien 15, 17, 24–26, 35 f., 43, 45, 50 f., 54, 58 f., 61 f., 65–74, 76–78, 82, 84 f., 90, 96, 106, 108, 110, 113, 121, 124, 128–131, 133, 136 f., 143–150, 155, 167, 178
Parteienfinanzierung 69 f., 143
Partizipation 20, 68, 126, 128 f., 147
Petition 76, 137 f.
Pluralismus 50, 121
Policy 15 f., 20, 25 f.
Politics 15–17, 20, 26, 47, 63 f.
Politikverständnis 7, 15, 95
Politikwissenschaft 15, 23, 115, 117, 143, 172, 180
Politikzyklus 23–25, 47, 82, 106
Politisches Mandat 14, 21, 23, 26
Polity 15 f., 26, 47, 54
Populismus 71
Postdemokratie 89, 142 f., 151
Praxis 7, 14 f., 19–22, 26, 28, 32–34, 36, 39 f., 42–44, 51, 54, 80, 101, 108, 110, 119, 128, 130–132, 137, 144, 158, 169, 174, 177, 179, 181 f., 194, 199–201
Presse 17, 40 f., 53, 71, 88
Profession 7, 14, 20 f., 26, 34, 90, 115 f., 122, 126, 150 f., 158, 165, 187, 189, 201
Professionalität/Professionalisierung 7, 13, 18 f., 21 f., 44, 98, 132
Programm 46, 65, 68, 80, 130, 168
Projekt 39, 41, 44, 127, 174, 179
Protest 17, 32, 89, 147 f., 175

R

Rechtspopulismus 71
Regierung 15, 25, 48, 50–52, 54–56, 59, 61 f., 65, 68, 72–76, 78 f., 81 f., 107, 118, 121, 124, 130, 132, 141, 149, 155, 161, 163, 168 f., 176, 178, 187 f., 190
Reproduktion 112, 114

S

Sicherheit 29 f., 48, 93 f., 97, 101, 103–105, 111, 140–142, 155, 157, 164 f., 169, 181, 193
Solidarität 23, 25, 28, 86, 90, 95–98, 110, 112, 121 f., 162, 164, 173, 176, 189
Soziale Bewegungen 87, 132
Sozialleistungen 34, 91–94, 96–98, 100, 104 f., 114, 170, 173
Sozialstaat 16, 49, 53, 81, 90–92, 95, 97 f., 102, 104 f., 107 f., 110, 114, 161, 193
Sozialversicherung 91, 99 f., 102
Stabilität 66, 72, 74, 91, 96 f., 103 f., 124
Stadtrat 16 f., 25, 37, 46, 52, 65, 86
Steuern 29, 32 f., 65, 96, 99 f., 112, 114, 175, 189
Subsidiarität 52, 97 f., 160, 179
System, politisches 7, 15, 26, 34, 40, 46 f., 49–51, 54, 58–64, 66, 68, 71, 74, 77–79, 82, 84, 86 f., 89–91, 93, 96, 107, 115, 120–122, 124–126, 140, 143, 155, 165 f., 176, 178, 198

T

Terrorismus 140, 157, 196

U

Umverteilung 96 f., 111 f.
Ungleichheit 7, 13, 20, 81, 87, 91, 94, 98, 101, 104, 111 f., 114, 133, 142, 147, 179, 189, 199

V

Verantwortung 21, 32, 48, 50, 60 f., 68, 79, 105, 125, 134, 170, 176
Verbände 23, 25 f., 53, 62, 68, 73 f., 76, 78, 82–87, 90, 106–108, 130

Vereine 15, 17, 24, 35, 37, 40, 69, 84, 87, 91, 123 f., 134
Verfassung 15 f., 30, 43, 47 f., 50–53, 60–62, 65, 92, 95, 139 f., 161, 165, 178
Verfassungsprinzipien 49, 51
Verhandlung 84, 86, 137, 172
Versorgung 16, 30, 91, 99 f., 149, 177, 194, 199
Vertrauen 32, 79
Verwaltung 13, 15, 24 f., 30, 34 f., 37–39, 44 f., 48, 50–52, 74, 78, 104, 124, 128, 135, 162

W

Wahlen 8, 35 f., 51, 54 f., 59 f., 64–68, 70, 72–74, 76, 79, 121, 130, 140, 143 f., 149, 158, 167
Wahlrecht 53, 64, 66 f., 178, 193

Werte 8, 14, 16, 20, 23, 93, 97 f., 106, 110, 116, 121 f., 140, 143, 150, 158, 161, 164 f., 178, 189
Wettbewerb 101, 104, 108, 121
Willensbildung 8, 15, 25, 68, 75, 82, 129 f., 143, 168
Wirtschaft 17, 25, 29 f., 34 f., 40, 44 f., 48–50, 76 f., 79, 83, 86, 96, 101–104, 112, 121, 141, 155 f., 158 f., 169, 174–176, 178, 182, 189
Wohlfahrtsstaatstypen 90, 102, 105, 110 f., 113, 170
Würde 21, 49 f., 53, 62, 93 f., 96, 115 f., 133, 149, 160, 164, 175 f., 181, 190, 194 f., 197

Z

Zivilgesellschaft 125, 147 f.
Zuwanderung 56, 131, 148, 190, 195, 198